Britta Kuhn

EU-Leitfaden für Unternehmen

Britta Kuhn

EU-Leitfaden für Unternehmen

Die Vorgaben der Europäischen Union optimal nutzen

GABLER

Bibliografische Information der Deutschen Nationalbibliothek
Die Deutsche Nationalbibliothek verzeichnet diese Publikation in der
Deutschen Nationalbibliografie; detaillierte bibliografische Daten sind im Internet über
<http://dnb.d-nb.de> abrufbar.

1. Auflage 2010

Alle Rechte vorbehalten
© Gabler Verlag | Springer Fachmedien Wiesbaden GmbH 2010

Lektorat: Irene Buttkus

Gabler Verlag ist eine Marke von Springer Fachmedien.
Springer Fachmedien ist Teil der Fachverlagsgruppe Springer Science+Business Media.
www.gabler.de

Umschlaggestaltung: KünkelLopka Medienentwicklung, Heidelberg
Gedruckt auf säurefreiem und chlorfrei gebleichtem Papier
Printed in Germany

ISBN 978-3-8349-2417-9

Vorwort

Die europäische Integration ist ein faszinierendes Großprojekt. Sie überwand Jahrhunderte während Feindschaften und Kriege. Daneben steigerte sie den Wohlstand ihrer Mitgliedsländer maßgeblich – durch eine weltweit beispiellose wirtschaftliche Liberalisierung. Diese Entwicklung ging aber auch mit einer umfassenden politischen Zentralisierung einher: Repräsentierte die europäische Zuständigkeit bis in die frühen 1980er Jahre noch die absolute Ausnahme, so stellt sie heute in vielen Politikfeldern die Regel dar. Zweierlei ist jedoch seit den Gründungsjahren gleich geblieben: Erstens hatte und hat fast alles in der Europäischen Union mit Wirtschaft zu tun. Zweitens gab und gibt es kaum EU-Literatur für Unternehmen: Wer sich für europäische Institutionen und den allgemeinen historischen Integrationsprozess interessiert, wird bei ausgewiesenen Politikwissenschaftlern fündig. Wer europarechtliche Detailfragen hat, konsultiert die juristische Spezialliteratur. Wer volkswirtschaftliche Modelle auf europäische Themen anwenden möchte, kann immerhin auf eine breite englischsprachige Literatur zurückgreifen. Wer allerdings wissen will, welche EU-Entscheidungen bei strategischen und operativen Unternehmensfragen zu beachten sind, fand bisher nichts Passendes.

Das vorliegende Buch will diese Lücke schließen. Es richtet sich an alle, die mit unternehmerischen Planungsprozessen zu tun haben: An Entscheidungsträger insbesondere in kleinen und mittleren Unternehmen, an Studierende der BWL, der VWL und verwandter Fächer. Es informiert über die Institutionen der EU und ihre Entscheidungsprozesse, soweit diese für den unternehmerischen Alltag wichtig sind. Es erläutert in allgemeinverständlicher Sprache, welche Relevanz die europäische Binnenmarktpolitik im Einzelnen hat und wie die gemeinschaftliche Wettbewerbspolitik betriebswirtschaftliche Entscheidungen konkret berührt. Es gibt einen Einblick in wichtige umwelt- und arbeitsrechtliche Gesetze, die aus der Europäischen Union stammen. Es zeigt milliardenschwere Förderprogramme auf und den Weg dorthin – damit nicht nur Großunternehmen mit spezialisiertem Europareferat profitieren, sondern auch KMU. Schließlich empfiehlt das Buch Informationswege für diejenigen, die dauerhaft auf dem EU-Laufenden bleiben wollen.

Die Begriffe „Europäische Union" bzw. EU und „Europäische Gemeinschaft" werden synonym verwendet. Zwar heißt das Bündnis inzwischen offiziell „Union", ist also mehr als eine „Gemeinschaft". Die begriffliche

Vielfalt erleichtert aber den Lesefluss. Ebenfalls für eine bessere Lesbarkeit verzichtet das Buch auf Doppelnennungen wie „Politikerinnen und Politiker" oder „Bürgerinnen und Bürger". Die genannten Artikel des Lissabon-Vertrags beziehen sich, soweit nicht anders angegeben, auf den „Vertrag über die Arbeitsweise der Europäischen Union", kurz AEUV (EU 8.5.2008). Quellenangaben der EU mit Endlos-Text sind teilweise gekürzt wiedergegeben, die Leser erhalten im Gegenzug den Link für einen Direktzugriff. Das Manuskript enthält inhaltliche Entwicklungen bis zum 31.3.2010.

Ich danke allen, die mich bei diesem Buch direkt oder indirekt unterstützt haben: Meinem Mann und unseren Kindern, meiner Mutter, meiner studentischen Mitarbeiterin Katharina Kimmel, der Lektorin des Gabler-Verlags Irene Buttkus, meinen Studierenden, der Wiesbaden Business School und der Hochschule Rhein-Main insgesamt.

Wiesbaden, im April 2010   Prof. Dr. Britta Kuhn

Inhaltsverzeichnis

Abbildungsverzeichnis

Tabellenverzeichnis

Abkürzungsverzeichnis

ABl.	Amtsblatt der Europäischen Gemeinschaften bzw. der Europäischen Union
Abs.	Absatz
AEUV	Vertrag über die Arbeitsweise der Europäischen Union (Vertrag von Lissabon)
AGG	Allgemeines Gleichbehandlungsgesetz (Deutschland)
AGVO	Allgemeine Gruppenfreistellungsverordnung (der EU in Wettbewerbsfragen)
BMBF	Bundesministerium für Bildung und Forschung
BMF	Bundesministerium der Finanzen
BMJ	Bundesministerium der Justiz
BMU	Bundesministerium für Umwelt, Naturschutz und Reaktorsicherheit
BMWi	Bundesministerium für Wirtschaft und Technologie
BUH	Bundesverband unabhängiger Handwerkerinnen und Handwerker
C	Rechtssache des Europäischen Gerichtshofs (Case)
CE	Europäische Konformität (Conformité Européenne)
CFI	Europäischer Gerichtshof erster Instanz (Court of First Instance)
CIP	Rahmenprogramm für Wettbewerbsfähigkeit und Innovation (Competitiveness and Innovation Framework Programme)
CORDIS	Forschungs- und Entwicklungsinformationsdienst der Gemeinschaft (Community Research and Development Information Service)
CRD	Banken- und Kapitaladäquanz-Richtlinie (Capital Requirement Directive)
DIHK	Deutscher Industrie- und Handelskammertag
DQR	Deutscher Qualifikationsrahmen für lebenslanges Lernen

EACEA	Education, Audiovisual and Culture Executive Agency
EAGFL	Europäischer Ausrichtungs- und Garantiefonds für die Landwirtschaft
ECJ	Europäischer Gerichtshof (European Court of Justice)
ECTS	Europäisches Kreditpunktesystem (European Credit Transfer System)
EEA	Europäische Umweltagentur (European Environment Agency)
EFF	Europäischer Fischereifonds
EFRE	Europäischer Fonds für Regionale Entwicklung
EG	Europäische Gemeinschaft(en)
EGF	Europäischer Globalisierungsfonds
EGFL	Europäischer Garantiefonds für die Landwirtschaft
EGKS	Europäische Gemeinschaft für Kohle und Stahl
EIB	Europäische Investitionsbank
EIT	Europäisches Innovations- und Technologieinstitut
ELER	Europäischer Landwirtschaftsfonds für die Entwicklung des ländlichen Raumes
EP	Europäisches Parlament
EPSO	Europäisches Amt für Personalauswahl (European Personnel Selection Office)
EQR	Europäischer Qualifikationsrahmen für lebenslanges Lernen
ERC	Europäischer Forschungsrat (European Research Council)
ESA	Europäische Weltraumagentur (European Space Agency)
ESF	Europäischer Sozialfonds
ESZB	Europäisches System der Zentralbanken
et al.	und andere (et aliter)
EU	Europäische Union
EuGH	Europäischer Gerichtshof
EU-OSHA	Europäische Agentur für Sicherheit und Gesundheitsschutz am Arbeitsplatz
EUREKA	European Research Coordination Agency

EURES	Europäisches Portal zur beruflichen Mobilität
EUSF	Solidaritätsfonds der Europäischen Union (European Union Solidarity Fund)
EWG	Europäische Wirtschaftsgemeinschaft
EZB	Europäische Zentralbank
F&E	Forschung und Entwicklung
FAZ.NET	Online-Redaktion der Frankfurter Allgemeinen Zeitung
FIAF	Finanzinstrument zur Ausrichtung der Fischerei
FRA	European Union Agency For Fundamental Rights
FSAP	Aktionsplan für die Finanzdienstleistungen (Financial Services Action Plan)
FTD	Financial Times Deutschland
GE	General Electric
GFS	Gemeinsame Forschungsstelle
GM	General Motors
GPS	Global Positioning System (der USA)
GVO	Gruppenfreistellungsverordnung (der EU in Wettbewerbsfragen)
HB	Handelsblatt
HRK	Hochschulrektorenkonferenz
IAS	Internationale Standards zur Rechnungslegung (International Accounting Standards)
IfW	Institut für Weltwirtschaft Kiel
IHK	Industrie- und Handelskammer
IPA	Instrument für Heranführungshilfe (Instrument for Pre-Accession Assistance)
iw Köln	Institut der deutschen Wirtschaft Köln
IWF	Internationaler Währungsfonds
KIC	Wissens- und Innovationsgemeinschaften (Knowledge and Innovation Communities)
KMU	Kleine und mittlere Unternehmen
KOM	Europäische Kommission

Life+	EU-Förderprogramm für Umweltschutzprojekte
LLP	Aktionsprogramm für Lebenslanges Lernen (Lifelong Learning Programme)
M&A	Unternehmenszusammenschlüsse und -übernahmen (Mergers and Acquisitions)
MiFID	Finanzmarkt-Richtlinie der EU von April 2004 (Markets in Financial Instruments Directive)
mm	Manager Magazin
NGO	Nichtregierungsorganisation (Non Government Organization)
OLAF	Europäisches Amt für Betrugsbekämpfung (Office Européen de Lutte Anti-Fraude)
Phare	Poland and Hungary Action for Restructuring of the Economy
plc	public limited company
RAPEX	Rapid Alert System for Non-Food Products
Rat	Ministerrat der EU / Council of the European Union
REACH	Chemikalienverordnung der EU (Registration, Evaluation, Authorisation and Restriction of Chemicals)
RL	Richtlinie (der EU)
RP 7	7. Rahmenprogramm für Forschung, technologische Entwicklung und Demonstration
rp	Rheinische Post
SE	Societas Europaea (Europäische Aktiengesellschaft oder Europa-AG)
SEPA	Einheitlicher Euro-Zahlungsverkehrsraum (Single Euro Payments Area)
SOLVIT	Online-Netzwerk zur Problemlösung bei Binnenmarktthemen
STN	Stuttgarter Nachrichten
SWIFT	Society for Worldwide Interbank Financial Telecommunication
SZ	Süddeutsche Zeitung
TEN	Transeuropäische Verkehrswegenetz (Trans-European Networks)
UN	Vereinte Nationen (United Nations)
VO	Verordnung (der EU)

wiwo   Wirtschaftswoche

WTO   Welthandelsorganisation (World Trade Organization)

ZDH   Zentralverband des deutschen Handwerks

Übersicht der EU-Mitgliedsländer und ihrer offiziellen Abkürzungen

AT	Österreich	IT	Italien
BE	Belgien	LT	Litauen
BG	Bulgarien	LU	Luxemburg
CY	Zypern	LV	Lettland
CZ	Tschechische Republik	MT	Malta
DE	Deutschland	NL	Niederlande
DK	Dänemark	PL	Polen
EE	Estland	PT	Portugal
ES	Spanien	RO	Rumänien
FI	Finnland	SE	Schweden
FR	Frankreich	SI	Slowenien
GR/EL	Griechenland	SK	Slowakei
HU	Ungarn	UK/GB	Vereinigtes Königreich
IE	Irland		

Abkürzungen der offiziellen Beitrittskandidaten:

HR   Kroatien
MK   Mazedonien
TR   Türkei

1 EU-Entscheidungen bestimmen den unternehmerischen Alltag

Über achtzig Prozent der in Deutschland geltenden Rechtsakte stammen von der EU – dies ergab eine Erhebung des Wissenschaftlichen Dienstes des Deutschen Bundestages (FAZ.NET 15.1.2010). Die Europäische Gemeinschaft dominiert damit auch zunehmend den betriebswirtschaftlichen Handlungsrahmen. Unternehmen, die sich nicht über einschlägige EU-Aktivitäten auf dem Laufenden halten, verschenken finanzielle Vorteile, machen strategische Planungsfehler, müssen mit juristischen Auseinandersetzungen rechnen und laufen Gefahr, Strafen zu zahlen. Hier einige Beispiele:

Über 80 Prozent aller Rechtsvorschriften von EU

- Zum Schutze der Verbraucher darf die Gemeinschaft Gesetze erlassen, die die Erzeuger- bzw. Dienstleisterkosten erhöhen oder deren Einnahmen senken. Sie legt ihren Spielraum dabei weit aus. So darf Kosmetik nach einem aktualisierten europäischen Gesetz nur sichere und deutlich gekennzeichnete Nanomaterialien enthalten (KOM 26.3.2009, S. 2). Hühnereier müssen seit 2004 einen genauen Erzeugercode tragen, aus dem insbesondere das Haltungssystem hervorgeht (KOM 11.12.2008, S. 4). Von Fluggesellschaften verlangt die EU inzwischen umfangreiche Entschädigungszahlungen, wenn beispielsweise das Flugzeug defekt oder der Flug überbucht ist (KOM 30.7.2009b, S. 4f.). Seit Juli 2009 gelten schließlich niedrigere Roaming-Gebühren für SMS und Anrufe ins bzw. aus dem Ausland innerhalb der Union (KOM 2.7.2009a, S. 4). Unternehmen sollten deshalb wissen, welche EU-Verbraucherschutzvorschriften für ihre Produkte und Dienstleistungen gelten und welche Verschärfungen Brüssel plant. Einen Einstieg hierzu bietet Kapitel 3.

Teurer Verbraucherschutz

- Microsoft zahlte bislang 1,7 Milliarden Euro Strafe an Brüssel, weil das US-Unternehmen nach Ansicht der europäischen Wettbewerbshüter auf den europäischen Märkten seine marktbeherrschende Stellung missbrauchte (FAZ.NET 16.12.2009). Warum durfte die Gemeinschaft den Software-Hersteller bestrafen, obwohl es sich um ein amerikanisches Unternehmen handelt? Microsoft ist in allen EU-Märkten vertreten. Sobald ein Unternehmen, egal woher es stammt, in mehr als einem Mitgliedsland signifikante Aktivitäten entfaltet, wird es ausschließlich von der europäischen Wettbewerbsbehörde überwacht. Deren Entscheidungsgewalt reicht so weit, dass sie einem Unternehmen den Verkauf ganzer Ge-

Wettbewerbssünder zahlen Mrd.-Bußgelder an EU

schäftsfelder anordnen kann, wenn es weiterhin in der Gemeinschaft tätig sein will. Alle in der EU aktiven Unternehmen sollten sich deshalb bereits im Vorfeld eines Bußgeldverfahrens mit den europäischen Wettbewerbsregeln vertraut machen. Diese Möglichkeit bietet Kapitel 4.

EU verschärft deutsches Arbeitsrecht ...

■ Umfassende Diskriminierungsverbote der EU zwingen den deutschen Gesetzgeber zu strengen arbeitsrechtlichen Vorschriften. So basiert das Allgemeine Gleichbehandlungsgesetz (AGG) letztlich auf europarechtlichen Vorgaben. Erst im Januar 2010 sorgte eine Entscheidung des Europäischen Gerichtshofs für Aufsehen: Das Urteil erklärte ein deutsches Gesetz zum Kündigungsschutz von 1926 für europarechtswidrig. Bisher erlaubte nämlich § 622 Abs. 2 des Bürgerlichen Gesetzbuches, Kündigungsfristen nur auf Basis von Beschäftigungszeiten zu berechnen, die nach dem 25. Geburtstag entstanden waren. Die Luxemburger Richter sahen darin eine Diskriminierung (EuGH, C-555/07; HB 20.1.2010a, S. 10f.). Durch das Urteil können sich die Kündigungsfristen bestehender Arbeitsverträge um bis zu vier Monate verlängern (HB 20.1.2010b, S. 3). Unternehmen, die böse Überraschungen wie plötzlich verlängerte Kündigungsfristen vermeiden wollen, beschäftigen sich vorher mit dem europäischen Arbeitsrecht. Die Möglichkeit dazu bietet Kapitel 5.

... und finanziert zahllose Unternehmensprojekte

■ Kapitel 5 gibt auch einen Einblick in zahlreiche europäische Förderprogramme. Wer sie nicht kennt, verschenkt viel Geld. Denn neben Stipendien wie z.B. „Erasmus für junge Unternehmer" (ERASMUS; KOM 2.7.2009b, S. 23) lassen sich auch umfangreiche betriebliche Vorhaben von der EU mitfinanzieren. Die Fördergebiete reichen von sozialen Themen wie der Frauenförderung über Arbeitsmarkthilfen wie Fortbildungsmaßnahmen hin zu Infrastrukturgeldern und umfassenden Forschungsmitteln.

EU kocht, wie können KMU würzen?

■ Großunternehmen wie BASF sind unmittelbar involviert, wenn die EU eine (neue) Chemikalienverordnung plant. Kleine und mittlere Unternehmen müssen deren Folgen aber ebenfalls umsetzen und ärgern sich dann möglicherweise über höhere Kosten. Besser wäre es, den Entscheidungsprozess im Vorfeld mittelstandstauglich mitzugestalten. Wie europäische Entscheidungsprozesse verlaufen, erklärt Kapitel 2. Wie sich auch kleinere Unternehmen daran beteiligen können, zeigt Kapitel 6.

EU-Einfluss wird wachsen

Diese Beispiele sind nicht mehr als ein Vorgeschmack darauf, wie stark gemeinschaftliche Rechtsakte schon heute die operative und strategische Unternehmensplanung beeinflussen. Die EU wird in Zukunft immer mehr Entscheidungen treffen, die betriebswirtschaftlich relevant sind. Darauf sollten sich Unternehmen so früh wie möglich vorbereiten. Kapitel 7 hilft ihnen dabei mit voraussichtlichen Richtungsentscheidungen der EU, Kapitel 8 mit zweckmäßigen Informationsquellen für die laufende Fortbildung.

2 Entscheidungsträger in der Europäischen Union

2.1 Von den Römischen Verträgen zum Vertrag von Lissabon

Die Europäische Union entstand 1957/1958 mit sechs Staaten durch die Römischen Verträge. Diese Gründungsmitglieder hatten sich bereits 1951/1952 zur Montanunion zusammengeschlossen, der Europäischen Gemeinschaft für Kohle und Stahl. Nach mehreren Vertragsreformen, Erweiterungs- und Vertiefungsrunden umfasst die EU inzwischen 27 Mitglieder. Weitere Beitrittskandidaten stehen vor der Tür.

Wichtige Integrationsschritte

EU-Erweiterung zwischen 1952/1958 und 2010

Tabelle 2-1

Beitrittsjahr	Beitrittsländer (in alphabetischer Reihenfolge)	Mitglieder
1952/1958	Belgien, Deutschland, Frankreich, Italien, Luxemburg, Niederlande	6
1973	Dänemark, Irland, Vereinigtes Königreich	9
1981	Griechenland	10
1986	Portugal, Spanien	12
1995	Finnland, Österreich, Schweden	15
2004	Estland, Lettland, Litauen, Malta, Polen, Slowakei, Slowenien, Tschechische Republik, Ungarn, Zypern (griechischer Teil)	25
2007	Bulgarien, Rumänien	27

Quelle: Eigene Darstellung auf Basis EU (1), S. 5 („Acht Erweiterungsrunden")

Abbildung 2-1 *Meilensteine der europäischen Integration aus wirtschaftlicher Sicht*

				Montan-union
Pariser Vertrag	1951/ 1952		**Europäische Wirtschafts-gemeinschaft (EWG)**	• Europ. Gemeinschaft für Kohle und Stahl • Supra-nationale Regeln für Schlüssel-industrien bis 2002
Römische Verträge	1957/ 1958	**Euratom** • Europäische Atomge-meinschaft • Forschungs-stelle	• gemeinsamer Markt • gemeinsame Außenhandels- und Agrarpolitik	
Fusions-vertrag	1965/ 1967	• Zusammenschluss der Entscheidungsorgane		**Europäische Gemeinschaft (EG)**
Einheitl. europ. Akte	1986/ 1987	• Vollendung des Binnenmarktes bis 12/1992 • Mehrheitsentscheidungen • Aufwertung Parlament		
Maas-trichter Vertrag	1992/ 1993	• Euro-Einführung 1999/2002 • Engere Zusammenarbeit in Außen-/ Sicherheits-/ Innen- und Justizpolitik • Aufwertung Parlament (Mitentscheidungsverfahren)		**Europäische Union (EU)**
Vertrag von Nizza	2001/ 2003	• Beitritt 10 weiterer Länder 2004 • Grundrechte-Charta (unverbindlich) • Aufwertung Parlament		
Vertrag von Lissabon	2007/ 2009	• Reduzierte Fassung des Verfassungsentwurfs • Institutionelle Reformen für mehr Effizienz, Transparenz u. Demokratie • Verbindliche Grundrechte-Charta (außer CZ, PL, UK)		

Quelle: Eigene Darstellung auf Basis Weidenfeld (2009); KOM (2007/1).
Jahresangaben: Verabschiedung/Inkrafttreten; Grau: Besonders wichtig.

Seit Dezember 2009 gilt der Vertrag von Lissabon. Er hat inhaltlich nichts mit der so genannten Lissabon-Strategie zu tun, sondern soll die Arbeitsweise der EU demokratischer, effizienter und transparenter machen. Zuvor hatte die Gemeinschaft 27 Mitgliedsländer nach einem Regelwerk organisiert, das eigentlich für 15 Länder vorgesehen war. Dies hatte ihre Arbeit zunehmend erschwert.

Neuer EU-Vertrag

Lissabon-Vertrag versus Lissabon-Strategie

Abbildung 2-2

Der **Vertrag von Lissabon** ist der neue EU-Vertrag. Die Staats- und Regierungschefs der 27 Mitgliedsländer unterzeichneten ihn im Dezember 2007 bei einem Gipfeltreffen in Lissabon. Er gilt seit dem 1.12.2009. Neue Gemeinschaftskompetenzen enthält er insbesondere im Klimaschutz und in der Energiepolitik. Daneben stellen Mehrheitsentscheidungen nun die Regel dar und das Europäische Parlament ist wesentlich einflussreicher als zuvor. Schließlich macht der Vertrag eine bereits bestehende, aber bislang unverbindliche „EU-Charta der Grundrechte" rechtsverbindlich: Außer im Vereinigten Königreich, in Polen und der Tschechischen Republik können sich die Bürger vor Gericht nun auf diese Charta berufen (Überblick: KOM 2009/1 oder BertelsmannStiftung; Vertragstext: EU 8.5.2008; Ratifizierungsprozess: KOM 2.7.2009a, S. 1 und KOM 8.10.2009, S. 1f.).

Die **Lissabon-Strategie** (auch Lissabon-Prozess oder Lissabon-Agenda genannt) enthält ein Programm, das die EU bis 2010 zum wettbewerbsfähigsten und dynamischsten wissensgestützten Wirtschaftsraum der Welt machen sollte. Die Staats- und Regierungschefs der EU-Mitglieder hatten die Strategie im März 2000 verabschiedet, ebenfalls in Lissabon. Ihre Ziele konzentrieren sich insbesondere auf wirtschaftliche, soziale und ökologische Innovationen (KOM 1). Da die Agenda offensichtlich nicht erfolgreich war, hat die EU inzwischen eine Folge-Strategie namens Europa 2020 beschlossen (siehe Abbildung 5-3).

Die Vorgeschichte des Lissabon-Vertrags ist lang: Als Verfassung gestartet, scheiterte diese an Volksbefragungen in Frankreich und den Niederlanden. Obwohl stark zurechtgestutzt, lehnten auch die Iren den folgenden Vertrag in einer Volksbefragung von Juni 2008 ab. Daneben verweigerte die Tschechische Republik bis Herbst 2009 eine Ratifizierung. Der Vertrag konnte daher erst nach weiteren länderspezifischen Zugeständnissen in Kraft treten (KOM 2.7.2009a, S. 1 und KOM 8.10.2009, S. 1f.).

Erst Verfassung, dann Vertrag

Die folgenden Erläuterungen zu den gemeinschaftlichen Entscheidungsgremien, ihrem Zusammenspiel und den europäischen Gesetzesnormen konzentrieren sich auf die neue Lage gemäß Lissabon-Vertrag.

2.2 Europäischer Rat

EU-Gipfel zur strategischen Weichenstellung

Seit 1974 treffen sich die Staats- und Regierungschefs der Gemeinschaft regelmäßig auf so genannten EU-Gipfeln. Da die Ratspräsidentschaft rotiert, fungiert alle sechs Monate ein anderes Land als Gastgeber. Die Gipfeltreffen stellen die strategischen Weichen der EU und folgen einem Konsensprinzip, also einstimmigen Entscheidungen. Sie verabschieden insbesondere Reformen der europäischen Verträge, z.B. die Einführung des Euro oder den Beitritt weiterer Mitgliedsländer.

Weitere Aufgaben

Daneben treffen die Staats- und Regierungschefs konkrete Beschlüsse: Bis 2020 sollen z.B. die Treibhausgase um 20 Prozent gegenüber 1990 sinken und ein Fünftel des EU-Energieverbrauchs aus erneuerbaren Quellen wie Wind- Sonnen- und Wasserkraft stammen. Diese Beschlüsse dienen der anschließenden europäischen Gesetzgebung als Leitlinie. Drittens stoßen die EU-Gipfel europäische Gesetzgebungsverfahren an wie die Reform der Banken-, Versicherungs- und Börsenaufsicht innerhalb der EU. Hierbei geben die Staats- und Regierungschefs also den Impuls und die Erlaubnis dafür, neue Gemeinschaftskompetenzen zu schaffen. Schließlich dienen die Gipfeltreffen natürlich auch der Diskussion weltpolitischer Probleme und der Vorbereitung gemeinsamer Standpunkte in dieser Hinsicht.

Neue Ämter

Mit dem Vertrag von Lissabon erhielt die EU erstmals eine eigene Rechtspersönlichkeit, so dass sie zum Beispiel in Internationalen Organisationen eigenständig handeln kann. Außerdem wählt der Europäische Rat für jeweils 2 ½ Jahre einen Präsidenten. Er ist nicht mit dem Präsidenten der Kommission identisch, repräsentiert aber die EU gegenüber Drittstaaten wie den USA, leitet die Sitzungen der Staats- und Regierungschefs und bereitet sie vor. Ihm steht eine Art Außenminister zur Seite, der gleichzeitig Vizepräsident der EU-Kommission und im Ministerrat vertreten ist (Europäischer Rat; Weiterführend: Wessels 2009).

Abbildung 2-3

Van Rompuy und Ashton: Graue Mäuse statt politischer Schwergewichte?

Der Belgier Hermann van Rompuy ist der erste Präsident des Europäischen Rats. Er gilt als geräuschloser Verwalter. Offensichtlich wollen sich die europäischen Staats- und Regierungschefs von ihm nicht die Schau stehlen lassen, was ihnen im ersten Quartal 2010 vorzüglich gelang. Auch die „Hohe Vertreterin der EU für die Außen- und Sicherheitspolitik", Catherine Ashton, war vor ihrer Nominierung außerhalb Großbritanniens eher unbekannt. Ihre ersten Auftritte nutzte sie nicht zur nachhaltigen Profilierung. Markantere (und ebenfalls weibliche) Persönlichkeiten wie Frankreichs Finanzministerin Christine Lagarde oder Lettlands Ex-Präsidentin Vaira Vike-Freiberga blieben außen vor.

2.3 Rat der Europäischen Union

Die folgenden drei europäischen Institutionen klingen sehr ähnlich, umfassen aber ganz unterschiedliche Mitglieder:

Europäischer Rat, Rat der EU und Europarat		*Tabelle 2-2*
Europäischer Rat	Staats- und Regierungschefs der EU-Mitgliedsländer (2.2)	
Rat der EU, häufig nur „Rat"	Ministerrat der EU: 27 Fachminister der Mitgliedsländer, z.B. Umwelt- oder Wirtschaftsminister (2.3)	
Europarat	Hat institutionell nichts mit der EU zu tun, residiert aber auch in Straßburg. Internationale Organisation, die vor allem den Europäischen Gerichtshof für Menschenrechte einsetzt und über allgemeine europäische Fragen debattiert. Zu seinen 47 Mitgliedern gehören alle 27 EU-Länder (Details: Europarat).	

Vor allem die Bezeichnungen „Europäischer Rat" und „Rat der EU" werden leicht verwechselt. Deshalb ist umgangssprachlich statt vom „Rat der EU" häufig und prägnanter vom „Ministerrat" die Rede, der wichtigsten Recht setzenden EU-Instanz. Das vorliegende Buch folgt diesem praktischeren Sprachgebrauch.

Rat der EU = Ministerrat

„Den" Ministerrat gibt es nicht. Vielmehr entscheiden diejenigen nationalen Minister, die für einen Politikbereich zuständig sind, also bei steuerlichen Angelegenheiten die Finanzminister und bei Beschäftigungsfragen die Arbeitsminister. Da die Minister häufig keine EU-Spezialisten sind und/oder viele andere Termine haben, lassen sie sich in den Verhandlungen oft von Staatssekretären vertreten. Ein Generalsekretariat unterstützt den reibungslosen Arbeitsablauf, zumal der Ratsvorsitz wie bei den Gipfeltreffen alle sechs Monate wechselt. Größere Länder verfügen über mehr Stimmen als kleinere, aber ähnlich wie im deutschen Bundesrat besitzen kleine Staaten überproportionalen Einfluss im Vergleich zur Bevölkerungszahl (Rat 1; siehe auch Tabelle 2-3).

Nationale Fachminister

In den Anfangsjahrzehnten der EU mussten Entscheidungen grundsätzlich einstimmig getroffen werden. Mit dem Lissabon-Vertrag gelten einstimmige Entscheidungen nur noch ausnahmsweise, z.B. in der Steuerpolitik. Beim jetzt üblichen Mehrheitsprinzip handelt es sich aber nicht um eine einfache Mehrheit von etwas über 50 Prozent, sondern um eine komplizierte qualifizierte Mehrheit (Rat 1; Umbach 2009a, S. 311-314):

Komplizierte Mehrheitsregeln

Bis 2014

■ Bis 2014 gelten weiterhin die Abstimmungsregeln des Vertrags von Nizza. Nach diesen Regeln repräsentiert die Mehrheit 74 Prozent der Stimmen, nämlich 255 von insgesamt 345 im Januar 2010. Außerdem muss die Mehrheit der Mitgliedsländer den Vorschlag befürworten, in Ausnahmefällen sogar eine Zwei-Drittel-Mehrheit. Schließlich kann jeder Staat darüber hinaus eine Bestätigung verlangen, dass die Ja-Stimmen mindestens 62 Prozent der Gesamtbevölkerung der Union ausmachen. Wird dieses Kriterium nicht eingehalten, ist der Beschluss abgelehnt.

Ab 2014

■ Ab 2014 entfällt gemäß Lissabon-Vertrag die Stimmengewichtung zugunsten einer doppelten Mehrheit von 55 Prozent der Mitgliedsstaaten (selten: 72 Prozent) und 65 Prozent der EU-Bevölkerung. Nur in Streitfällen können sich die Teilnehmer dann noch bis maximal 2017 auf die Nizza-Regeln und ihre höheren Mehrheitshürden berufen.

Symbol für De-
mokratiedefizit

Der Ministerrat steht maßgeblich für das oft kritisierte Demokratiedefizit der Union, denn nationale Minister gehören der Exekutive an. Sie werden vom Staats- bzw. Regierungschef ernannt, also nicht vom Volk gewählt. Diesem Gremium die wichtigste Gesetzgebungsbefugnis der EU zu übertragen, ist daher in Bezug auf die Gewaltenteilung problematisch. Manche EU-Broschüren sprechen beschönigend von der „Staatenkammer" (z.B. EP, März 2008, S. 8). In echten Staatenkammern wie dem deutschen Bundesrat oder dem US-Senat sitzen in der Regel gewählte Repräsentanten.

2.4 Europäisches Parlament (EP)

Weniger Macht
als Bundestag

Seit 1979 wählen alle EU-Bürger die europäischen Abgeordneten für fünf Jahre direkt, zuletzt 2009. Die Kompetenzen des Europäischen Parlaments (EP 1; ausführlich Maurer 2009a, v.a. S. 221 f.) reichen aber immer noch nicht an diejenigen einer klassische Legislative heran: Es darf in der Regel weder Gesetze vorschlagen, noch kann es ohne den Ministerrat entscheiden.

Disproportionale
Sitzverteilung

Eine Aufwertung des Parlaments gilt nach gängiger Meinung als Demokratie fördernd, weil es direkt gewählte Volksvertreter umfasst. Allerdings repräsentiert in nationalen Parlamenten wie dem Bundestag typischerweise jeder Abgeordnete eine etwa konstante Wählerzahl. Die Sitzverteilung des Europaparlaments ist dagegen nicht proportional, wie Tabelle 2-3 zeigt: Während ein Abgeordneter aus Malta im Januar 2010 rund 80.000 Einwohner repräsentierte, kamen auf einen deutschen Abgeordneten circa 826.000 Bürger. Die Disproportionalität nimmt mit dem Lissabon-Vertrag sogar noch zu: Künftig sollen von insgesamt 750 Sitzen nur noch 96 statt 99 auf Deutschland, aber 6 statt 5 auf Malta entfallen (EP 1).

Stimmenverteilung je Land in Ministerrat und Europäischem Parlament
(Stand: Januar 2010)

Tabelle 2-3

Land (sortiert nach Bevölkerungshöhe)	Bevölkerung (Mio. gerundet)	Ministerrat (Stimmenzahl)	Parlament (Sitze)
Deutschland	81,8	29	99
Frankreich	64,7	29	72
UK	62	29	72
Italien	60,4	29	72
Spanien	46,1	27	50
Polen	38,2	27	50
Rumänien	21,5	14	33
Niederlande	16,6	13	25
Griechenland	11,3	12	22
Belgien	10,8	12	22
Portugal	10,6	12	22
Tschech. Rep.	10,5	12	22
Ungarn	10	12	22
Schweden	9,3	10	18
Österreich	8,4	10	17
Bulgarien	7,6	10	17
Dänemark	5,5	7	13
Finnland	5,4	7	13
Slowakei	5,4	7	13
Irland	4,5	7	12
Litauen	3,3	7	12
Lettland	2,2	4	8
Slowenien	2,1	4	7
Estland	1,3	4	6
Zypern	0,8	4	6
Luxemburg	0,5	4	6
Malta	0,4	3	5
SUMME	501,2	345	736

Quellen: Eurostat (1), Gesamtbevölkerung am 1. Januar 2010; Rat (1), Stimmenvertei-lung pro Staat; EP (2)

Schrittweiser Machtgewinn

Im Zeitablauf hat sich das Parlament zusätzliche Macht erkämpft: Seit 1987 dürfen die Abgeordneten z.B. Änderungen zu Gesetzesinitiativen vorschlagen und müssen internationalen Abkommen für eine EU-Erweiterung zustimmen. Seit 1993 verfügt das Parlament in vielen wichtigen Bereichen über ein Vetorecht mit einfacher Mehrheit, kann also faktisch Gesetze mit Kommission und Ministerrat aushandeln. Im Rahmen des „Mitentscheidungsverfahrens" ist es seither maßgeblich an der Gesetzgebung des Ministerrats beteiligt und kann über Anhörungsverfahren, Misstrauensvoten und Untersuchungsausschüsse die EU-Kommission stark beeinflussen (EP 1; Maurer 2009, v.a. S. 221-225). Es nutzt dabei seine Möglichkeiten mehr als aus: So folgte z.B. aus der formalen Kompetenz, die gesamte EU-Kommission abzulehnen, im Zeitablauf die Praxis, einzelne Kommissare mehr oder weniger offen zurückzuweisen. Erst im Januar 2010 zog die bulgarische Kandidatin Rumjana Jeleva ihre Kandidatur zurück, nachdem das Parlament ihre Fähigkeiten und finanzielle Intransparenz kritisiert hatte (DIHK 25.1.2010, S. 2).

Mitentscheidung EU-Parlament jetzt die Regel

Der Lissabon-Vertrag hat die EU-Abgeordneten erneut und umfassend gestärkt: Sie entscheiden nun regelmäßig gemeinsam mit dem Ministerrat, der Vertrag spricht vom „ordentlichen Gesetzgebungsverfahren". Ersten spektakulären Gebrauch vom neuen Vetorecht machten die Parlamentarier im Februar 2010, als sie das SWIFT-Abkommen des Ministerrats ablehnten. Dieser hatte im November 2009 zugestimmt, dass europaweit von der „Society for Worldwide Interbank Financial Telecommunication" gesammelte Bankdaten an die USA geliefert werden dürften (DIHK 15.2.2010, S. 6). Nur in Ausnahmefällen gelten noch „besondere Gesetzgebungsverfahren", bei denen der Ministerrat das letzte Wort hat. Daneben wählen die Abgeordneten nun den Kommissionspräsidenten. Zwei weitere Regeln werten die Parlamentarier auf: Sie dürfen jetzt auch offiziell beantragen, einzelne Kommissare zu entlassen. Außerdem muss die Kommission einen Gesetzesentwurf binnen eines Jahres vorlegen, wenn das Parlament eine entsprechende Initiative gefordert hat (KOM 11.2.2010, S. 2). Dies stellt allerdings noch kein klassisches Initiativrecht dar, weil das Europaparlament den Gesetzentwurf nicht selbst entwickelt, sondern hierbei weiterhin auf die Kommission angewiesen ist.

Umfassende Haushaltsbefugnisse

Traditionell herausragenden Einfluss übt das Parlament auf den Gemeinschaftshaushalt aus, den es schon vor dem Lissabon-Vertrag ablehnen durfte und oft abgelehnt hat. Im Gegensatz zu nationalen Parlamenten, die in der Regel zu hohe Ausgaben monieren, forderten die EU-Abgeordneten bisher allerdings typischerweise höhere Ausgaben. Der Vertrag von Lissabon hat das Europaparlament bei der Genehmigung des EU-Haushalts aufgewertet. Gemäß Artikel 314 verabschieden Parlament und Ministerrat die Ausgaben nun gemeinsam in einem besonderen Gesetzgebungsverfahren, wobei die

Parlamentarier gemäß Absatz 4c mit einfacher Mehrheit Änderungen beschließen dürfen, also nicht mehr nur ein Vetorecht ausüben.

Der EU-Haushalt

Abbildung 2-4

Die Gemeinschaft verfügt über ein eigenes Budget, das aber drei **Besonderheiten** im Vergleich zu nationalen Haushalten aufweist: Die EU darf sich nicht verschulden, darf keine eigenen Steuern erheben und muss ihr Budget über mehrere Jahre planen und verabschieden lassen. 2009/2010 gilt der Finanzrahmen für 2007-2013.

Die europäischen Haushalts-**Einnahmen** resultieren überwiegend aus Anteilen am jeweiligen Bruttoinlandseinkommen und am nationalen Mehrwertsteueraufkommen. Sie lassen sich also als Mitgliedsbeiträge der EU-Länder interpretieren. Weitere Einnahmen stammen aus Zöllen und zollähnlichen Abgaben gegenüber Drittländern und aus sonstigen Einnahmen wie z.B. Strafgeldern im Rahmen von Wettbewerbsverstößen.

Die **Ausgaben** der EU fließen überwiegend in den Agrarsektor und in regionale Finanztransfers von reicheren in ärmere europäische Wirtschaftsräume. Die konkreten Positionen verstecken sich hinter den Begriffen „Bewahrung und Bewirtschaftung der natürlichen Ressourcen" bzw. „nachhaltiges Wachstum". Der Haushalt 2010 sieht rund 141 Milliarden Euro sogenannter Verpflichtungsermächtigungen vor. Zum Vergleich: Die deutsche Bundesregierung plante für 2010 Ausgaben von insgesamt 325 Milliarden Euro (BMF, 16.12.2009), von denen letztlich 320 Milliarden Euro bewilligt wurden (FAZ.NET 19.3.2010). Verpflichtungsermächtigungen sind Finanzzusagen, denen noch konkrete Auszahlungen folgen müssen. Eine Abweichung zwischen diesen Ermächtigungen und konkreten Zahlungen ergibt sich zum Beispiel, wenn die mehrjährige Finanzplanung einzelne Förderprogramme vorsieht, diese dann aber von Jahr zu Jahr unterschiedlich stark in Anspruch genommen werden. Die Verwaltungsausgaben der EU umfassen im Jahr 2010 rund 8 Milliarden Euro bzw. 5,6 Prozent aller Ausgaben. (Einstieg EU-Haushalt: KOM 1; Details zum Haushaltsverfahren: Heinemann 2009; Details zum Haushalt 2010: Rat 18.11.2009 und IP/09/1342)

Mögliche Verwendung von EU-Geldern im Jahr 2010

Ausgabenschätzung (in EU-Fachsprache: „Verpflichtungsermächtigungen")	In Mrd. €	In % vom Gesamthaushalt
Nachhaltiges Wachstum	64,30 €	45,4%
davon Wettbewerbsfähigkeit	*14,90 €*	*10,5%*
davon Kohäsion	*49,40 €*	*34,9%*
Bewahrung und Bewirtschaftung der natürlichen Ressourcen	59,50 €	42,0%
Verwaltungsausgaben	7,90 €	5,6%
Sonstiges	9,80 €	6,9%
Summe	141,50 €	100,0%

Quelle: Eigene Zusammenfassung auf Basis KOM (2009/2), S. 1 „EU-Haushalt 2010 in Zahlen"

Kritik am EU-Haushalt kommt aus unterschiedlichen Richtungen. So würden manche EU-Vertreter gerne eigene Steuern erheben. Daneben wollen sie diejenigen Einnahmen ausbauen, die auf dem Leistungsfähigkeitsprinzip beruhen. Dazu gehören die Einnahmen auf Basis des jeweiligen Bruttoinlandsprodukts, nicht aber die ebenfalls hohen Beiträge, die aus der nationalen Mehrwertsteuer resultieren. Ökonomen wie der Belgier André Sapir bemängelten dagegen schon vor Jahren die rückwärtsgewandte Ausgabenstruktur der EU. Dazu zählen vor allem die umfangreichen Agrarsubventionen, die Ökonomen gerne durch Forschungs- und Infrastrukturausgaben ersetzt sähen. Massenmedien in reicheren Ländern wie Deutschland kritisieren schließlich, dass manche Länder „Nettozahler" der EU seien, andere dagegen „Nettoempfänger".

Exkurs: Nettozahler und -empfänger in der EU

Mitunter stehen die Nettozahlungen der Bundesrepublik Deutschland an die EU in der öffentlichen Kritik. Sie ergeben sich aus den deutschen EU-Beiträgen abzüglich sämtlicher Finanzhilfen, die zurückfließen. 2008 umfassten sie fast neun Milliarden Euro (EU-Kommission, zitiert nach dpa-Globus, 2.10.2009). Tatsächlich waren aber die **Niederlande und Schweden die wahren Zahlmeister**. Sie führten im selben Jahr 0,45 bzw. 0,44 Prozent ihres Bruttoinlandprodukts an die EU ab, während Deutschland nur 0,35 Prozent gab (ebenda). Bezieht man die Transfers auf die Bevölkerungszahlen in Tabelle 2-3, so lag auch die Belastung je Kopf in Deutschland nur bei rund 107 Euro, in den Niederlanden dagegen bei 161 Euro und in Schweden bei 157 Euro. Berücksichtigt man darüber hinaus, dass Deutschland als großer Exporteur und angesichts seiner zentralen Lage in Europa maximal vom barrierefreien Handel innerhalb der Union profitiert, differenziert sich das Bild zusätzlich.

Kritik am EP

Das Europäische Parlament verursacht vermeidbare Kosten für den europäischen Steuerzahler, indem seine Mitarbeiter pendeln: Nur 12 Wochen im Jahr finden Sitzungen im Straßburger Parlament statt. Dazwischen tagen die Ausschüsse und Fraktionen in Brüssel, wo ebenfalls gelegentlich Plenarsitzungen stattfinden. Außerdem gibt es ein Generalsekretariat in Luxemburg. Ein enormer Übersetzungsaufwand folgt außerdem aus dem Unwillen der EU-Mitglieder, sich auf eine offizielle Verkehrssprache innerhalb der Gemeinschaft zu einigen. Stattdessen gibt es inzwischen 23 Amtssprachen. Weiterhin wirken manche Abgeordnete eher wie abgeschobene nationale Politiker (seit 2009 z.B. der ehemalige Bundesvorsitzende der Grünen, Reinhard Bütikofer, oder die Strauß-Tochter und ehemalige bayerische Kultusministerin Monika Hohlmeier). Allerdings lässt dieser Trend, der früher gerne mit dem Bonmot „Hast du einen Opa, schick' ihn nach Europa!" quittiert wurde, mit steigenden Kompetenzen des Parlaments spürbar nach. Schließlich zeigte sich das Europaparlament bisher ausgesprochen integrationsfreundlich. Seine Machtsteigerung wird also mehr europäische Gesetze und höhere EU-Ausgaben nach sich ziehen.

2.5 Europäische Kommission

Die „Regierung" der EU besteht aus Präsident Barroso und 26 weiteren Kommissaren, die für jeweils fünf Jahre praktisch Ministerfunktionen erfüllen (Einstieg: KOM 3; Details: Diedrichs 2009). Ursprünglich sollte die Zahl der Kommissare mit dem Lissabon-Vertrag sinken, um zügigere Konsensentscheidungen zu ermöglichen. Eines der Zugeständnisse nach dem gescheiterten Referendum in Irland lautete aber, dass weiterhin jedes Land einen Kommissar entsendet. Ihn schlägt die jeweilige nationale Regierung vor, eine CDU-geführte deutsche Regierung benennt somit typischerweise einen CDU-Politiker. Über die Kandidaten entscheidet der Europäische Rat mit qualifizierter Mehrheit. Das Parlament muss der neuen Kommission als Kollegium zustimmen. Offizielle Frauenquoten gibt es nicht, eine reine Herrenriege wäre allerdings politisch undenkbar. Die Kommissionsanwärter werden vom Europäischen Parlament befragt und in seltenen Fällen abgelehnt.

Ein Land – ein Kommissar

Die für Unternehmen wichtigsten EU-Kommissare (2010-2014)

Tabelle 2-4

Ressort	Herkunfts-land	Name, Vorname	Bemerkungen
Präsident	Portugal	Barroso, José Manuel	2. Amtszeit
Binnenmarkt und Dienstleistungen	Frankreich	Barnier, Michel	Vorher französischer Außenminister
Wettbewerb	Spanien	Almunia, Joaquín	Vorher Wirtschafts- und Währungspolitik; Vizepräsident
Gesundheit und Verbraucherpolitik	Malta	Dalli, John	
Beschäftigung, Soziales, Einbindung	Ungarn	Andor, László	
Energie	Deutschland	Oettinger, Günther	Vorher Ministerpräsident Baden-Württemberg; Nicht Vizepräsident
Umwelt	Slowenien	Potočnik, Janez	
Industrie und Unternehmen	Italien	Tajani, Antonio	Vizepräsident
Forschung und Innovation	Irland	Geoghegan-Quinn, Máire	
Verkehr	Estland	Kallas, Siim	Vizepräsident
Digitale Agenda	Niederlande	Kroes, Neelie	Vorher Wettbewerb; Vizepräsidentin
Regionalpolitik	Österreich	Hahn, Johannes	
Klimapolitik	Dänemark	Hedegaard, Connie	Vorher dänische Energieministerin

Quellen: KOM (6); FAZ.NET (27.11.2009)

Umfangreiche Bürokratie

So, wie jedem Minister ein Ministerium aus Verwaltungsbeamten zuarbeitet, verfügt jeder Kommissar über einen Apparat sogenannter Generaldirektionen und Dienste, von denen es im Januar 2010 insgesamt 41 gab (KOM 4). Diese Abteilungen liegen überwiegend in Brüssel, einige in Luxemburg. Kommissions-Vertretungen und -Delegationen gibt es in allen EU-Staaten, in Deutschland zum Beispiel in Berlin, München und Bonn. Darüber hinaus existieren allein hierzulande über 50 „Europa *Direkt*-Informationszentren" vor Ort (siehe Kapitel 6.4). Insbesondere wegen ihrer großen Mitarbeiterzahl steht die Kommission häufig in der Kritik. Die EU selbst spricht von rund 24.000 Kommissionsbeamten plus etwa 10.000 weiteren Beschäftigten bei den anderen Gemeinschaftsinstitutionen (EU 1, S. 47 „Die Beamten im Dienst der EU"). Dies dürfte eher die Untergrenze sein, denn die europäische Öffentlichkeitsarbeit bemüht sich darum, die Bürokratiekosten der EU so niedrig wie möglich auszuweisen. Das Handelsblatt etwa sprach im Januar 2010 von 45.000 EU-Beamten (HB 7.1.2010, S. 11; Leonard 2010, S. 98 kommt auf Basis einer Kommissions-Quelle für Ende 2008 auf insgesamt rund 43.000 Mitarbeiter).

Attraktiver Arbeitgeber für junge Deutsche

Für junge Juristen, Wirtschafts- und Sozialwissenschaftler stellt die Europäische Kommission einen interessanten Arbeitgeber in internationalem Umfeld dar, der darüber hinaus hervorragend bezahlt. Denn wie bei Internationalen Organisationen entrichten die Mitarbeiter nur eine geringe Einkommenssteuer und können zahlreiche materielle Vergünstigungen in Anspruch nehmen (Details: Leonard 2010, S. 99f.). Im Frühjahr 2010 führte das Europäische Amt für Personalauswahl EPSO darüber hinaus ein vereinfachtes Bewerbungsverfahren ein. Es soll auch mehr Deutsche anziehen. Denn trotz 15 Prozent Bevölkerungsanteil kommen bisher nur fünf Prozent der Kandidaten aus Deutschland, ihre Erfolgsaussichten sind überproportional hoch (KOM 4.2.2010, S. 8; Weiterführend: EPSO). Schließlich fallen die Gehaltssteigerungen von EU-Beamten in der Regel üppiger aus als in den meisten Mitgliedsländern. Dies führt allerdings auch zu politischen und massenmedientauglichen Querelen, etwa zuletzt zur Jahreswende 2009/2010 (HB 7.1.2010, S. 11), die dem Ruf der EU beim Normalbürger schaden.

Vorschlagsmonopol für EU-Gesetze gelockert

Die Kommission hielt bis zur Vertragsreform von Lissabon das ausschließliche Initiativrecht innerhalb der Union, das heißt: Nur sie durfte europäische Gesetzesvorschläge vorbereiten. Neuerdings dürfen ausnahmsweise auch eine Gruppe von Mitgliedsländern und das Europäische Parlament Gesetzesvorschläge einbringen. Daneben darf die Europäische Zentralbank Gesetze empfehlen, Gerichtshof und Investitionsbank können Vorschläge beantragen (Artikel 289 Abs. 4 AEUV).

Ansprechpartner für Lobbyisten

Trotz des gelockerten Vorschlagsmonopols bleibt die Kommission der mit Abstand wichtigste Ansprechpartner für Unternehmen, die das europäische Gesetzgebungsverfahren beeinflussen wollen. Ein intensiver Austausch mit demjenigen Kommissionsreferenten, der die erste Fassung einer Gesetzesvorlage entwirft, nützt den eigenen Interessen. Er wird für fachliche Hinweise, im Extremfall in der angenehmen Atmosphäre eines exzellenten Restaurants, dankbar sein. Es ist auch gar nicht vorgesehen, dass die Generaldirektionen ihre Vorschläge im stillen Kämmerlein erarbeiten. Vielmehr sollen sie zuvor Wirtschaftsvertreter, Verbände und nationale Minister konsultieren, damit ihre Initiativen Aussicht auf Erfolg haben.

Die Kommission setzt außerdem die Entscheidungen der Gesetzgebung um: Entweder durch eigenes Handeln wie bei der konkreten Vergabe von Fördermitteln an einzelne EU-Regionen oder indem sie darauf achtet, dass Mitgliedsländer und Unternehmen alle EU-Vorschriften umsetzen. Kommt es bei dieser Implementierung zu Problemen, kann die Kommission Bußgelder verhängen und letztlich den Europäischen Gerichtshof anrufen. Direkte Bußgelder sind zum Beispiel üblich gegenüber Unternehmen, die unerlaubte Kartelle geschlossen haben. Verfahren gegen Mitgliedsländer stehen vor allem an, wenn diese sich nicht an die Haushaltsdisziplin halten (siehe Abbildung 2-5), EU-Richtlinien nicht fristgerecht in nationales Recht umsetzen oder unerlaubte Subventionen an Unternehmen zahlen. Schließlich führt die EU-Verwaltung wichtige Aufgaben in praktisch vollständiger Eigenregie durch. Dazu gehört vor allem die Wettbewerbspolitik, die Kapitel 4 ausführlich behandelt, aber auch die Agrar- und Strukturpolitik.

Umfassende Exekutivgewalt

Defizit-Sünder

Abbildung 2-5

Um den Euro zu einer stabilen Währung zu machen, einigten sich die Staats- und Regierungschefs im EU-Reformvertrag von Maastricht darauf, sich selbst zu einer soliden öffentlichen Haushaltsführung zu verpflichten. Denn die Zahlungskrise Griechenlands im Frühjahr 2010 zeigte eindrucksvoll, wie sehr unsolide Staatsfinanzen selbst eines kleineren Euro-Mitgliedslandes das Vertrauen in die Gemeinschaftswährung erschüttern können.

Der Vertrag ermächtigt die EU-Kommission seither dazu, ein förmliches und mehrstufiges Defizitverfahren gegen Länder zu eröffnen, die den so genannten **Stabilitäts- und Wachstumspak**t verletzen. Dies gilt vor allem, wenn das geplante oder tatsächliche öffentliche Budgetdefizit eines Mitgliedslandes über drei Prozent vom Bruttoinlandsprodukt liegt, grundsätzlich aber auch, wenn der öffentliche Schuldenstand mehr als 60 Prozent der Wirtschaftsleistung ausmacht (Details: VO 1467/97).

Im Jahr 2005 flexibilisierte die EU ihre Stabilitätsregeln umfassend. Länder wie Deutschland, die den Pakt maßgeblich vorangetrieben hatten, ihn aber selbst nicht erfüllen konnten, wollten nicht länger als Defizitsünder dastehen. So können seither geplante politische Reformen oder Sonderbelastungen ein Verfahren abwenden. Entsprechend ging die EU im Sommer 2008 nur gegen Ungarn und das Vereinigte Königreich vor (IP/09/1428).

Im Extremfall und nach Abschluss des kompletten Verfahrens dürfte die EU-Kommission theoretisch Milliarden hohe Strafzahlungen verlangen. Bisher kam es jedoch noch nie dazu. Mit der Finanz- und Wirtschaftskrise stiegen allerdings die Budgetdefizite und damit auch die kumulierte Staatsverschuldung der EU-Länder dramatisch an. Zwischen Herbst 2008 und Ende 2009 hat die Kommission daher 18 weitere und damit insgesamt 20 Verfahren eröffnet, auch gegen Deutschland. Nur Bulgarien, Schweden, Dänemark, Estland, Finnland, Zypern und Luxemburg blieben verschont (IP/09/1428).

Inhaltlich eng mit dem Stabilitäts- und Wachstumspakt verbunden sind die **Maastrichter Stabilitätskriterien**. Sie klären, ob ein EU-Land überhaupt dem Euro-Währungsgebiet beitreten darf. Neben öffentlicher Haushalts- und Schuldendisziplin fordern sie Preis- und Währungsstabilität über konkrete Kennzahlen, die Euro-Beitrittskandidaten im Vorfeld erreichen müssen.

Kaum Konjunk-
turpolitik

In der Konjunkturpolitik ist die Europäische Kommission bisher weitgehend rein koordinierend tätig, also eher machtlos. Zu gerne würde sie dies ändern, traditionell unterstützt von Frankreich und im ersten Halbjahr 2010 von Spaniens Ratsvorsitzendem Zapatero. Er möchte alle Mitgliedsstaaten zu bindenden Konjunkturzielen verpflichten. Sie sollen Teil der aktuell diskutierten Europa 2020-Strategie werden (Euractiv.de 8.1.2010; Siehe auch Abbildung 5-3). Andere Länder wie Deutschland und Großbritannien zeigten sich bisher weniger enthusiastisch. Ihres Erachtens funktioniert eine gemeinsame Geldpolitik auch ohne zentralisierte Konjunkturpolitik. In der Finanz- und Wirtschaftskrise dominierten daher nationale Konjunkturprogramme gegenüber gesamteuropäischen Anstrengungen. Allerdings könnte die gemeinsame Konjunkturpolitik in den nächsten Jahren Auftrieb erhalten, motiviert durch die Griechenland-Krise Anfang 2010 (HB 9.2.2010, S. 2).

Abbildung 2-6

Die Rolle der EU in der Finanz- und Wirtschaftskrise

Unter dem Stichwort „EU-Strategie zur Bewältigung der Wirtschafts- und Finanzkrise" beschreibt die Europäische Kommission, mit welchen Maßnahmen „die EU" Europas Wirtschaft vor dem Kollaps bewahrt und wiederbelebt habe. Hierbei erläutert sie insbesondere die geplanten oder bereits durchgeführten Finanzmarktreformen, die realwirtschaftlichen Hilfen in Form umfangreicher Konjunkturprogramme und die Maßnahmen gegen Arbeitslosigkeit (KOM 5).

Tatsächlich handelt es sich bei diesen Maßnahmen nur teilweise um Gemeinschaftsaktionen. Die meisten Hilfsaktionen, insbesondere die umfangreichen Konjunkturpakete, stammen eben gerade nicht von der EU selbst, sondern von ihren Mitgliedsländern. Deren Staats- und Regierungschefs stimmten sich zwar häufiger als sonst auf Gemeinschaftsgipfeln ab, verabschiedeten dann aber nationale Rettungs- und Konjunkturprogramme. Wenn die Kommission also z.B. unter dem Menüpunkt „Hilfe für die Realwirtschaft" schreibt: *„Für die nächsten zwei Jahre hat die EU rund 400 Milliarden Euro bereitgestellt – circa 3,3 % ihres Bruttoinlandsprodukts – um die Wirtschaft zu beleben und die Auswirkungen der Krise auf die Betroffenen abzufedern"*, dann handelt es sich bei diesen 400 Milliarden Euro ganz überwiegend um die Summe der nationalen Konjunkturpakete für die Jahre 2009/2010, die auch vorrangig im jeweiligen Mitgliedsland wieder verausgabt werden. Gleiches gilt für die Aussage unter dem Punkt „Reform des Finanzwesens": *„Die EU ergreift derzeit Maßnahmen bisher ungekannten Ausmaßes, um die Finanzmärkte zu stabilisieren und die Kredithähne wieder zu öffnen."* Der EU selbst stehen nur geringfügige Haushaltsmittel insbesondere aus dem Globalisierungsfonds und dem Europäischen Sozialfonds zur Verfügung (siehe Kapitel 5.4 zur Struktur- und Regionalpolitik).

Umfassend tätig war und ist die EU-Kommission vor allem auf drei Gebieten:
1. Sie koordiniert die Anstrengungen der Mitgliedsländer, achtet also z.B. darauf, dass die nationalen Konjunktur- und Finanzhilfen nicht gegen die europäischen Wettbewerbs- und Binnenmarktregeln verstoßen (siehe Kapitel 3 und 4);
2. Sie lockerte vorübergehend die nationalen Beihilfeverbote (siehe Kapitel 4.4);
3. Sie schlug umfassende Finanzmarktreformen vor, die teilweise auch schon umgesetzt sind (siehe Kapitel 3.8.3).

2.6 Europäischer Gerichtshof (EuGH)

Die Luxemburger Richter wachen über die Einhaltung des EU-Rechts, legen also bei Streitigkeiten die gemeinschaftlichen Bestimmungen aus. Zu ihrer Entlastung entstand 1988 das Gericht erster Instanz, das sich mit Spezialfällen wie z.B. Wettbewerbsverfahren und Schadenersatzklagen beschäftigt. Jeder der beiden Gerichtshöfe setzt sich aus einem Richter je Mitgliedsland und acht Generalanwälten zusammen. Die Generalanwälte bereiten die Urteilsfindung vor. Die Richter tagen höchst selten in Vollsitzung, eher in Kammern mit 13, fünf oder drei Richtern (EuGH 1; Details: Magiera 2009).

Hüter des Europarechts

Die Mitgliedsstaaten ernennen Richter und Generalanwälte für sechs Jahre im gegenseitigen Einvernehmen, eine Wiederernennung ist möglich. Diese Wiederernennungsmöglichkeit ist für oberste Gerichte ungewöhnlich: Sie trägt nicht zu einer unabhängigen Entscheidungsfindung bei, falls die Richter nach der ersten Amtsperiode noch zu jung für den Ruhestand sind. Daneben überrascht, dass nicht jeder EuGH-Richter zuvor einschlägige Erfahrungen als Richter oder Rechtsprofessor gesammelt hat, sondern – wie der Ungar Endre Juhász – eine (politische) Karriere in der nationalen Ministerialbürokratie zurückgelegt hat (EuGH 2).

Zwei Amtszeiten möglich

Die Abgrenzung zwischen nationalem und europäischem Recht ist nicht ganz einfach, ebenso wenig wie die Machposition der EuGH-Richter etwa gegenüber deutschen Verfassungsrichtern. Grundsätzlich bricht EU-Recht nationales Recht, solange es nicht z.B. Grundrechte des deutschen Grundge-

Regel: Vorrang für EU-Recht

setzes verletzt. Das Bundesverfassungsgericht in Karlsruhe hat dazu weg-weisende Urteile gefällt (Details: Streinz 2008, S. 72-92).

Tabelle 2-5   *Wichtige Klagearten vor dem EuGH*

Klageart	Bedeutung	Prominentes Beispiel
Vorabentscheidungsverfahren	Legt EU-Verträge im Rahmen nationaler Prozesse aus	Internet-Apotheke Doc Morris klagte mehrfach gegen deutsches Apotheken-Standesrecht mit Verweis auf die Niederlassungsfreiheit innerhalb der EU (Details in Abbildung 3-5)
Vertragsverletzungsverfahren	Überprüft Verstöße von Mitgliedsstaaten gegen EU-Recht	EU-Kommission klagte gegen das deutsche VW-Gesetz, da es dem freien EU-Kapitalverkehr widerspräche (Details in Abbildung 3-11)
Nichtigkeitsklage	Überprüft unmittelbar gemeinschaftliche Rechtsakte	Französisches Unternehmen Schneider klagte gegen ein Fusionsverbot der EU-Kommission (Details in Kapitel 4.3.2, „KOM verbietet, EuGH erlaubt")

Quelle: Eigene Darstellung; Alle Verfahrensarten siehe Magiera (2009), S. 200-203

Integrations-motor EuGH

Die Bedeutung des EuGH kann nicht hoch genug eingeschätzt werden. Tatsächlich hat er das EU-Recht nicht nur ausgelegt, sondern maßgeblich fortgebildet. So fällte er z.B. 1979 sein spektakuläres Cassis de Dijon-Urteil: Es begründete das Ursprungslandprinzip innerhalb der EU, wonach Waren, die in einem Mitgliedsland rechtmäßig hergestellt und in den Verkehr gebracht worden sind, grundsätzlich auch in allen anderen Mitgliedsländern verkauft werden dürfen. Dieses Ursprungslandprinzip entwickelte sich im Rahmen des Binnenmarktprojekts ab Mitte der 1980er Jahre zum wesentlichen politischen Integrationsansatz.

Abbildung 2-7   *Das Cassis de Dijon-Urteil des EuGH von 1979*

Die Kölner Rewe-Gruppe importierte aus Frankreich einen Johannisbeer-Likör namens Cassis de Dijon. Die Bundesmonopolverwaltung für Branntwein verbot Rewe den weiteren Import, da der Alkoholgehalt des französischen Erzeugnisses für einen Likör zu niedrig sei. Sie berief sich dabei auf das deutsche Branntweinmonopolgesetz. Rewe klagte daraufhin gegen die Bundesmonopolverwaltung, unter anderem mit Hinweis auf den freien Warenverkehr gemäß EG-Vertrag. Das zuständige Finanzgericht legte den Rechtsstreit dem EuGH zur Vorabentscheidung vor. Die EU-Richter entschieden, dass die deutsche Bestimmung mit der europäischen Warenverkehrsfreiheit unvereinbar sei (EuGH, C-120/78).

2.7 Weitere Institutionen

Ein europäisches Bürgerbegehren sowie bessere Mitwirkungs- und Kontrollrechte der nationalen Parlamente sollen gemäß Lissabon-Vertrag mehr Demokratie bringen. Die nationale Legislative erhält nun alle Gesetzesinitiativen zeitgleich mit dem EU-Ministerrat und dem Europäischen Parlament. Befürchten die einzelstaatlichen Kammern einen Eingriff in nationale Kompetenzen, so können sie schon zu diesem frühen Zeitpunkt dagegen vorgehen und letztlich vor dem EuGH klagen. Außerdem soll der neue Vertrag das Subsidiaritätsprinzip stärken, das heißt: Die EU soll nur tätig werden, wenn untergeordnete Stellen überfordert sind. Denn die Mitgliedsstaaten gelten jetzt als „Herrscher über die Verträge" und die europäische Vereinigung ist keine Einbahnstraße mehr. Vielmehr lassen sich künftig Zuständigkeiten auch wieder zurück übertragen, und unzufriedene Länder dürfen die Union im Rahmen des neuen Austrittsrechts verlassen (KOM, 2009/1).

Bürger und nationale Parlamente

Weitere EU-Institutionen im Überblick

Tabelle 2-6

Name	Ort	Aufgabe	Adresse
Europäische Zentralbank	Frankfurt / Main	Geldpolitik für Euroraum festlegen	www.ecb.int
Europäischer Rechnungshof	Luxemburg	EU-Einnahmen und -Ausgaben prüfen	www.eca.europa.eu
Europäischer Wirtschafts- und Sozialausschuss	Brüssel	EU-Organe aus wirtschaftlicher und sozialer Sicht beraten	www.eesc.europa.eu
Ausschuss der Regionen	Brüssel	EU-Organe aus regionaler Sicht beraten	www.cor.europa.eu
Europäische Investitionsbank	Luxemburg	Langfristprojekte in EU-Interesse finanzieren	www.eib.org
Europäscher Bürgerbeauftragter („Ombudsmann")	Straßburg	Beschwerden über EU-Organe annehmen und weiterleiten	www.ombudsman.europa.eu
Europäischer Datenschutzbeauftragter	Brüssel	Datenschutz innerhalb der EU aufrecht erhalten	www.edps.europa.eu
Europäisches Amt für Betrugsbekämpfung OLAF	Brüssel	Korruptions- und Betrugsverdacht in EU-Organen nachgehen	www.ec.europa.eu/anti_fraud
Eurostat	Luxemburg	Vergleichbare Statistiken der EU-Länder liefern	http://epp.eurostat.ec.europa.eu/portal/page/portal/eurostat/home/

2.8 Zusammenspiel der Entscheidungsträger

Regel: Rat und EP entscheiden gemeinsam

Seit dem Lissabon-Vertrag ist das „ordentliche Gesetzgebungsverfahren" die Regel, besondere Gesetzgebungsverfahren stellen die Ausnahme dar (Details: KOM, Juli 2007, v.a. S. 7-10). Stark vereinfacht entscheiden Ministerrat und Parlament gemeinsam über die Kommissionsvorschläge. Im Extremfall kommt es gemäß den genauen Vorgaben in Vertragsartikel 294 in beiden Gremien zu zwei Lesungen, einem anschließenden Vermittlungsausschuss und einer abschließenden dritten Lesung. Im bisherigen „Mitentscheidungsverfahren" waren drei Lesungen selten. Vielmehr passte die Kommission ihre Initiativen bereits vor dem Vermittlungsverfahren an die Vorstellung des Parlaments an.

Ausnahmen:

Zu den „besonderen Gesetzgebungsverfahren" gehören Anhörung und Zustimmung.

Anhörungsverfahren

▪ Bei Steuer- und Wettbewerbsfragen z.B. liegt die endgültige Entscheidung allein beim Ministerrat, der einstimmig entscheidet. Das Parlament, manchmal auch der Wirtschafts- und Sozialausschuss oder der Ausschuss der Regionen, können Änderungen der Gesetzesinitiativen nur beantragen, diese müssen aber nicht übernommen werden.

Zustimmungsverfahren

▪ Bei besonders wichtigen Beschlüssen wie dem EU-Beitritt weiterer Staaten braucht der einstimmig bestimmende Ministerrat die Zustimmung des Parlaments. Dieses kann den Vorschlag nicht ändern, sondern nur mit absoluter Mehrheit annehmen oder ablehnen.

2.9 Verbindlichkeit europäischer Normen

Acquis Communautaire

Um die Bedeutung einer europäischen Initiative einschätzen zu können, muss man ihre Verbindlichkeit kennen. Juristen unterscheiden zwischen primärem und sekundärem Gemeinschaftsrecht, also zwischen den europäischen Verträgen und allen daraus abgeleiteten Normen. Alles zusammen ergibt den „Acquis Communautaire", das gemeinschaftlich gesetzte Recht, das Neumitglieder national umsetzen müssen.

Die folgende Tabelle sortiert die Normen in absteigender Reihenfolge. Die englische Übersetzungshilfe erleichtert die Orientierung bei neuen Gesetzesvorschlägen und Urteilen, die oft zunächst auf Englisch erscheinen.

Gesetzeshierarchie in der EU

Tabelle 2-7

Art der Norm	Englisch	Bedeutung	Beispiel (→ Details)
Europäische Verträge	European Treaties	Können nationale Gesetze zu Fall bringen, wenn diese laut EuGH nicht EU-konform sind	Artikel 169 zum Verbraucherschutz (→ Kap. 3.3)
Verordnung	Regulation	EU-Gesetz, das in jedem Land unmittelbar gilt	Chemikalien-Verordnung REACH (→ Kap. 5.1)
Richtlinie	Directive	Gesetzesvorgabe, die fristgerecht in nationales Gesetz umzusetzen ist	Dienstleistungsrichtlinie (→ Kap. 3.7)
Entscheidung	Decision	Verbindlich nur für benannten Empfänger, z.B. einen Staat	Verbot konkreter nationaler Beihilfen (→ Kap. 4.4)
Weißbuch der Kommission	White paper	Offizieller Vorschlagskatalog	Weißbuch zur Vollendung des EU-Binnenmarktes (→ Kap. 3.1)
Grünbuch der Kommission	Green paper	Diskussionspapier, Vorstufe zum Weißbuch	„Die Mobilität junger Menschen zu Lernzwecken fördern" (Juli 2009)
Empfehlung und Stellungnahme	Recommendation and Opinion	In der Regel unverbindlich	**Empfehlung** zur Förderung öffentlicher Breitbanddienste in Europa (IP/03/418) **Stellungnahme** zum Datenschutz in Großbritannien (Heise.de 31.10.2009)

Quelle: Eigene Darstellung: Details zu den Rechtshandlungen der EU: Streinz (2008), S. 145-168, v.a. Schaubild 3, S. 146

2.10 Zusammenfassung Kapitel 2

Die EU entstand 1957/1958 mit sechs Gründungsstaaten in den Römischen Verträgen. Die Einheitliche Europäische Akte von 1986/1987 verankerte das Binnenmarktprojekt in den Verträgen und erweiterte die Gemeinschaftskompetenzen erstmals deutlich. Der Maastrichter Vertrag bereitete

Meilensteine der Integration

1992/1993 die Währungsunion vor und schuf weitere Zuständigkeiten auf europäischer Ebene. Inzwischen umfasst die EU 27 Mitgliedsländer und es gilt der Vertrag von Lissabon, der nochmals einen großen Integrationsschub nach sich ziehen wird.

Europäischer Rat

Die Staats- und Regierungschefs der Mitgliedsländer stellen auf ihren Gipfeltreffen die strategischen Weichen der europäischen Integration, entwickeln Leitlinien z.B. zum Klimaschutz und beschließen einstimmig konkrete Maßnahmen wie die Griechenland-Unterstützung im Frühjahr 2010. Der Vorsitz rotiert halbjährlich zwischen den EU-Staaten, daneben gibt es seit dem Lissabon-Vertrag einen dauerhaften Präsidenten und eine Art Außenministerin.

Rat der EU

Die Fachminister der EU-Länder stellten bisher die eigentliche Legislativgewalt der Gemeinschaft dar. Seit dem Lissabon-Vertrag entscheiden sie jedoch meistens gemeinsam mit dem Parlament. Die Abstimmungsregeln im jeweiligen Ministerrat sind höchst kompliziert, kleine Länder genießen überproportionales Gewicht. Der offizielle Name „Rat der Europäischen Union" ist nicht zu verwechseln mit dem „Europäischen Rat" (Regierungschefs) und dem „Europarat" (Institution zum Schutze der Menschenrechte).

Europäisches Parlament

Die Europa-Abgeordneten verfügen über weniger Macht als nationale Parlamente, bauten ihren Einfluss aber schrittweise aus. Inzwischen beschließen sie die meisten Gesetze gemeinsam mit dem Ministerrat über das „ordentliche Gesetzgebungsverfahren". Daneben genießen sie umfassende Haushaltsbefugnisse. Wie im Ministerrat sind kleine Länder überrepräsentiert. Das Parlament arbeitet sehr integrationsfreundlich, stärkt also durchweg die Gemeinschaftskompetenzen. Seine mehreren Standorte und Amtssprachen verursachen vermeidbare Kosten.

Europäische Kommission

Die Europäische Kommission ist die eigentliche Exekutive der Union. Sie besteht aus einem Kommissar je Land, der Ministerfunktionen erfüllt, und einem umfassenden Verwaltungsapparat, der die „Brüsseler Bürokratie" symbolisiert. Als Arbeitgeber gerade für junge Deutsche ist die Kommission durchaus attraktiv. Da sie praktisch alle europäischen Gesetze entwickelt, setzt die Lobby-Arbeit der Unternehmen hier an. Darüber hinaus verfügt die EU-Verwaltung über umfassende Durchgriffsrechte in Binnenmarkt- und Wettbewerbsfragen und vergibt die europäischen Fördergelder. Nur ihre konjunkturpolitische Kompetenz reichte bisher nicht weit, v.a. in der Finanz- und Wirtschaftskrise wirkte die Kommission vornehmlich koordinierend. Sie ist aber bestrebt, eine europäische Wirtschaftsregierung zu errichten.

EuGH

Der EuGH gilt als Hüter des Europarechts. Tatsächlich fördern seine Urteile oft die europäische Integration. Seine Rechtsprechung ist gerade für Unternehmen häufig von herausragender Bedeutung.

Zusätzliche Institutionen wirken beratend und ergänzen die Politik der genannten Organe. Der Lissabon-Vertrag stärkte darüber hinaus das Subsidiaritätsprinzip, indem er den nationalen Parlamenten und den EU-Bürgern mehr Mitsprache ermöglicht. Im laufenden Geschäft entscheiden aber Ministerrat und Europa-Parlament typischerweise gemeinsam nach einer Mehrheitsregel über europäische Gesetze. Das sind unmittelbar gültige Verordnungen sowie Richtlinien, die noch in nationale Gesetze umgewandelt werden müssen. Bei strategischen Fragen jenseits der EU-Verträge bestimmen die Regierungschefs.

Kapitel 2 im Lissabon-Vertrag

Tabelle 2-8

Institution/Thema	Wesentliche Vertragsartikel
Europäischer Rat	335-236
Ministerrat (Rat der EU)	237-243
Europäisches Parlament	223-234
Europäische Kommission	244-250
Europäischer Gerichtshof	251-281
Ordentliches Gesetzgebungsverfahren	294
Rechtsakte der EU	288-289

3 Unternehmensrelevante Aktivitäten des EU-Binnen- marktes

3.1 Der Europäische Binnenmarkt

Das Binnenmarkt-Projekt war Herzstück der Einheitlichen Europäischen Akte von 1986/87. Bis Ende 1992 sollten Waren, Personen, Dienstleistungen und Kapital innerhalb der Gemeinschaft nicht nur auf dem Papier Freizügigkeit genießen, sondern auch in der Praxis. Ein Weißbuch der EU-Kommission von 1985 listete alle konkreten, technischen und zollbezogenen Behinderungen auf, die innerhalb von sieben Jahren zu beseitigen wären (KOM 7). Dieser ökonomische Integrationsschub beendete einen jahrelangen Stillstand im Einigungsprozess. Der damalige Kommissionspräsident Jacques Delors hatte erkannt, dass die Mitgliedsländer möglichst wenig politische Souveränität abgeben, aber mehr Wohlstand durch die EU erreichen wollten. Das Datum 31.12.1992 war eher psychologischer Natur: Tatsächlich arbeitet die EU noch heute kontinuierlich an den Detailanforderungen des Binnenmarktes (z.B. KOM 19.6.2008). Er wird und kann vermutlich nie vollendet sein.

Integrations- schub durch vier Freiheiten

Die vier Grundfreiheiten sind für Unternehmen von überragender Bedeutung, denn sie ermöglichen es auch kleinen und mittleren Unternehmen, ihre Dienste ohne riesigen Zusatzaufwand im europäischen Ausland anzubieten. Aus gesamtwirtschaftlicher Sicht liegen die wesentlichen Vorteile des Binnenmarktes in höherem Wachstum und damit verbunden mehr Beschäftigung, aber auch in intensiverem Wettbewerb und damit preisgünstigeren und vielfältigeren Waren und Dienstleistungen für die Kunden (KOM 8). Die EU-Kommission versucht von Zeit zu Zeit, die Vorteile des Binnenmarktes in Zahlen auszudrücken. Diese Quantifizierungen sind selbstverständlich mit großer Vorsicht zu genießen.

Mehr Wachstum, Beschäftigung und Wettbewerb

Abbildung 3-1	*Wohlfahrtseffekte des EU-Binnenmarktes in Zahlen*

Cecchini-Bericht von 1988

Wissenschaftliche Studie im Auftrag der damaligen Kommission unter Leitung des italienischen Ökonomen Paolo Cecchini (Cecchini 1988):

■ Kosten der Nichtverwirklichung eines gemeinsamen Marktes: Rund 200 Mio. Euro
■ Nutzen eines echten Binnenmarktes: niedrigere Verbraucherpreise, mehr Wirtschaftswachstum und mindestens 1,8 Millionen zusätzliche Arbeitsplätze
■ Hauptbarrieren: Grenzkontrollen, technische Handelshemmnisse, administrative und steuerliche Schranken (KOM 27.8.2003, S. 4).

10 Jahre Binnenmarkt (1993 bis Ende 2002)

Nach einer internen Studie der EU-Kommission schuf der Binnenmarkt in seinen ersten zehn Jahren

■ zusätzliches Wirtschaftswachstum von 1,8 Prozent
■ mindestens 2,5 Millionen zusätzliche Arbeitsplätze
■ ein Wohlstandswachstum von fast 900 Milliarden Euro oder durchschnittlich 6.000 Euro pro EU-Familie
■ einen Exportanstieg gegenüber Drittstaaten von 6,9 auf 11,2 Prozent der Wirtschaftsleistung
■ eine Verdopplung der ausländischen Direktinvestitionen in Prozent der Wirtschaftskraft
■ verstärkten unternehmerischen Wettbewerb mit oftmals sinkenden Preisen
■ eine Deregulierung ganzer Branchen, die ebenfalls die Preise reduzierte (z.B. Flugreisen bis zu 40 Prozent, Telekomgebühren bis zu 50 Prozent niedriger)
■ ein höheres und besseres Konsumangebot (KOM 9; KOM 27.8.2003, S. 4).

14 Jahre Binnenmarkt (1993 bis Ende 2006)

■ 2,2 Prozent mehr Wirtschaftsleistung, bezogen auf die EU-25 im Jahr 2006
■ zusätzlich 2,75 Mio. Arbeitsplätze (Eurostat 2009, zitiert nach dpa-Globus 17.7.2009)

Drei Integra-
tionswege

Das Binnenmarkt-Projekt nutzt grundsätzlich drei Integrationsansätze: Erstens die gegenseitige Anerkennung nationaler Produkte, Regeln und Standards, zweitens ihre schrittweise Harmonisierung und drittens im Extremfall einheitliches EU-Recht. Wann welches Verfahren angewandt werden sollte, hängt vom Themenbereich ab und ist politisch oft umstritten. Liberale bevorzugen die gegenseitige Anerkennung im Sinne des Ursprungsland-prinzips: Was in einem Land gut funktioniere, solle in anderen Ländern nicht einfach verboten sein. Vielmehr steigere das Nebeneinander nationaler Regeln den Wettbewerb um die besten Gesetze. Die Gegenseite favorisiert einheitliche Gemeinschaftsgesetze, da es ansonsten zu einem negativen Regulierungswettbewerb in Richtung der schwächsten nationalen Vorschrif-ten käme. Die schrittweise Annäherung nationaler Gesetze stellt einen mitt-leren Weg dar.

Die Marktintegration verlief sehr dynamisch, weil sie eine Mischung aus Harmonisierung und Liberalisierung nutzte: In der Praxis einigten sich die Mitgliedsländer häufig nur auf Mindeststandards und anerkannten ansons-ten ihre nationalen Rechtsvorschriften. Dieses Verfahren vermied zeitrau-bende Vereinheitlichungsprozesse. Wichtige Ausnahmen ergaben sich aus möglichen Wettbewerbsverzerrungen oder anderen konkreten Gründen wie dem Gesundheits-, Umwelt- oder Verbraucherschutz. Gleichzeitig begüns-tigte das Binnenmarkt-Projekt eine tiefere politische Integration der EU erheblich: Viele politische Initiativen wurden nämlich damit begründet, dass sie für einen funktionierenden Binnenmarkt nötig seien. Dazu gehören z.B. Vorstöße in der europäischen Sozial- oder Umweltpolitik. Auch die Wäh-rungsunion hätte es ohne das Binnenmarktprojekt wohl nicht gegeben.

Regel: Anerken-nung und Har-monisierung

Der freie Warenverkehr betrifft den grenzüberschreitenden Handel mit materiellen Gütern, der freie Dienstleistungsverkehr denjenigen mit imma-teriellen Gütern. Der freie Personenverkehr umfasst angestellte Arbeitskräf-te, selbständig Niedergelassene und Nicht-Erwerbspersonen. Da für diese drei Gruppen ganz unterschiedliche Regeln gelten, werden sie im Folgenden auch getrennt voneinander behandelt. Der freie Kapitalverkehr enthält schließlich reine Portfolioinvestitionen bis hin zu kompletten Firmenkäufen, aber auch den Zahlungsverkehr, der zwingend aus offenen Kapitalmärkten resultiert. Auch hier bietet sich eine getrennte Darstellung an.

Mehr als vier Freiheiten

3.2   Warenverkehr

Die 27 EU-Mitglieder exportierten und importierten 2007, also vor Ausbruch der Finanzkrise, rund zwei Drittel ihres gesamten Warenhandels innerhalb des europäischen Binnenmarktes (Eurostat 2009, zitiert nach dpa-Globus 17.7.2009). Nur rund ein Drittel des Außenhandels findet also mit dem Rest der Welt statt, inklusive Handelsriesen wie den USA und China.

Tatsächlich lassen sich Waren innerhalb der EU wesentlich leichter verkau-fen als in Drittstaaten: Direkte Zölle sind strikt verboten und schon lange

Grundsatz: Freier Warenverkehr

erfolgreich abgeschafft. Auch Abgaben gleicher Wirkung untersagt der Vertrag. Sie lassen sich wesentlich schwerer nachweisen als Zölle und sind daher im weltweiten Handel recht verbreitet. Abgaben gleicher Wirkung umfassen sämtliche Gebühren, die nur wegen des Grenzüberschritts zu zahlen sind, die inländischen Waren also nicht oder nicht im selben Maße treffen. Daneben betreffen sie sämtliche Vorschriften, die letztlich Inlandswaren begünstigen (Details: Streinz 2008, S. 327-331).

Cassis-Formel:
Gegenseitige
Anerkennung

Neben sämtlichen tarifären Handelsbeschränkungen untersagt die EU zwischen ihren Mitgliedsstaaten auch mengenmäßige Ein- und Ausfuhrbeschränkungen sowie alle Maßnahmen gleicher Wirkung (Vertragsartikel 34-35; Details: Streinz 2008, S. 332-343). Diese Regel geht auf das bereits erwähnte Grundsatzurteil des Europäischen Gerichtshofes zum Cassis de Dijon-Fall von 1979 zurück (siehe Abbildung 2-7). Für die meisten Erzeugnisse gilt inzwischen dieser Grundsatz der gegenseitigen Anerkennung nationaler Bestimmungen. Er ist unbürokratischer als die aufwändige Harmonisierung aller Warenvorschriften und hat den innergemeinschaftlichen Warenhandel stark beflügelt.

Ausnahmen vom
freien Warenver-
kehr

Dennoch existieren in der Praxis einige mengenmäßige Ein- und Ausfuhrbeschränkungen. Dies liegt an den Ausnahmen, die der EU-Vertrag in Artikel 36 erlaubt, soweit die Gemeinschaft und damit letztlich der Europäische Gerichtshof sie als verhältnismäßig einstuft:

- Gründe der öffentlichen Sittlichkeit

- Gründe der Ordnung und Sicherheit

- Zum Schutze der Gesundheit und des Lebens von Menschen, Tieren oder Pflanzen

- Zum Schutze des nationalen Kulturguts von künstlerischem, geschichtlichem oder archäologischem Wert

- Zum Schutze des gewerblichen und kommerziellen Eigentums.

Beispiel Umwelt-
und Gesundheits-
schutz

Eine besonders große Rolle spielen Ausnahmen, die dem Umwelt- oder Gesundheitsschutz dienen. So gelten z.B. Arzneimittel und Bauprodukte als besonders riskant. Um den freien Warenverkehr dennoch möglichst wenig zu beeinträchtigen, hat die EU insbesondere in diesen Produktsegmenten viele Vorschriften angeglichen. Im technischen Bereich vergeben insbesondere die Normungsorganisationen CEN, CENELEC (Elektrotechnik) und ETSI (Telekommunikation) das bekannte CE-Zeichen. Ungefähr die Hälfte des europäischen Warenhandels unterliegt nach Kommissionsangaben inzwischen harmonisierten Vorschriften (KOM 10). Für risikoärmere Produktsegmente gibt es dagegen in aller Regel keine gemeinschaftlichen Rechtsvorschriften. Der Warenverkehr folgt also in diesen Bereichen dem Grundsatz der gegenseitigen Anerkennung.

Technische Standards

Abbildung 3-2

Unterschiedliche technische Standards bereiten in der Praxis noch immer erhebliche Probleme. Denn rund ein Viertel aller Standards sind – bezogen auf den Warenwert – (noch) nicht harmonisiert (EP 19.2.2008).

In der Vergangenheit mussten viele Industriegüter im europäischen Importland noch zusätzliche Tests absolvieren. Je stärker die EU-weite technische Standardisierung aber fortschreitet, desto mehr erübrigen sich diese Verfahren. Daneben wurde die **Beweislast bezüglich technischer Standards umgekehrt**: Nach einer Verordnung von 2008 müssen die Behörden der Importländer zunächst in einem geregelten Verfahren erläutern, warum ein Produkt nicht zugelassen werden soll, das in einem anderen EU-Land bereits erfolgreich gehandelt wird (EP 19.2.2008).

Manchmal dürfen einzelne Mitgliedsstaaten **Standards oberhalb eines gemeinsamen EU-Niveaus beibehalten oder sogar neu einführen**. Nach einem Urteil des Europäischen Gerichtshofs von 2003 muss dieser Alleingang allerdings nachvollziehbar und verhältnismäßig sein. So durfte Dänemark z.B. eine Regel für Lebensmittelzusatzstoffe einführen, die strenger ausfiel als eine entsprechende EU-Richtlinie. Die Skandinavier konnten auf diese Weise Lebensmittelimporte verbieten, die nach dänischem Recht verbotene Zusatzstoffe enthielten (EUGH, C-3/00).

Der Europäischen Kommission sind nationale Sonderregeln allerdings ein Dorn im Auge, weshalb sie sich für einen harmonisierten EU-Verbraucherschutz einsetzt (siehe Kapitel 3.3).

Erlaubte Handelsbeschränkungen, die nationale Kulturgüter schützen sollen, finden sich z.B. in quotierten Sendezeiten für in- und ausländische Fernseh- und Radioprodukte. So müssen französische Radiosender seit Mitte der 1990er Jahre in der Regel 40 Prozent des gesendeten Liedgutes der eigenen Sprache vorbehalten (Spiegel 29.9.2004). Es erstaunt wenig, dass sich insbesondere deutschsprachige Sänger zuweilen für eine ähnliche Quotierung in Deutschland aussprechen (Künstler).

Beispiel nationale Kulturgüter

Der Europäische Gerichtshof hat den freien Warenverkehr durch zahlreiche Urteile maßgeblich beflügelt. Hier zwei Beispiele:

EuGH beflügelt Warenverkehr

- 1987 kippte der EuGH das deutsche Reinheitsgebot für Biere. Es spielt heute nur noch unter Marketinggesichtspunkten eine Rolle, ist also nicht mehr rechtsverbindlich (EuGH, C-178/84).

Reinheitsgebot entfällt

- Da Pharmaprodukte typischerweise national regulierten Preisen unterliegen, kam ein findiger deutscher Jungunternehmer auf den Gedanken,

Pharma-Reimporte

in den Niederlanden die Internet-Apotheke DocMorris zu gründen und von dort aus deutsche Patienten mit preisgünstigeren Medikamenten auf Rezept zu beliefern. Auch den deutschen Krankenkassen gefiel dieser Schritt, denn sie sparten insbesondere bei chronisch Kranken viel Geld. Die deutschen Apotheken liefen allerdings Sturm gegen dieses Verfahren, unterlagen aber letztlich: Im Dezember 2003 anerkannte der EuGH den grenzüberschreitenden Arzneimittelversand als grundsätzlich europarechtskonform, stützte aber zugleich das deutsche Versandverbot für verschreibungspflichtige Medikamente (EuGH, C-322/01). In der Zwischenzeit hatte Deutschland aber bereits sein Gesetz zum 1.1.2004 liberalisiert und erlaubt seither auch den Versand verschreibungspflichtiger Arzneimittel. Inzwischen stellen reimportierte Pharmazeutika sogar eine wichtige Einsparsäule des gesetzlichen Gesundheitssystems in Deutschland dar. (Überblick über die gesamte Auseinandersetzung zwischen DocMorris und deutschen Apotheken: DocMorris)

3.3   Verbraucherschutz

Ziel: Gesundheitsschutz

Die europäische Verbraucherschutzpolitik gehört zu den umfangreichsten und sichtbarsten Politikbereichen der Europäischen Union. Jeder Konsument ist davon betroffen und die Hersteller müssen sich selbstverständlich genau an die Vorgaben halten (Überblick: KOM 11). Die Maßnahmen dienen in erster Linie dem Gesundheitsschutz, wie folgende Beispiele verdeutlichen:

Mittel: Geschützt als regionale Spezialität ...

■ Schwäbische Maultaschen stehen seit November 2009 als regionale Spezialität unter dem Schutz der EU. Damit genießen sie den gleichen Sonderstatus wie z.B. Allgäuer Emmentaler, Nürnberger Bratwürste oder das Kölsch. Echte Schwäbische Maultaschen dürfen seither nur noch aus Baden-Württemberg und dem Regierungsbezirk Schwaben in Bayern kommen, sind also vor Nachahmung geschützt (STN 23.10.2009).

... Biosiegel ...

■ Eine EG-Öko-Verordnung regelt im Detail, unter welchen Umständen Lebensmittel mit dem Bio-Siegel verkauft werden dürfen. Diese bekannte Verbraucherschutz-Kennzeichnung klebt inzwischen auf über 56.000 Produkten von rund 3.400 Unternehmen. Verstöße gegen die EG-Öko-Verordnung werden geahndet (Bio-Siegel).

... Warnsystem ...

■ Im System RAPEX (Rapid Alert System for Non-Food Products) laufen Warnmeldungen aus sämtlichen Testlaboren Europas zusammen, die sich auf Gebrauchsgüter beziehen. Entdeckt ein Labor zum Beispiel Bleispuren auf chinesischem Spielzeug, so steht diese Meldung spätestens nach einer Woche im Netz. Die Hersteller und Importeure nehmen dann entweder freiwillig das beanstandete Produkt vom Markt, oder die nationalen Behörden verbieten es mit Verweis auf EU-Recht (RAPEX).

■ Seit August 2005 gilt in der Gemeinschaft ein weitreichendes Werbeverbot für Tabakwaren: Zeitungen und Zeitschriften, Radio und Internet dürfen nicht mehr für Zigaretten und andere Tabakerzeugnisse werben. Auch das Sponsoring bei grenzübergreifenden Sport- und Kulturereignissen ist untersagt. (Die Kino- und Plakatwandwerbung ist von dem Verbot nicht betroffen.) In Deutschland waren vor 2005 nur Radio- und Fernsehwerbung verboten gewesen. Insofern traf die EU-Richtlinie neben der Tabak- und Werbeindustrie nun erstmals auch deutsche Presseverlage hart. Ihr politischer Protest blieb nicht aus. Die Bundesregierung klagte folglich vor dem Europäischen Gerichtshof gegen die Richtlinie: Es handele sich um eine Regelung zum Gesundheitsschutz, in dem die EU keine Gesetze erlassen dürfe. Die Europa-Richter wiesen die deutsche Klage im Dezember 2006 jedoch ab: Die Richtlinie sorge dafür, dass der freie Warenverkehr zwischen den EU-Staaten nicht durch unterschiedliche nationale Werberegeln behindert werde. Damit falle sie in den Bereich des Binnenmarktes, in dem sich die EU gemeinsame Gesetze geben könne (Spiegel 12.12.2006). | *... Werbeverbote*

Die EU-Kommission schlägt im Verbraucherschutz immer wieder Regelungen vor, die über die Vorstellungen der Mitgliedsländer hinausgehen. So drang Brüssel im Spätsommer 2009 darauf, die Herstellerhaftung für bestimmte langlebige, aber fehlerhafte Produkte, wie zum Beispiel Fernseher, innerhalb der EU zu vereinheitlichen. Die seinerzeitige Verbraucherkommissarin Kuneva argumentierte insbesondere mit dem grenzüberschreitenden Handel via Internet: Hier mangele es an Rechtssicherheit für den Kunden. Bisher existiert nur eine Mindestvorschrift von zwei Jahren. Viele Länder gehen darüber hinaus, in den Niederlanden z.B. haften Hersteller über die gesamte Lebensdauer für Produktschäden. Diese Länder befürchten, dass ihre Gewährleistungsfristen sinken könnten. In Deutschland dagegen würde eine Vereinheitlichung bei vier oder sogar 10 Jahren, wie bereits im Ministerrat diskutiert, den Verbraucherschutz deutlich ausweiten. Dagegen wandte sich unter anderem der Deutsche Industrie- und Handelstag (HB 21.8.2009, S. 6). Die neue Justizkommissarin Reding hält eine volle Harmonisierung der Verbraucherrechte zwar für wünschenswert, aber angesichts der großen nationalen Unterschiede für unrealistisch (DIHK 22.3.2010, S. 9). | *Herstellerhaftung harmonisieren?*

Die EU-Kommission sieht sogar gemeinschaftlichen Handlungsbedarf, wenn rein inländische Online-Geschäfte die Käufer mangelhaft schützen. So kritisierte Verbraucherschutz-Kommissarin Kuneva im Jahr 2009 den Internet-Handel für Verbraucherelektronik: *„Nach unseren Feststellungen ziehen nämlich mehr als die Hälfte der Online-Händler für Verbraucherelektronik die Konsu-* | *Internet-Einkauf besser schützen?*

menten regelrecht über den Tisch. Da es sich dabei um ein europaweites Phänomen handelt, bedarf es einer gesamteuropäischen Lösung." (IP/09/1292)

Auch Verwirrung der Verbraucher

Nicht alle EU-Maßnahmen verbessern die Orientierung der Verbraucher. So gab es bis April 2009 in Deutschland einheitliche Vorschriften für Verpackungsgrößen: Die typische Tafel Schokolade wog 100 Gramm, das Standard-Milchvolumen betrug einen Liter. Eine EU-Richtlinie von 2007 hob diese Vorschriften im Regelfall auf (RL 2007/45/EG). Milch darf jetzt z.B. auch zu 900-Millilitern verkauft werden. Viele Nahrungsmittelhersteller haben die neue Freiheit bereits zur Verkleinerung ihrer Verpackungen genutzt: So gibt es Philadelphia Frischkäse jetzt in der 175-Gramm-Packung anstatt der bisherigen 200 Gramm. Damit die Verbraucher die Preise auch ohne Taschenrechner vergleichen können, müssen zwar die Händler einheitliche Preisangaben pro Kilogramm oder Liter angeben. Diese sind aber in der Realität nicht immer lesbar (SZ 3.11.2009, S. 24).

3.4 Personenverkehr

Freie Mobilität für EU-Bürger

Der Grundsatz des freien Personenverkehrs stand schon in den Gründungsverträgen der Europäischen Gemeinschaft. Zunächst beschränkte er sich aber auf angestellte Arbeitskräfte und ihre Familien. Inzwischen dürfen sich alle EU-Bürger innerhalb der Gemeinschaft grundsätzlich frei bewegen (KOM 12). Die Mobilität der Menschen verfolgt dabei verschiedene Ziele, die unterschiedlich geregelt sind: Urlaubs- und Geschäftsreisen, Auslandsstudium oder –wohnrecht, Wechsel des Arbeitsortes als Arbeitnehmer, berufliche Niederlassung im Ausland oder grenzüberschreitende Dienstleistung. Grundsätzlich sollen aber alle Regelungen mehr Freizügigkeit erreichen, indem sie verbleibende praktische Hindernisse abbauen. Arbeitnehmerverkehr, Dienstleistungs- und Niederlassungsfreiheit stellen dabei für sich genommen so relevante Themen dar, dass sie in den Kapiteln 3.5 bis 3.7 gesondert behandelt werden.

Reisefreiheit im Schengen-Raum

Die Reisefreiheit für Touristen oder Geschäftsleute regelt das Schengener Abkommen. 1985 unterzeichneten fünf EU-Mitglieder in der Luxemburger Grenzstadt eine internationale Übereinkunft, die grundsätzlich alle Personenkontrollen innerhalb des Gebiets abschaffte und im Gegenzug die Kontrollen ihrer Außengrenzen zu Nicht-EU-Ländern harmonisierte. Innerhalb des Schengen-Raums führt die Polizei im Rahmen ihres Kampfes gegen Kriminalität und Drogenhandel nur noch seltene und stichprobenartige Personenkontrollen durch. Inzwischen gehört die Vereinbarung zu den EU-Verträgen und der Schengen-Raum umfasst 25 Vollmitglieder, darunter 22 EU-Staaten sowie Norwegen, Island und die Schweiz. Das Vereinigte Königreich und Irland nehmen nur eingeschränkt am Abkommen teil. Bulgarien, Rumänien und Zypern sind noch nicht Vollmitglieder (EU 2; Hillenbrand 2009, S. 445).

Das längerfristige Aufenthaltsrecht für Nicht-Erwerbspersonen ist ebenfalls geregelt: Deutsche Ruheständler wollen ihren Lebensabend auf Mallorca verbringen, Studierende in Barcelona ein Semester. Beides ist möglich, soweit die betroffenen Personen finanziell abgesichert sind (Details: RL 2004/38/EG). Andernfalls wäre zu befürchten, dass innerhalb der Gemeinschaft eine Art Sozialtourismus in Richtung derjenigen Staaten einsetzen würde, welche die höchsten Beihilfesätze zahlen.

Aufenthaltsrecht auch für Nicht-Erwerbspersonen

Praktische Informationen für reisende Privatpersonen und Geschäftsleute bietet eine spezielle Internet-Seite der EU (EU 3). Sie umfasst Informationen zu notwendigen Papieren, wie die Gesundheitsversorgung geregelt ist und wie man im Ausland günstig mobil telefonieren kann. Die meisten politischen Maßnahmen der EU im Hinblick auf den freien Personenverkehr fallen jedoch in den Bereich Justiz und Inneres. Arbeitnehmer, Ruhständler Studierende oder andere Aufenthaltswillige, die bei der Wahrnehmung ihrer Rechte auf Schwierigkeiten stoßen, können sich an den „Wegweiserdienst für die Bürger" der Europäischen Kommission und seine Juristen wenden (KOM 13). Dieser Beratungsdienst steht überall in der EU online bzw. unter der gebührenfreien Hotline Europa Direkt (00 800 67891011) zur Verfügung. Speziell an Studierende richtet sich ein Portal, das über Austauschprogramme, Studien- und Ausbildungsmöglichkeiten in der EU informiert (PLOTEUS).

Praktische Informationen

3.5   Arbeitnehmerverkehr

Unionsbürger dürfen prinzipiell in allen Mitgliedsländern arbeiten bzw. dort eine Arbeitsstelle suchen. Hindernisse für die Freizügigkeit angestellter Arbeitskräfte ergeben sich vor allem aus unterschiedlichen Anforderungsprofilen für bestimmte Berufe, aus steuer- und sozialpolitischen Unterschieden zwischen den Mitgliedsländern und natürlich aus sprachlich-kulturellen Barrieren.

Grundsatz: Freizügigkeit

Zwei Systeme regeln die EU-weite Anerkennung beruflicher Befähigungen (Überblick: KOM 14; Details: KOM 15). Sie gelten nicht nur für Arbeitnehmer, sondern auch für Freiberufler und deren Niederlassungs- bzw. Dienstleistungsfreiheit (siehe Kapitel 3.6-3.7). Bei Anerkennungsproblemen sollten sich Arbeitnehmer an den eben erwähnten Wegweiserdienst der Europäischen Kommission wenden (KOM 13):

Anerkennung nationaler Qualifikationen

Allgemeines System

■ Ein „allgemeines System" betrifft die grundsätzlich automatische Anerkennung von Hochschuldiplomen, anderen berufsqualifizierenden Abschlüssen und Berufserfahrungen. Es umfasst Richtlinien, die letztlich nur grundsätzlich vorschreiben, wie nationale Ausbildungsgänge und berufliche Erfahrungen zu vergleichen sind. Auf ihrer Website bietet die EU-Kommission Merkblätter für einzelne Berufe an. Will z.B. ein in Deutschland angestellter Koch nach Frankreich wechseln, informiert er sich hier, wie er seinen deutschen Befähigungsnachweis in Frankreich anerkennen lassen kann. Eine Datenbank über alle reglementierten Berufe in den EU-Mitgliedsstaaten bietet ebenfalls nützliche Informationen, wird aber nicht von der Gemeinschaft selbst gepflegt (KOM 16).

Einzelfälle

■ In einigen konkreten Berufen, die überwiegend aus dem Gesundheitssektor stammen, harmonisieren Einzelrichtlinien die Mindestanforderungen an die jeweilige Ausbildung. Es gibt unter anderem Richtlinien für Ärzte, Apotheker und Hebammen, aber auch für Architekten. Diese Einzelfallregelungen gehen auf viele Detailfragen ein: So können zum Beispiel Architekten genau nachlesen, welche konkreten Abschlüsse aus welchem Land anerkennungsfähig sind (KOM 17).

Konsolidierte RL

■ 2007 trat eine neue Richtlinie zur gegenseitigen Anerkennung beruflicher Qualifikationen in Kraft, die 15 alte Richtlinien zusammenfasst und modernisiert (RL 2005/36/EG).

Harmonisiertes Hochschulwesen

Seit über einem Jahrzehnt versucht die EU darüber hinaus, ihr Hochschulwesen zu harmonisieren. Inzwischen dominieren Bachelor- und Master-Studiengänge, die aufeinander aufbauen und durch ein Punktesystem verglichen werden können. Sie erleichtern die Anerkennung ausländischer Abschlüsse und steigern so die Mobilität der Studierenden und Absolventen. Dieser so genannte Bologna-Prozess beschränkt sich nicht auf die EU. Vielmehr beteiligen sich mittlerweile 46 Staaten an ihm.

Abbildung 3-3 | *Der Bologna-Prozess*

1999 beschlossen 29 europäische Bildungsminister in Bologna, bis 2010 ein einheitliches Hochschulwesen zu schaffen. Die Initiative dazu war 1998 von Deutschland, Frankreich, Italien und dem Vereinigten Königreich ausgegangen. Auch europäische Länder außerhalb der EU unterzeichneten die Erklärung, die rechtlich unverbindlich ist.

Die Bologna-Erklärung harmonisiert den Aufbau der europäischen Hochschulbildung, in dem sie überall ein konsekutives, zweistufiges Abschlusssystem einführt. Die Abschlüsse heißen meistens **Bachelor** (undergraduate) und **Master** (graduate), was allerdings nicht zwingend ist. Leistungen, die Studierende innerhalb dieses Systems erbringen, sollen anhand eines Kreditpunktesystems (European Credit Transfer System ECTS) unbürokratisch anerkannt werden, um die studentische Mobilität und damit die internationale Beschäftigungs- und Wettbewerbsfähigkeit der Teilnehmerländer zu fördern. Ein dritter Studienabschnitt umfasst eigenständige Forschung und schließt mit Doktor bzw. PhD ab. Hierbei entfällt die ECTS-Angabe.

Inzwischen nehmen **46 europäische Staaten** am Bologna-Prozess teil. Dazu gehören neben den 27 EU-Ländern z.B. auch die Türkei, Albanien und der Heilige Stuhl. Alle zwei Jahre treffen sich die Bildungsminister, um die Fortschritte zu beurteilen und neue Ziele zu vereinbaren (HRK; BMBF 1).

Ende 2009 kam es insbesondere in Deutschland erneut zu heftigen Diskussionen und studentischen Protesten gegen den Bologna-Prozess. Im Mittelpunkt der Kritik standen überfüllte und inhaltlich unzweckmäßige Lehrpläne.

Bis 2012 soll ein „Europäischer Qualifikationsrahmen für lebenslanges Lernen" (EQR) entstehen, der berufliche Fähigkeiten nicht mehr input-, sondern outputorientiert vergleicht. Statt Lernwegen und Abschlüssen sollen also tatsächliche Kompetenzen über die jeweilige Anerkennung und Einstufung im EU-Ausland entscheiden. Mitte 2009 arbeiteten die Mitgliedsländer noch am jeweiligen nationalen Rahmen (KOM 2.7.2009b, S. 16f.).

Ziel: Echter Qualifikationsvergleich

Europäische Arbeitgeber dürfen EU-Ausländer nicht diskriminieren. Wegweisend war hier die Rechtsprechung des Europäischen Gerichtshofes zum Transfer von Fußballern: Im berühmten Bosman-Fall urteilte der EuGH bereits Ende 1995, dass der gleichnamige belgische Spieler auch ohne Ablösezahlung zu einem französischen Verein wechseln dürfe. Daneben verwarf er die gängige Vereinsregel, nur eine begrenzte Zahl von Spielern aus anderen EU-Staaten rekrutieren zu dürfen, als europarechtswidrig (EuGH, C-415/93). Zehn Jahre später erweiterte der EuGH das Diskriminierungsverbot erstmals auf Nicht-EU-Länder: Im Fall des russischen Fußballers Simutenkov untersagte das Gericht die gängige Vereinspraxis, in nationalen Wettbewerben nur eine begrenzte Anzahl Nicht-EU-Spieler einzusetzen (HB 12.1.2005; Details: EuGH, C-265/93).

Diskriminierungsverbot

Verbleibende Freizügigkeitsbeschränkungen betreffen zum einen Tätigkeiten mit direkter hoheitlicher Befugnis. Dazu gehören z.B. Aufgaben bei der Polizei, im Militär oder beim Auswärtigen Dienst. Zum zweiten müssen Arbeitnehmer aus den mittel- und osteuropäischen Ländern, die erst im Mai 2004 oder später der EU beitraten, noch bis Mitte 2011 auf volle Freizügigkeit verzichten. Denn mehrere Altmitglieder, darunter insbesondere Deutschland, setzten Übergangsregeln durch: Nach der Regel „2+2+3" konnten sie jeweils eine Zuzugsbeschränkung bis Mai 2006, Mai 2008 und Mai 2011 beantragen.

Verbleibende Ausnahmen

3.6 Niederlassungsfreiheit

Grundsatz: Freie Erwerbstätigkeit überall in der EU

Auch selbständige EU-Bürger dürfen sich gemäß Vertragsartikel 48 prinzipiell in anderen Mitgliedsländern niederlassen und dort eine selbständige Erwerbstätigkeit aufnehmen und dauerhaft ausüben. Daneben dürfen sie im EU-Ausland Unternehmen, Agenturen, Zweigniederlassungen und Tochtergesellschaften gründen und leiten. Nationale Gesetze sollten die Niederlassungsfreiheit nach Vertragsartikel 52 Abs. 1 nur in bestimmten Ausnahmefällen beschränken, etwa um die öffentliche Ordnung, Sicherheit, oder Gesundheit zu schützen. Die Beschränkungen müssen ihrerseits verhältnismäßig ausfallen (weiterführend: KOM 18). Von der Niederlassungsfreiheit profitieren neben Einzelpersonen und Personengesellschaften auch Kapitalgesellschaften (siehe Kapitel 3.8).

Berufliche Anerkennung von Freiberuflern

Die nationalen beruflichen Qualifikationen von Freiberuflern werden im Rahmen der Niederlassungsfreiheit grundsätzlich genauso geprüft wie bei abhängig Beschäftigten. Insofern gelten die beiden vorgestellten Anerkennungssysteme auch hier. Das Beispiel Rechtsanwalt stellt diesen Prozess etwas genauer dar.

Abbildung 3-4

Beispiel: Niederlassungsfreiheit für Rechtsanwälte

Der Rechtsanwaltsberuf fällt in den Anwendungsbereich der "Allgemeinen Regelung zur Anerkennung der Diplome". Ein Rechtsanwalt aus Deutschland, der in Frankreich arbeiten möchte, muss dort einen Antrag stellen und alle erforderlichen Unterlagen beifügen. Spätestens nach vier Monaten muss er eine begründete Entscheidung erhalten. Gegen diese Entscheidung oder nach verstrichener Entscheidungsfrist kann er gerichtlich vorgehen. Frankreich darf vor der Zulassung verlangen, dass der deutsche Anwalt seine persönliche Zuverlässigkeit und finanzielle Leistungsfähigkeit nachweist. Die französischen Behörden müssen allerdings in der Regel die Bescheinigungen anerkennen, die in Deutschland ausgestellt wurden.

Zunächst darf der deutsche Anwalt unter seiner ursprünglichen Berufsbezeichnung arbeiten und insbesondere Rechtsberatung zum deutschen, französischen, europäischen und internationalen Recht anbieten. Er muss dabei sowohl die deutschen als auch die französischen Berufs- und Standesregeln einhalten. Ausnahmsweise darf Frankreich bestimmte Tätigkeiten ausschließen. Vor Gericht darf das Gastland einen so genannten Einvernehmensanwalt verlangen, das heißt: Findet der Prozess z.B. in Paris statt, so muss der deutsche Anwalt im Einvernehmen mit einem französischen Anwalt handeln, der beim Pariser Gericht zugelassen ist.

Der deutsche Rechtsanwalt muss keine Eignungsprüfung absolvieren, soweit er gegenüber der französischen Behörde nachweisen kann, dass er unter seiner ursprünglichen Berufsbezeichnung mindestens drei Jahre lang effektiv und regelmäßig mit französischem und Gemeinschaftsrecht gearbeitet hat. Bei einem kürzeren Zeitraum muss die Zulassungsstelle auch weitere Qualifikationen wie z.B. einschlägige Seminare berücksichtigen. Sie darf aber auch zu einem Gespräch bitten, bei dem sie überprüft, ob der deutsche Anwalt die Tätigkeit tatsächlich ausgeübt hat und in der Lage ist, sie weiterhin auszuüben (KOM 19).

Strenger sind die Freizügigkeitsbestimmungen für juristische Referendare: Nach einem EuGH-Urteil von Dezember 2009 dürfen die nationalen Behörden selbst festlegen, welche Kenntnisse und Fähigkeiten nötig sind, um zum Referendariat zugelassen zu werden. Dabei sei allerdings zu prüfen, inwieweit sich die Abschlüsse oder Kenntnisse ausländischer Bewerber anrechnen lassen (EuGH, C-345/08).

Neben der gesetzlichen Harmonisierungs- und Anerkennungsarbeit kam es im Laufe der Jahre zu zahlreichen Gerichtsverfahren vor dem EuGH, die die Grundsätze der Niederlassungs- und Dienstleistungsfreiheit konkretisierten und weiterentwickelten. In der Regel führte dies zu gesetzlichen Lockerungen, wie zwei Beispiele veranschaulichen:

EuGH lockerte ...

▨ In Deutschland unterlagen bis Ende 2003 praktisch alle Handwerksberufe dem Meisterzwang. Ein Fliesenleger durfte sich also nach deutschem Recht nur selbständig machen, wenn er diesen Titel teuer und mühsam erworben hatte. Das EU-Recht ermöglichte es aber französischen Fliesenlegern grundsätzlich, sich auch ohne Meistertitel in Deutschland niederzulassen. Maßgeblich waren die oben skizzierten Anerkennungsvorschriften im Rahmen der europäischen Niederlassungsfreiheit: Es genügte, eine langjährige Berufserfahrung im EU-Ausland nachzuweisen. Dies stellte faktisch eine Inländerdiskriminierung dar. In einem Urteil von Dezember 2003 bestärkte der EuGH die Niederlassungsfreiheit ausländischer Handwerksbetriebe ohne Meisterbrief in Deutschland: Während sie zuvor nur vorübergehend tätig werden durften, erlaubten die Richter nun auch dauerhafte Aktivitäten (EuGH, C-215/01; VNR.de 12.1.2004; BUH 11.12.2003). Deutschland lockerte daraufhin seinen Meisterzwang. Eine völlige Liberalisierung wussten die Handwerkskammern jedoch zu verhindern: Ökonomisch weniger gewichtige Gewerke wie Böttcher, Segelmacher oder Wachszieher benötigen seit 2004 keinen Meisterbrief mehr. Schwergewichte wie Friseure, Maler und Bäcker unterliegen dagegen weiterhin dem traditionellen deutschen Zunftrecht (ZDH 2010).

... deutschen Meisterzwang ...

▨ Die Europäische Kommission will Deutschland (und Portugal) mit einem offiziellen Vertragsverletzungsverfahren dazu bewegen, das Apothekenrecht zu liberalisieren. Bisher dürfen in Deutschland Nichtpharmazeuten gar keine und Pharmazeuten maximal vier Apotheken besitzen. Dies verletzt nach Kommissionsansicht die europäische Niederlassungsfreiheit und ließe sich auch nicht mit dem Gesundheitsschutz rechtfertigen (IP/08/1352). Bis Ende 2003 durfte jeder Apotheker sogar nur eine einzige Apotheke besitzen. Die gesetzliche Lockerung hin zu drei Filialen beruhte maßgeblich auf Vorstößen der EU. Vorreiter war die EuGH-Rechtspre-

... und deutsches Apothekenrecht

chung zur Internet-Apotheke DocMorris gewesen. Diese ist inzwischen auch in Deutschland vor Ort aktiv, allerdings nur als Franchise-Konzept, also betrieben durch rechtlich selbständige Apotheker. Denn die Gründung echter Filialen der niederländischen Aktiengesellschaft ist weiterhin verboten – trotz grundsätzlicher Niederlassungsfreiheit gemäß EU-Vertrag (DocMorris; HB 23.1.2007, S. 6).

Abbildung 3-5 | *Richterliches Hin und Her im Fall DocMorris*

DocMorris ist eine niederländische Versandapotheke, die im Jahr 2000 als Aktiengesellschaft gegründet wurde und seit 2007 mehrheitlich zum Stuttgarter Apotheken- und Pharmahandelskonzern Celesio gehört. Sie verletzte mit ihrem Geschäft bewusst immer wieder deutsche Gesetze und berief sich in den anschließenden Gerichtsverfahren auf die Freiheiten des europäischen Binnenmarktes. Bisher erreichte sie, dass Deutschland sein Arzneimittelgesetz zum Januar 2004 liberalisierte (siehe Kapitel 3.2) und dass deutsche Pharmazeuten inzwischen vier statt nur eine Apotheke besitzen dürfen.

Im Juli 2006 eröffnete DocMorris eine Filiale in Saarbrücken. Die Betriebserlaubnis hatte der saarländische Gesundheitsminister erteilt, obwohl nach deutschem Recht Aktiengesellschaften keine Apotheken betreiben dürfen. Er berief sich auf höherrangiges Europarecht, wogegen deutsche Apotheker klagten. Im September 2006 ordnete das saarländische Verwaltungsgericht in Saarlouis an, die Filiale zu schließen. Im Januar 2007 hob das Oberverwaltungsgericht diese Entscheidung auf. Daraufhin rief das Verwaltungsgericht den Europäischen Gerichtshof an. Er urteilte im Mai 2009, dass die deutsche Regelung europarechtkonform sei. Daraufhin musste DocMorris seine Filiale letztlich schließen. Sie wiedereröffnete im Juli 2009 als Franchiseapotheke, indem die zuvor angestellte Apothekerin selbständig wurde (DocMorris; HB 23.1.2007, S. 6).

Noch viel zu tun: Beispiel deutsche Schornsteinfeger

Der Weg zu echter Niederlassungsfreiheit ist noch weit. Ein Beispiel dafür, wie hartnäckig sich gesetzliche Privilegien in einzelnen Mitgliedsländern halten, sind Deutschlands Schornsteinfeger. 1937 erließ der damalige Reichsinnenminister Heinrich Himmler ein Gesetz, das Schornsteinfegern einen festen Bezirk zuordnete und bestimmte, dass sie Deutsche sein müssten. Eine Reform strich 1969 den Zwang, die deutsche Staatsangehörigkeit zu besitzen, bewahrte aber die Gebietsmonopole (Economist 21.10.2006, S. 76). In der Praxis warten daher Schornsteinfeger jahrelang darauf, einen Bezirk zu erben. Dann allerdings verschafft ihnen das Monopol ein finanziell sorgenfreies Leben. Denn Hausbesitzer können sich ihrer Dienste nicht erwehren. (Der Schornsteinfeger eines gewissen Durchschnittshaushalts schaut z.B. alle zwei Jahre zu einem von ihm festgelegten Termin für etwa fünf Minuten nach dem Rechten, was zuletzt im Jahr 2009 43 Euro kostete. Dieser Preis ist selbstverständlich nicht verhandelbar und bei jedem Besuch leicht erhöht.) Im Jahre 2003 eröffnete die EU-Kommission ein Vertragsverletzungsverfahren gegen Deutschland. Die Regierung versprach, das Gesetz zu ändern, beharrt aber im Wesentlichen auf dem Gebietsmonopol, das aus Sicherheitsgründen nötig sei (BMWi 14.12.2006).

3.7   Dienstleistungsverkehr

Während die Niederlassungsfreiheit die dauerhafte wirtschaftliche Integration im EU-Ausland betrifft, handelt es sich bei grenzüberschreitenden Dienstleistungen um Tätigkeiten, die nicht zu einem Wohnortwechsel bzw. Firmenumzug führen, sondern nur fallweise für Wohnländer eines anderen EU-Staates erbracht werden. Der Aachener Handwerker repariert z.B. im belgischen Nachbarort, ohne gleich seinen Firmensitz nach Belgien verlegen zu wollen. Der deutsche Rechtsanwalt möchte seinen Mandanten vor einem französischen Gericht vertreten, obwohl seine Kanzlei ansonsten überwiegend in München tätig ist. Auch dieses Recht beschränkt sich nicht auf Einzelpersonen und Personengesellschaften, sondern betrifft auch Kapitalgesellschaften. Es spielt dabei keine Rolle, wer die Grenze übertritt: Der Dienstleister, der Empfänger, oder die Dienstleistung. Die einschlägigen Vorschriften sind eng mit der Niederlassungsfreiheit verzahnt: Wer sich in einem anderen Land dauerhaft wirtschaftlich niederlassen darf, darf dort auch vorübergehend Dienstleistungen erbringen (KOM 9, KOM 18). Wie stark sich die Regelungen ähneln zeigt beispielhaft der Rechtsanwaltsberuf.

Ähnliche Regeln wie bei Niederlassungsfreiheit

Beispiel: Dienstleistungsfreiheit für Rechtsanwälte

Abbildung 3-6

Will der deutsche Rechtsanwalt nur gelegentlich einen Mandanten in Frankreich vertreten, so benötigt er im Gerichtsverfahren einen Anwalt, der vor Ort zugelassen ist. Da er im Einvernehmen mit diesem ortsansässigen Anwalt tätig wird, spricht man vom Einvernehmensanwalt (KOM 19).

Aus ökonomischer Sicht sind Dienstleistungen für den Europäischen Binnenmarkt von eminenter Bedeutung: Sie repräsentieren nach Kommissions-Angaben und bezogen auf die EU 25 (ohne Bulgarien und Rumänien) rund 60-70 Prozent der gemeinschaftlichen Wirtschaftsaktivität und Arbeitsplätze. Auch steigt ihr Anteil an der Wirtschaftsleistung stetig an (KOM 9). Nach Aussage einer unabhängigen Studie für die EU-Kommission würde die Liberalisierung europäischer Dienstleistungen bis zu 600.000 zusätzliche

Hohe Relevanz ...

Arbeitsplätze schaffen und die wirtschaftliche Aktivität in der EU um jährlich 33 Milliarden Euro erhöhen (Institut Copenhagen Economics, zitiert nach HB 30.1.2006 und Economist 12.2.2005, S. 36).

... aber wenig Deregulierung

Dennoch liberalisiert die Politik den Dienstleistungshandel wesentlich schleppender als den Warenhandel – dies gilt weltweit im Rahmen der WTO, aber auch innerhalb der Europäischen Union: Während der grenzüberschreitende Warenhandel innerhalb der EU in den ersten zehn Binnenmarktjahren von 670 auf 1.500 Milliarden Euro in die Höhe geschnellt war, legten die Dienstleistungen im selben Zeitraum nur von 194 auf 362 Milliarden Euro zu (KOM 27.8.2003, S. 8). Behinderungen des freien Dienstleistungsverkehrs belasten aber vor allem kleine und mittlere Unternehmen: Es lohnt sich für sie in der Regel nicht, aufwändige ausländische Genehmigungsanforderungen oder bürokratische Auflagen bei der Entsendung von Arbeitnehmern zu erfüllen. Einige Dienstleistungssektoren sind auch noch nicht vollständig liberalisiert, z.B. der Gesundheitsmarkt. Gleichzeitig sind es aber gerade KMU, die überproportional viele Arbeitsplätze schaffen. Ihr Potenzial schöpft Europa also bei weitem nicht aus.

Dienstleistungsrichtlinie der EU

Ein Ziel der Lissabon-Strategie aus dem Jahr 2000 (siehe Abbildungen 2-2 und 5-3) bestand daher darin, bestehende Beschränkungen des grenzüberschreitenden Dienstleistungsverkehrs zu überwinden. Im Januar 2004 legte die EU-Kommission daraufhin einen Richtlinienvorschlag vor, der für grenzüberschreitende Dienstleistungen eine einfache Grundregel vorsah: Das Ursprungs- oder Herkunftslandprinzip. Der Entwurf ging auf den liberalen niederländischen Binnenmarktkommissar Frits Bolkestein zurück und die Kommission hatte ihn einhellig gebilligt. Nach dem Ursprungslandprinzip hätte zum Beispiel ein polnischer Fliesenleger in Deutschland Bäder sanieren dürfen, solange er polnische (Verwaltungs-)Vorschriften eingehalten hätte. Um einen sozialen Unterbietungswettbewerb zu verhindern, sah der Entwurf außerdem vor, dass sich der Fliesenleger an das deutsches Arbeits- und Sozialrecht halten müsse: Seine Angestellten und er hätten also zum Beispiel die deutschen Arbeitszeiten und Feiertage ebenso respektieren müssen wie in Deutschland ansässige Fliesenleger. Sensible Bereiche im öffentlichen Interesse, zum Beispiel das öffentliche Transport- und Gesundheitswesen, hatte der Richtlinienvorschlag direkt außen vor gelassen (HB 30.1.2006, Economist 12.3.2005, S. 36).

Stark verwässert, ...

Dennoch liefen insbesondere westeuropäische Gewerkschaften und Teile des Europa-Parlaments Sturm gegen den Entwurf: Es handele sich um „Sozialdumping", das in Ländern wie Deutschland und Frankreich Arbeitsplätze vernichten würde. Der „ultra-liberale" Vorschlag zerstöre das „Europäische Sozialmodell" (jeweils zitiert nach: Economist 12.3.2005, S. 36, Übersetzung der Verfasserin). Die folgende Kommission unter dem neuen Binnenmarkt-Kommissar Charles McCreevy wechselte daher im Wesentlichen vom Herkunfts- zum Bestimmungslandprinzip über, so dass die Richtlinie im Dezember 2006 schließlich verabschiedet werden konnte. Die Mitgliedsländer hatten bis Ende 2009 Zeit, sie in nationales Recht umzusetzen. (Überblick über Inhalte der Richtlinie und deutsche Umsetzung: BMWi 1).

Um die Aufnahme und Ausübung von Dienstleistungen zu vereinfachen, sieht die EU-Richtlinie insbesondere einen „einheitlichen Ansprechpartner" in jedem Mitgliedsland vor. Er soll jeden ausländischen Dienstleister umfassend informieren und alle notwendigen Verfahren und Formalitäten abwickeln. Nach Aussage der EU-Kommission wird die Richtlinie *„diskriminierende Beschränkungen beseitigen, bürokratische Hindernisse abbauen, Rechts- und Verwaltungsvorschriften – auch durch die Nutzung moderner Informationstechnologien – modernisieren und vereinfachen sowie die Verwaltungen der Mitgliedsstaaten zu einer systematischeren Zusammenarbeit führen. Darüber hinaus werden die Rechte der Nutzer von Dienstleistungen gestärkt."* (KOM 9)

... aber auch entbürokratisiert

Warenhandel und Dienstleistungshandel: Zwei Paar Schuhe oder doch identisch?

Abbildung 3-7

Im internationalen Warenverkehr gilt in aller Regel das Ursprungslandprinzip: Polnische Fertighausteile werden nach polnischem Recht hergestellt und anschließend nach Deutschland exportiert. Im Dienstleistungsverkehr gilt dagegen eher das Bestimmungslandprinzip: Polnische Arbeiter, die in Deutschland ein Haus errichten, sollen dies nach deutschem Recht tun.

Rein logisch ist die unterschiedliche Behandlung von Waren und Dienstleistungen schwer nachvollziehbar. Emotional leuchtet sie schon eher ein: Der deutsche Bauarbeiter, der ein polnisches Fertighaus zum Selbstbezug nutzt, sieht und weiß nämlich nicht, unter welchen Bedingungen sein polnischer Kollege in Polen dafür arbeiten musste. Und was er nicht weiß, macht ihn nicht heiß, sagt der Volksmund. Erführe er dagegen in der gemeinsamen Frühstückspause auf einer deutschen Baustelle von seinen polnischen Kollegen, wie günstig diese für den gemeinsamen Arbeitgeber tätig sind, könnte ihm schon angst und bange werden, morgen durch einen weiteren polnischen Kollegen ersetzt zu werden.

Insgesamt hat das Binnenmarkt-Projekt ganze Branchen liberalisiert und dadurch den Wettbewerbsdruck deutlich erhöht oder sogar erst eingeführt. Davon profitieren europäische Dienstleistungen stark: Viele grenzüberschreitende Angebote sind heute wesentlich billiger als vor 20 Jahren, z.B. auf dem Telekommunikationsmarkt oder im Flugverkehr (siehe Kapitel 1). Auch entstanden in diesen Märkten zahlreiche neue Stellen, etwa in der Mobilfunkbranche. Weitere Dienstleistungszweige werden folgen: So herrschen auf den Energiemärkten immer noch Oligopole, die sich offenbar nur schrittweise aufbrechen lassen.

Liberalisierung: langsam, aber unaufhaltsam

3.8 Kapitalverkehr

*Grundsatz: Freier
Kapitalverkehr*

Prinzipiell ist der Kapitalverkehr innerhalb der Gemeinschaft gemäß Vertragsartikel 63 unbeschränkt – für alle Privatpersonen mit EU-Pass, für sämtliche Unternehmen, die ihren Sitz in der Gemeinschaft haben, schließlich sogar für Drittländer. Bürger und Gesellschaften dürfen also ihr Sach- und Geldkapital grenzüberschreitend anlegen. Dass diese Freiheit nicht selbstverständlich ist, wissen alle, die jemals mit der ehemaligen DDR oder dem heutigen China in Berührung gekommen sind. Selbst grundsätzlich marktwirtschaftliche Länder wie Frankreich beschränkten noch in den 1980er Jahren den Kapitalverkehr, zum Beispiel über Devisenkontrollen. Und beim internationalen Immobilienkauf gibt es bis heute Einschränkungen.

*Beispiel Stand-
ortverlagerung*

Die freie Kapitalmobilität nutzten bisher viele deutsche Unternehmen für Standortverlagerungen ins EU-Ausland. Als wichtige Entscheidungsgrundlage dienen dabei typischerweise Lohnkostenvergleiche. Tatsächlich variieren die Direktentgelte und Personalzusatzkosten erheblich innerhalb der EU, wie ein Vergleich 2008/2007, den letzten beiden normalen Jahren vor der Wirtschaftskrise, verdeutlicht: 2008 summierten sich die durchschnittlichen Arbeitskosten für einen Industriebeschäftigten in Bulgarien auf 2,18 Euro pro Stunde, in Belgien dagegen auf 36,60 Euro (iw Köln, zitiert nach dpa-Globus 25.9.2009). Die wesentlich genaueren Daten des Europäischen Amts für Statistik Eurostat zeigen allerdings, dass die Lohnkosten in Ländern wie Bulgarien und Rumänien sehr schnell steigen, nämlich zwischen dem zweiten Quartal 2008 und 2009 um 15,5 bzw. 11,7 Prozent (KOM 17.9.2009, S. 3). Noch differenzierter wird das Bild, wenn die Steuersysteme in den Vergleich einbezogen werden. Auch hier bietet Eurostat aufgrund standardisierter Erhebungstechniken die genaueste Vergleichsbasis innerhalb der EU. Abbildung 3-8 zeigt schließlich, dass die Reallöhne in den Hochlohnländern auch schon vor der Finanz- und Wirtschaftskrise zurückgingen oder nur geringfügig stiegen. Standortverlagerungen, die vornehmlich auf einem statischen Lohnkostenvergleich beruhen, sind daher extrem riskant.

Veränderung der Reallöhne vor der Wirtschaftskrise: 2008 gegenüber 2007

Abbildung 3-8

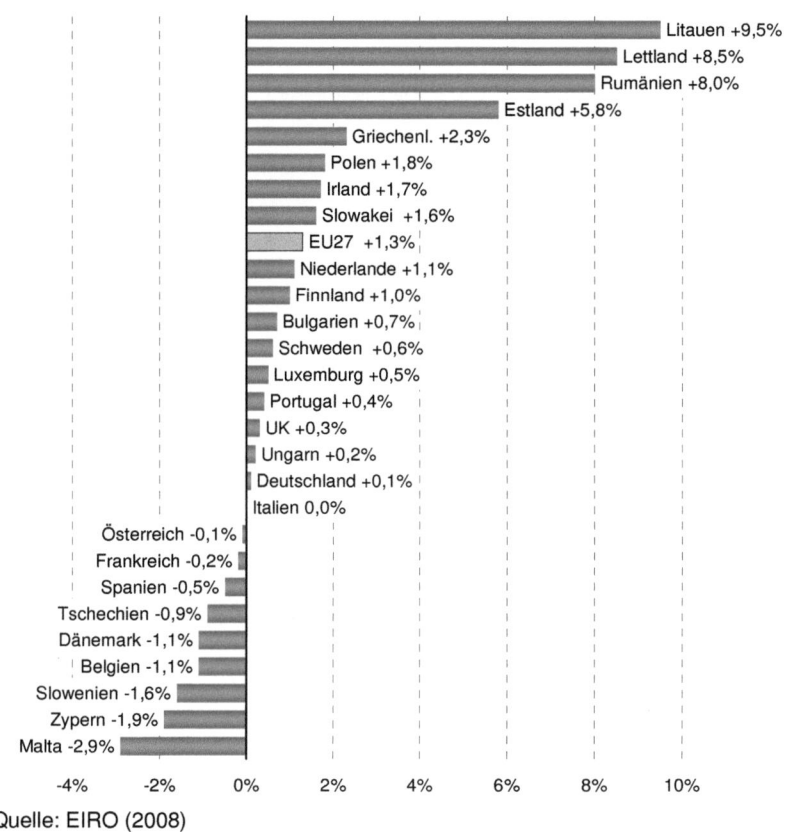

Quelle: EIRO (2008)

Ausnahmen vom freien Kapitalverkehr gelten insbesondere für das Steuer-recht, die Finanzaufsicht, die öffentliche Sicherheit und Ordnung (z.B. Bekämpfung der Geldwäsche) und im Rahmen der gemeinsamen Außen- und Sicherheitspolitik gegenüber Drittstaaten (z.B. finanzielle Sanktionen aus politischen Motiven). In manchen Mitgliedsstaaten existieren schließlich noch Übergangsfristen, was den Erwerb von Zweitwohnungen oder land-wirtschaftlichen Nutzflächen durch EU-Ausländer betrifft. Ob diese Ausnahmen richtig angewendet werden, überprüft letztlich der Europäische Gerichtshof (KOM 20, KOM 21).

Kapitalverkehrs-beschränkungen

3.8.1 Gesellschaftsrechtliche Integration

Die EU-Kommission bietet einen Überblick über wichtige gemeinschaftliche Verordnungen und Richtlinien im Gesellschaftsrecht, die bereits verabschiedet wurden oder sich noch im Entwurfstadium befinden (KOM 22). Beachtenswert sind vor allem die Europa-AG (Societas Europaea, kurz SE) und die Übernahmerichtlinie.

Europa-AG (SE)

Nach jahrzehntelangen Verhandlungen können sich seit Oktober 2004 Kapitalgesellschaften in der EU in eine Europäische Aktiengesellschaft umwandeln (Details: VO 2157/2001). Vorher mussten sie für Niederlassungen in einem anderen EU-Land eine Tochtergesellschaft gründen und sich dann jeweils nach nationalem Gesellschafts- und Steuerrecht richten. Das erzeugte insbesondere für mittelständische Unternehmen einen erheblichen zusätzlichen Verwaltungsaufwand. Durch die europäische Aktiengesellschaft lässt sich aber auch der Firmensitz leichter verlagern. Schließlich ist die unternehmerische Mitbestimmung der Arbeitnehmer flexibler zu handhaben. Die Gründer einer SE können die Geschäftsführung entweder in Vorstand und Aufsichtsrat teilen (mitteleuropäisches oder dualistisches Modell), oder sie bilden ein „Board of Directors" mit exekutiven und nicht-exekutiven Managern (angelsächsisches oder monistisches Modell) (Gabler 2005, S. 2677). DAX-Unternehmen wie Allianz und BASF sind schon seit Längerem Europa-AGs. Auch der familiengeführte Elektronikhändler Conrad firmiert als SE.

Abbildung 3-9 | *Mitbestimmung in der Europa-AG*

„Mitbestimmung" heißt, dass die Arbeitnehmer an unternehmerischen oder betrieblichen Entscheidungen teilnehmen. Deren Tragweite unterscheidet sich stark:

- Bei der betrieblichen Mitbestimmung dürfen die Arbeitnehmer zum Beispiel über die Frage mitentscheiden, ob ein Kaffeeautomat aufgestellt werden sollte.
- Bei der unternehmerischen Mitbestimmung entscheiden die Arbeitnehmervertreter darüber mit, ob die Fertigung komplett nach Polen verlagert werden sollte. Es handelt sich hierbei also um wesentlich wichtigere Entscheidungen.

Hier wird ausschließlich die **Unternehmensmitbestimmung** behandelt, die in Deutschland sehr ausgeprägt ist: Sie verlangt im Aufsichtsrat ab 500 Mitarbeitern ein Drittel Arbeitnehmervertreter, ab 2.000 Mitarbeitern die Hälfte (paritätische Mitbestimmung).

In der Europäischen Aktiengesellschaft nun dürfen Unternehmen und Mitarbeiter aushandeln, welches nationale Mitbestimmungsmodell sie anwenden wollen. Voraussetzung: Mindestens eine der beteiligten Gesellschaften muss aus demjenigen Land kommen, dessen Mitbestimmungsrecht gelten soll. Nur wenn sich Leitung und Belegschaft nicht einigen, greift das Modell derjenigen Gesellschaft, deren nationales Recht den strengsten Mitbestimmungsgrad vorsieht.

In der Praxis kommt es vor, dass die **deutsche Mitbestimmung** dadurch **gezielt umgangen wird**. So sitzen z.B. im Aufsichtsrat der Conrad SE ausschließlich Familienmitglieder. Das Europarecht ermöglicht aber inzwischen auch viele andere gesellschaftsrechtliche Konstruktionen, mit denen Unternehmen die strenge deutsche Mitbestimmung umgehen oder zumindest aufweichen können. Erwähnt sei nur die Europäische Verschmelzungsrichtlinie von Ende 2005 und die Möglichkeit, eine „public limited company" (plc) nach britischem Recht zu gründen. Allerdings ist die Rechtslage hierbei unübersichtlich, weil der Europäische Gerichtshof immer wieder Einzelfall-Entscheidungen zur Niederlassungsfreiheit trifft.

Quellen: HB (15.11.2008); Aus Gewerkschaftssicht: IFAM (2/2007); Aus gesellschaftsrechtlicher Sicht: FAZ.NET (23.12.2008)

Im April 2004 verabschiedete die EU ein Rahmengesetz über die Frage, welche Abwehrmaßnahmen Aktiengesellschaften gegen feindliche Übernahmen treffen dürfen und was der Übernehmende im Übernahmeprozess tun muss (Details: RL 2004/25/EG). Das deutsche Umsetzungsgesetz gilt seit Mitte 2006. Über diese Richtlinie hatten die Mitgliedsstaaten und die Europäische Kommission seit 1988 (!) gestritten. Ursprünglich wollte die Kommission nämlich alle nationalen Übernahmehürden abschaffen. Sonderregelungen wie das deutsche VW-Gesetz (siehe Abbildung 3-11) waren und sind ihr ein Dorn im Auge. Die verabschiedete Regelung erlaubt es den Mitgliedsstaaten nun aber im Wesentlichen, an gängigen nationalen Abwehrinstrumenten festzuhalten. Insofern ist sie ein Musterbeispiel für eine Niederlage des europäischen Binnenmarktes gegenüber den Sonderinteressen einzelner Regierungen: Länder wie Deutschland (Bundesland Niedersachsen mit Volkswagen), Frankreich (Unternehmensdynastie Pinault) oder Schweden (Unternehmensdynastie Wallenberg) zogen jahrelang und letztlich erfolgreich gegen die Liberalisierung an einem Strang. Speziell in der Bundesrepublik sind so genannte Vorratsbeschlüsse weiterhin gestattet. Damit können die Aktionäre bereits vorsorglich Abwehrmaßnahmen erlauben, ohne dass überhaupt ein konkretes Übernahmeangebot vorliegt. Skandinavische Unternehmen dürfen sich wie bisher mit Mehrfachstimmrechten gegen feindliche Übernahmen schützen (wiwo.de 16.12.2003; HB 13.10.2003, S. 1).

*Übernahme-
richtlinie*

Die verwässerte Übernahmerichtlinie

Abbildung 3-10

Ursprünglich wollte der damalige Binnenmarkt-Kommissar Bolkestein Vorratsbeschlüsse, Mehrfachstimmrechte, goldene Aktien und ähnliche Behinderungen des freien Kapitalverkehrs abschaffen. Am Ende blieben davon im Wesentlichen transparentere Übernahmeprozesse übrig. Hier die wichtigsten Regelungen (Linklaters et al. 18.12.2003, S. 1):

▪ **Optionsmodell**: Die EU-Länder dürfen wählen, ob sie Übernahmehindernisse abbauen wollen, wie es die Richtlinie vorschlägt, oder nicht. Entscheidet sich das Land für einen Abbau, müssen sich alle Unternehmen daran halten. Bleibt es bei den gesetzlichen Übernahmehindernissen, kann immer noch auf Unternehmensebene die Hauptversammlung entscheiden, ob sich der Vorstand im Übernahmefall neutral verhalten muss oder nicht.

▪ **Mehr Transparenz**: Der Lagebericht muss Kapital-, Kontroll- und Verteidigungsstrukturen offenlegen.

▪ **Maximalpreis beim Pflichtangebot**: Der Bieter muss den höchsten Preis zahlen, den er in den 6-12 Monaten zuvor gezahlt hätte.

▪ **Squeeze-out und Sell-out**: Mehrheitsaktionäre dürfen Minderheitsaktionäre zwangsweise aus der Gesellschaft ausschließen und abfinden. Minderheitsaktionäre dürfen umgekehrt verlangen, dass der Mehrheitsaktionär sie aus der Gesellschaft herauskauft.

Abbildung 3-11 | *Das VW-Gesetz*

Das Bundesland Niedersachsen hält an der Volkswagen AG traditionell eine Sperrminorität von 20 Prozent und stellt zwei Aufsichtsratmitglieder, darunter der jeweilige Ministerpräsident. Die Europäische Kommission kämpft seit Jahren gegen diese Regelung, weil sie dem freien Kapitalverkehr innerhalb der EU widerspräche. Sie klagte vor dem Europäischen Gerichtshof, der das VW-Gesetz im Jahr 2007 für europarechtswidrig erklärte. Die Bundesregierung überarbeitete daraufhin im Jahr 2008 die Regelung, hielt aber die niedersächsische Sperrminorität aufrecht. Die Kommission eröffnete daher Ende 2008 ein erneutes Vertragsverletzungsverfahren gegen Deutschland (BMJ).

3.8.2   Finanzmarktintegration

Aktionsplan für Finanzdienste FSAP bis 2005

Ende der 1990er Jahre war die Gemeinschaft noch weit entfernt von einem einheitlichen Markt für Bank-, Versicherungs- und Wertpapierdienstleistungen. Zwischen 1999 und 2005 bearbeitete sie einen überaus umfangreichen und ehrgeizigen Aktionsplan für die Finanzdienstleistungen. Dieser so genannte FSAP (Financial Services Action Plan) sollte mit Hilfe von 42 Gesetzesinitiativen die einzelstaatlichen Regelungen im Wertpapierhandel, Banken-, Versicherungs- und Hypothekenwesen sowie bei der Altersversorgung und weiteren finanziellen Leistungen harmonisieren (KOM 23).

Der Aktionsplan für die Finanzdienstleistungen (FSAP) | *Abbildung 3-12*

Der FSAP umfasste 42 Maßnahmen in den drei Kategorien Firmenkunden, Privatkunden und Aufsicht. Der Schwerpunkt der konkreten Gesetzgebung lag dabei eindeutig im Firmenkundenmarkt und hier in vier Bereichen (Euractiv.com 20.12.2004):

1. **Gemeinsame Regeln für integrierte Wertpapier- und Warenderivatemärkte**: Beispiel Finanzmarkt-Richtlinie von April 2004 (Markets in Financial Instruments Directive, kurz MiFID), aufgrund derer Wertpapierfirmen Aktien-, Anleihe- und Derivategeschäfte für die Auftraggeber transparenter und günstiger durchführen müssen.

2. **Einfachere EU-weite Kapitalbeschaffung**: Beispiel Prospektrichtlinie, aufgrund derer Emittenten in allen Mitgliedsländern nur noch einen (einheitlichen) Dokumentationssatz vorlegen müssen. Auch eine Verordnung, die die meisten Vorgaben der Internationalen Standards zur Rechnungslegung (IAS) seit Januar 2005 für die EU verbindlich macht, gehört in diesen Bereich.

3. **Einheitlicher Rahmen für die Systeme zusätzlicher Alterversorgung**: Beispiel Richtlinie zur Betrieblichen Altersversorgung von Juni 2003, die kapitalgedeckte Betriebsrenten übertragbar und sicherer machen soll.

4. **Finanzsicherheiten**: Beispiel Finanzsicherheitenrichtlinie von Juni 2002, die die formalen Anforderungen an die zu stellenden Sicherheiten bei der Darlehensvergabe verringert und angleicht.

Der Harmonisierungsweg folgte dabei dem so genannten Lamfalussy-Verfahren, das auf umfassenden Konsultationen und einem vierstufigen Prozess beruhte: Zunächst erlässt die EU eine Rahmenrichtlinie, danach die notwendigen Durchführungsmaßnahmen. Der dritte Schritt setzt die Vorgaben zunächst in nationales Recht und dann in jedem einzelnen Unternehmen um. In der letzten Stufe überprüft die EU-Kommission die Umsetzung der Gemeinschaftsvorgaben. Das gesamte Verfahren dauerte in der Regel mehrere Jahre, so dass längst nicht alle 42 Initiativen bis 2005 vollständig abgeschlossen werden konnten (Beispielhafte Länge des Verfahrens anhand der MiFID: Deutsche Börse 4.7.2007). | *Aufwändige Harmonisierung*

Seit 2005 konzentrieren sich EU-Kommission und Mitgliedsstaaten deshalb darauf, den FSAP vollständig in nationales Recht umzusetzen und gegebenenfalls sogar an neue Anforderungen anzupassen, die sich aus den ersten Erfahrungen und vor allem der Finanzkrise ergeben haben (KOM 5.12.2005). Hierzu zwei Beispiele: | *FSAP seit 2005*

■ Die Banken- und Kapitaladäquanz-Richtlinie (Capital Requirement Directive, kurz CRD) setzte 2006 die internationalen Beschlüsse von „Basel 2" in EU-Recht um. Sie erneuerte also die Eigenkapitalvorschriften für Kreditinstitute und Wertpapierfirmen. Bereits Mitte 2009 verabschiedete | *Kapitaladäquanz* die Gemeinschaft umfassende Änderungen im so genanntes CRD 2 (Deutsche Bundesbank 9/2009).

Solvabilität II

▪ Die Solvabilität II-Rahmenrichtlinie reformiert und konsolidiert die europäische Versicherungsaufsicht grundlegend, vor allem die Vorschriften für die Eigenmittelausstattung von Versicherungsunternehmen. Die EU verabschiedete das Gesetz Mitte 2009, es soll voraussichtlich ab 2012 in allen EU-Ländern gelten (KOM 24; Details: RL 2009/138/EG).

Daneben konzentriert sich die Kommission darauf, das grenzüberschreitende Privatkundengeschäft weiter zu erleichtern. Zum Beispiel harmonisiert sie schrittweise den bargeldlosen Zahlungsverkehr (siehe Kapitel 3.9).

3.8.3 Weitere Aktivitäten

Die Liberalisierung des grenzüberschreitenden Kapitalverkehrs gleicht einer Sisyphus-Arbeit. Zwei Großbaustellen der kommenden Jahre stellen die Drei-Säulen-Struktur der deutschen Kreditwirtschaft und die europäische Finanzaufsicht dar.

Strukturwandel der deutschen Kreditwirtschaft

▪ Das deutsche Kreditwesen besteht traditionell aus privaten Banken, öffentlich-rechtlichen Sparkassen und genossenschaftlichen Volks- und Raiffeisenbanken. Seit Jahren ist der Sparkassensektor der EU-Kommission ein Dorn im Auge: Er genießt rechtliche Privilegien, die seine Marktstellung schützen. Einige dieser Vorrechte hat die Wettbewerbskommission bereits über das direkt durchgreifende Beihilfeverbot abgebaut (siehe Kapitel 4.4.3). Aus Sicht der Binnenmarkt-Kommission behindert die deutsche Struktur den freien Kapitalverkehr innerhalb der Union. 2006 tobte z.B. ein Streit darüber, ob private Kreditinstitute den Namen „Sparkasse" führen dürften. Ausgangspunkt war die Berliner Sparkasse, die das Land Berlin zusammen mit der Berliner Bankgesellschaft verkaufen musste. Die EU-Kommission forderte, dass Privatbanken an diesem Verkauf teilnehmen und anschließend weiter als Sparkasse firmieren dürften. Dies lehnte Deutschland ab. Ende 2006 kam es zu einem Kompromiss: Danach dürfen nun auch Privatbanken „Sparkasse" heißen, aber nur, wenn sie sich zu einer Gemeinwohlorientierung verpflichten. Das deutsche Kreditwesengesetz, in dessen Paragraf 40 der Namensschutz verankert ist, wurde nicht geändert (Stern.de 28.6.2006; Stern.de 6.12.2006). Es ist aber offen, ob es langfristig bei diesem Kompromiss bleiben wird, oder ob ein künftiger Binnenmarktkommissar erneut gegen die Sparkassenprivilegien vorgehen wird. Die Unterstützung der privaten Banken wäre ihm sicher.

▓ Die Finanzkrise motivierte die Europäische Union dazu, neue Aufsichtsorgane zu schaffen. Ende 2009 verabschiedeten die EU-Finanzminister Verordnungen für vier Gremien, die ab 2011 eine schlagkräftige EU-Finanzaufsicht bilden sollen (Überblick: DIHK 7.12.2009, S. 3ff.; Details: KOM 25; kritisch: Vaubel 2010). Auf mikroökonomischer Ebene der einzelnen zu überwachenden Unternehmen entstehen drei neue Aufsichtsbehörden, nämlich für (1) das Bankwesen, (2) Versicherungen und die betriebliche Altersvorsorge sowie (3) Wertpapiere und Finanzmärkte. Sie ersetzen die bisher für die Aufsicht zuständigen Ausschüsse und dürfen dem Gesetzestext nach auch bindende Beschlüsse fassen (Rat 2.12.2009, S. 3: „binding decision"). Sekundärquellen zufolge dürfen die neuen EU-Organe dagegen auch in Krisenzeiten den nationalen Aufsichtsbehörden keine Weisungen erteilen (z.B. DIHK 7.12.2009, S. 4). Das Europa-Parlament will der EU-Finanzaufsicht dagegen deutlich mehr Kompetenzen geben: Sie sollen unter anderem riskante Produkte oder Geschäftsmodelle notfalls vom Markt nehmen dürfen (HB 11.2.2010, S. 39). Auf makroökonomischer Ebene soll ein Europäischer Ausschuss für Systemrisiken die gesamte Stabilität der Finanzmärkte überwachen. Sein Vorstand wird aus den Präsidenten aller Notenbanken innerhalb der EU, den Vorsitzenden der drei mikroökonomischen Aufsichtsagenturen und einem Vertreter der Europäischen Kommission bestehen. Er wird keine rechtsverbindlichen Handlungsanweisungen vergeben, sondern nur warnen bzw. empfehlen (Details: Rat 20.10.2009).

Erweiterte EU-Finanzaufsicht

Diese Schritte dürften nur den Anfang weiterer Finanzmarktregulierungen auf europäischer Ebene darstellen: Im Januar 2010 präsentierte der neue Binnenmarktkommissar Barnier seine Agenda für die nächsten fünf Jahre im Bereich der Finanzmarktregulierung sowie des Gesellschafts- und Bilanzrechts. Er will zahlreiche Richtlinien wie z.B. die Finanzmarktrichtlinie MiFID überarbeiten. Außerdem plant er neue Regulierungen, etwa eine flächendeckende Dokumentationspflicht in der Anlageberatung von Kleinanlegern (DIHK 12.1.2010, S. 3f und 9f.).

Ehrgeizige Regulierungen bis 2015

3.9 Zahlungsverkehr

Vom Kapitalverkehr abzugrenzen ist der Zahlungsverkehr, faktisch die fünfte Binnenmarktfreiheit: Er resultiert praktisch zwingend aus den anderen vier Freiheiten. Denn ein freier Verkehr von Waren, Personen, Dienstleistungen und Kapital wäre ohne freien Zahlungsmittelfluss nicht möglich. Grenzüberschreitende Zahlungen kosten aber mehr als inländische Geldtransfers, weshalb sich die EU um einen Einheitlichen Euro-Zahlungsver-

Einheitlicher Zahlungsverkehrsraum SEPA

kehrsraum bemüht (Single Euro Payments Area SEPA; Überblick: KOM 2007/2; Details: KOM 26).

Überweisungen

Bereits seit Jahren arbeiten EU-Kommission, Europäische Zentralbank und das europäische Bankgewerbe daran, Überweisungen, Lastschriften und Kartenzahlungen einander anzupassen. Sie sollen langfristig weder langsamer noch teurer sein als inländische Transaktionen. So dürfen seit Juli 2002 Kreditkartenzahlungen und Bargeldabhebungen an Automaten im EU-Ausland nicht mehr teurer sein als im Inland. Das Gleiche gilt seit Juli 2003 zumindest theoretisch für innergemeinschaftliche Überweisungen bis 12.500 Euro, seit 2008 gibt es die „EU-Standardüberweisung".

Abbildung 3-13 | *Überweisungen zwischen EU-Ländern: Anspruch und Wirklichkeit*

Seit 2008 gibt es die EU-Standardüberweisung. Sie gilt auch gegenüber EU-Mitgliedern, die den Euro noch nicht eingeführt haben. Außerdem nehmen weitere Länder wie Norwegen, Island und Liechtenstein an der Regelung teil. Sie wurde als großer Erfolg gefeiert, weil sie Auslandsüberweisungen vor allem billiger macht.

Bankkunden aber, die sich nicht in die Details einarbeiten, bekommen Probleme, wie zwei reale Beispiele zeigen:

■ Im September 2009 sollen 702.056,92 Euro vom spanischen Bankkonto der Firma A auf das deutsche Bankkonto der Firma B überwiesen werden. Bei Firma B kommen aber nur 698.000 Euro an. Nachforschungen ergeben, dass die spanische Bank 4.044,92 Euro Gebühren und 12 Euro für weitere Ausgaben einbehalten hat. Längere Verhandlungen zwischen Firma B, der spanischen Vertretung ihrer deutschen Hausbank und der spanischen Bank von Firma A führen zunächst zu einer Gebührensenkung auf 2.022 Euro und letztlich auf 558.40 Euro. Tatsächlich gilt die europäische Standardüberweisung nämlich nur für Zahlungen bis 50.000 Euro.

■ Ebenfalls im September 2009 überweist ein Deutscher 150 Euro per Online-Banking nach Österreich. Die Überweisungsmaske bietet „Kostenteilung" oder „Kostenübernahme" an. Der Kunde wählt Kostenübernahme, weil er die österreichische Empfängerin der 150 Euro nicht mit Gebühren belasten will. Dadurch fällt die Überweisung automatisch in die Kategorie „Auslandsüberweisung". Statt der üblichen 5 Euro für die Standardüberweisung fallen 20 Euro an, nämlich 5 Euro für die deutsche Hausbank und 15 Euro für die österreichische Fremdbank.

Lastschriften und
Kartenzahlung

Im November 2009 folgte die einheitliche Lastschrift. Davon profitieren z.B. Deutsche, die für ihr spanisches Ferienhaus die regelmäßige Stromrechnung bezahlen wollen. Dies war bisher nur in bar, per Scheck oder Einzelüberweisung möglich. Bis Ende 2010 soll der gesamte Zahlungsverkehr umgestellt sein. Letztlich sollen auch Gemeinschaftsländer außerhalb der Eurozone vom einheitlichen Zahlungsverkehr profitieren. Schon heute nehmen darüber hinaus Nicht-EU-Mitglieder wie Norwegen und die Schweiz an SEPA teil (KOM 2007/2; KOM 26; Kritisch: HB 30.10.2009a-c, S. 28-29).

3.10 Steuerharmonisierung

Steuern erhebt der Staat entweder an der Einkommensquelle (direkte Steuern) oder beim Verbrauch (indirekte Steuern). Ergiebige Quellensteuern sind die Lohn- und Einkommenssteuer sowie die Kapitalertragssteuer. Die aufkommensstärkste Verbrauchssteuer stellt typischerweise die Mehrwertsteuer dar. Zusätzlich erheben praktisch alle Länder dieser Welt spezielle Verbrauchssteuern auf besonders schädliche und/oder beständig nachgefragte Konsumartikel wie Tabak, Alkohol oder Energie.

Wichtige Steuern

Ob und inwieweit die Steuern innerhalb der Europäischen Union harmonisiert werden sollten, ist seit Jahrzehnten umstritten. Aus integrationsfreundlicher Sicht führen unterschiedliche Steuersätze und/oder Bemessungsgrundlagen zu Wettbewerbsverzerrungen, die dem Europäischen Binnenmarkt schaden. Denn in einem echten Binnenmarkt ohne Grenzkontrollen könne eigentlich nur nach dem Ursprungslandprinzip besteuert werden. Daraus entstünde aber ein ruinöser Steuerwettbewerb nach unten. Liberale Ökonomen begrüßen dagegen unterschiedliche Steuersysteme, weil sie ihres Erachtens zum Standortwettbewerb verschiedener Länder dazugehören. Auch viele nationale Politiker halten an der nationalen Steuerpolitik fest. Sie gehört daher zu den Ausnahmebereichen, in denen der Ministerrat ohne das Parlament einstimmig entscheidet. Diese Einigung fällt ganz besonders schwer, da es um viel Geld geht. Nur in Einzelfällen erreichte die Europäische Kommission bisher, dass nationale Steuersätze einander angenähert oder für grenzüberschreitende Transaktionen Sonderregeln eingeführt wurden. In den letzten Jahren hat ihr Ehrgeiz auf dem Gebiet der Steuerharmonisierung daher stark nachgelassen. Insbesondere bei den direkten Steuern beschränken sich die EU-Vorschriften in der Regel darauf, wie grenzüberschreitende Tätigkeiten steuerlich zu behandeln sind (Gabler 1).

Viel Diskussion um Steuerharmonisierung

Bei der Lohn- und Einkommenssteuer, aber auch bei den Unternehmenssteuern gibt es bisher keine EU-weiten Mindest- oder Höchstsätze. Insbesondere Unternehmen richten ihre Standort- und Investitionsentscheidungen aber unter anderem an den lokalen Steuersystemen aus. Hierauf wiederum reagiert die nationale und lokale Politik, die sich überall in der Gemeinschaft um Neuansiedlungen und damit Arbeitsplätze bemüht: So schrumpften die Körperschaftssteuersätze der EU-Mitglieder gemäß Abbildung 3-14 von 35,3 Prozent im Jahr 1995 auf 23,5 Prozent im Jahr 2009.

Direkte Steuern: Kaum angepasst

Abbildung 3-14	*Körperschaftssteuern I: Entwicklung in der EU-27 (1995-2009)*

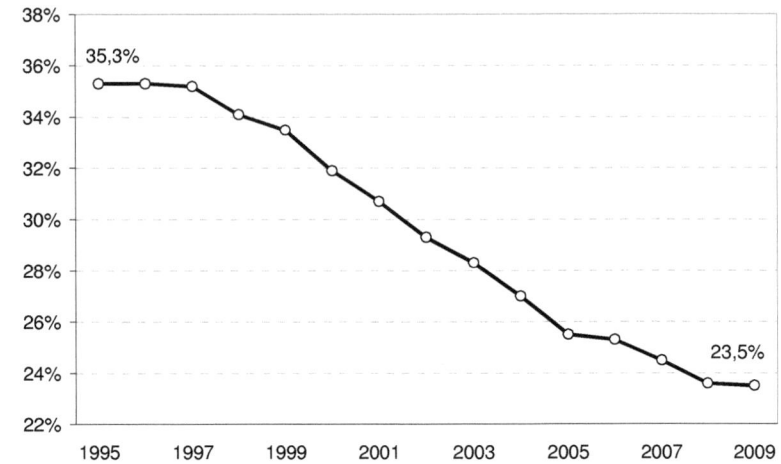

Quelle: KOM 2009/3, Graph I-5, S. 44, Development of adjusted statutory tax rate on corporate income

Dennoch herrschten gemäß Abbildung 3-15 auch im Jahr 2009 noch große Unterschiede zwischen den nationalen Körperschaftssteuersätzen, mit einem Maximalwert von 35 Prozent in Malta bis zu einem Minimalwert von 10 Prozent in Bulgarien und Zypern. Auch vergessen manche Unternehmen beim einfachen Steuersatzvergleich, dass die Länder der Gemeinschaft sehr verschiedene Tatbestände besteuern: So gelten z.B. in Deutschland zahlreiche Ausnahmen, wodurch die effektive Steuerbelastung niedriger ausfällt, als es der bloße Blick auf den Steuersatz nahelegt. Versuche, die Bemessungsgrundlage der Unternehmensbesteuerung zu vereinheitlichen, sind bisher noch nicht umgesetzt. Einen erneuten Vorstoß zu Mindeststeuersätzen wagte dagegen nach Aussage des britischen Economist Kommissionspräsident Barroso: Er beauftragte den ehemaligen Wettbewerbskommissar Monti mit einer Binnenmarktstudie, in der dieser Mindeststeuersätze für Kapital- und Unternehmenserträge vorgeschlagen habe (Economist 14.11.2009, S. 44).

Körperschaftssteuern II: Spitzensteuersatz je EU-Mitglied (2009)

Abbildung 3-15

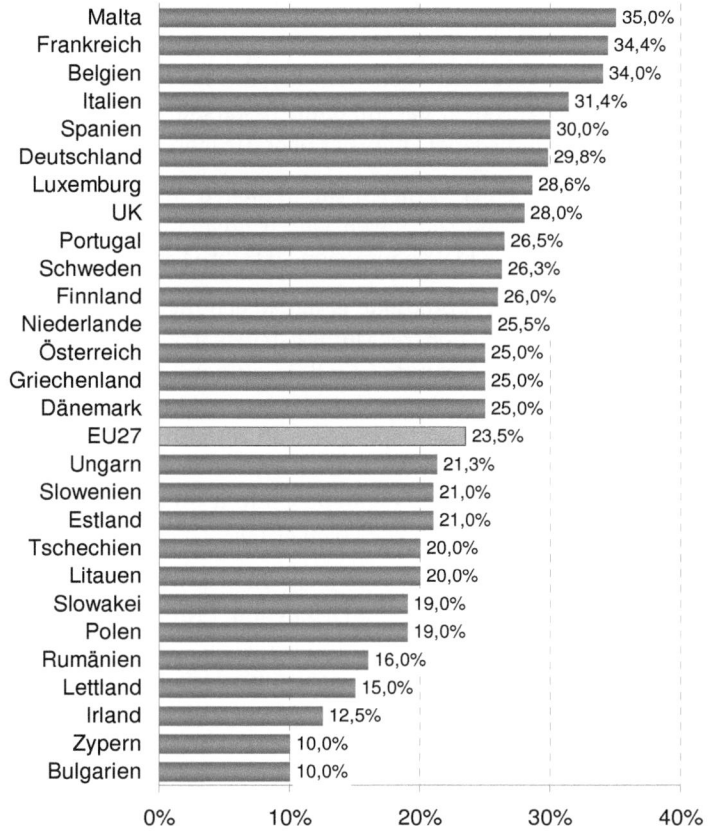

Quelle: KOM 2009/3, Table II-4.1, S. 104, Adjusted top statutory tax rate on corporate income, 2009

Bei den Verbrauchssteuern hat die EU dagegen zahlreiche Mindeststeuersätze eingeführt, die schrittweise erhöht werden (Gabler 2). Der Mindestsatz für die normale Mehrwertsteuer liegt in der EU - bis Ende 2010 - bei 15 Prozent. Danach muss der Ministerrat erneut entscheiden. Deutschland übertrifft die 15-Prozent-Marke mit derzeit 19 Prozent deutlich. Der reduzierte Mindeststeuersatz liegt EU-weit und unbefristet bei fünf Prozent. In Deutschland beträgt er sieben Prozent und gilt zum Beispiel für Lebensmittel. Herzstück der gemeinschaftlichen Mehrwertsteuer-Gesetzgebung ist seit Januar 2007 eine Richtlinie, die verschiedene Vorschriften der vorangehenden Jahrzehnte konsolidiert. Sie enthält auch bemerkenswert viele Ausnah-

Indirekte Steuern: Mindestsätze für MwSt ...

me- und Übergangsregelungen für einzelne Länder und Branchen. Tatsächlich ist die Richtlinie so kompliziert, dass die EU-Kommission einen E-Learning-Kurs insbesondere für Unternehmen und Steuerbeamte anbietet (KOM 27; KOM Juli 2009; RL 2006/112/EG).

... und spezielle Verbrauchs-steuern:

Bei den speziellen Verbrauchssteuern stellen die Tabak-, Alkohol- und Mineralölsteuer die wichtigsten, da aufkommensstärksten Steuerarten dar. Ihre Mindestsätze haben die Finanzminister über die Jahre schrittweise erhöht.

Alkohol

■ Bei der Alkoholsteuer variieren die aktuellen Mindeststeuersätze nach Getränkeart und sind seit vielen Jahren unverändert. Zur Inflationsbereinigung schlug die EU-Kommission 2008 ihre Erhöhung vor (EU 4).

Tabak

■ Im Hinblick auf Tabakprodukte einigten sich die EU-Finanzminister Im November 2009 auf höhere Mindeststeuersätze und neue Einfuhrbeschränkungen. Eine Zigarette ist z.B. künftig mit mindestens neun Cent zu besteuern. Bisher waren es mindestens 6,4 Cent. Der neue Steuersatz gilt frühestens ab 2014 und spätestens ab 2018 für Länder wie Polen, deren Steuer heute niedriger ist. In Deutschland liegt er schon heute bei 14 Cent, was bisher die legale Zigaretteneinfuhr und den illegalen Zigarettenschmuggel aus Ländern wie Polen attraktiv machte (Rat 10.11.2009).

Energie, bes. Mineralöl

■ Die Energiesteuern harmonisierten die EU-Umweltminister im Oktober 2003 nach über einem Jahrzehnt Diskussion. Prinzipiell sind nun auf alle Energieträger Mindeststeuersätze zu erheben. Bereits seit 1993 gibt es Mindeststeuersätze für Mineralöle, also für Heizöle und Kraftstoffe, die ab 2004 anstiegen. Neu hinzu kamen Mindeststeuersätze auf Strom, Erdgas und Kohle. Insbesondere Deutschland hatte sich für die Harmonisierung stark gemacht, um z.B. den Tanktourismus nach Polen und Tschechien einzudämmen. Die Richtlinie schaffte auch die in Frankreich und Italien geltenden reduzierten Dieselsteuersätze für Spediteure ab, gegen die deutsche Spediteure gegenüber der Bundesregierung gekämpft hatten. In Deutschland änderte sich nichts (BMU 28.10.2003).

Gestaltungs-grundsätze

Außerdem einigten sich die Finanzminister in einer Verbrauchsteuer-Systemrichtlinie auf allgemeine Gestaltungsgrundsätze und legten die zu besteuernden Gegenstände sowie weitere technische Details in Steuerstruktur-Richtlinien fest. Bei allen übrigen Verbrauchsteuern genießen die Mitgliedsländer grundsätzliche Gestaltungsfreiheit, solange sich dadurch keine neuen Grenzkontrollen oder –formalitäten ergeben (Gabler 1).

Grenzüberschrei-tende Einkünfte:

Für grenzüberschreitende Einkünfte gelten mangels umfassender Steuerharmonisierung Sonderregeln:

ESt und KSt

■ In der Einkommen- und Körperschaftssteuer beschränken sich die EU-Richtlinien auf gegenseitige Amtshilfe der Finanzbehörden (1977), auf die steuerliche Behandlung grenzüberschreitender Verschmelzungen,

Spaltungen, Einbringungen, Anteilstauschvorgänge und Dividendenzahlungen (1990) sowie auf Schiedsabkommen (ebenfalls 1990). Eine bemerkenswerte Ausnahme stellt nur die Besteuerung privater ausländischer Zinserträge dar (Gabler 1).

■ Bürger und Unternehmen aus einem EU-Land dürfen unbegrenzt Kredite in anderen Mitgliedsstaaten aufnehmen oder dort Geld anlegen. Sie müssen sich allerdings an das Steuerrecht ihres Heimatlandes halten. Jeder Deutsche darf also z.B. sein gesamtes Vermögen nach Luxemburg transferieren, die Kapitalerträge muss er jedoch in Deutschland versteuern. Da dies nicht immer zur vollen Zufriedenheit insbesondere deutscher Finanzminister stattfand, regelt seit 2005 eine europäische Richtlinie den Steuerabzug an der Quelle. Neu und spektakulär ist die Teilnahme der beiden Nicht-EU-Mitglieder Schweiz und Liechtenstein (HB 4.3.2008).

Zinserträge

Besteuerung ausländischer Zinserträge in der EU

Abbildung 3-16

Seit Juli 2005 tauschen 12 EU-Staaten Informationen über die Zinserträge ausländischer Anleger aus. Im Klartext heißt das: Die französische Bank in Straßburg meldet den deutschen Finanzbehörden, dass Herr Müller aus Karlsruhe in Frankreich 2009 einen Zinsertrag von 10.000 Euro erzielt hat. Herr Müller ist daher gut beraten, diesen Ertrag in seiner deutschen Einkommensteuererklärung anzugeben.

Belgien, Luxemburg, Österreich und die Finanzstandorte Schweiz, Liechtenstein, Andorra, Monaco und San Marino geben keine Informationen weiter. Stattdessen erheben sie auf die Zinserträge von EU-Ausländern eine Quellensteuer und führen davon 75 Prozent an die jeweilige nationale Finanzbehörde ab. Der Steuersatz lag in den ersten drei Jahren bei 15 Prozent, seit Juli 2008 beträgt er 20 Prozent. Im Juli 2011 wird er schließlich auf 35 Prozent steigen. Frau Meier aus Konstanz kann also weiterhin ihr Kapital auf einem Nummernkonto in Zürich anlegen. Die Zürcher Bank wird aber ab 2011 von den 10.000 Euro Zinsertrag 3.500 Euro einbehalten und davon 2.625 Euro an Deutschland überweisen.

Die EU-Kommission feierte die EU-Zinssteuer zwar zunächst als großen Durchbruch. Sie schließt aber längst nicht alle Steuerschlupflöcher, da sie viele Anlageformen gar nicht erfasst und auch nur für „natürliche Personen" gilt. Der deutsche Fiskus ist mit ihr daher nicht reich geworden. Daher bemüht sich die Kommission seit 2008 darum, die Steuerschlupflöcher zu schließen (HB 4.3.2008; KOM 13.11.2008).

Für grenzüberschreitende Gütertransporte existieren ebenfalls Sonderregeln: Zwar dürfen Reisende innerhalb der EU grundsätzlich ohne Beschränkung Waren für den persönlichen Gebrauch einführen. Sie unterliegen dann der Mehrwertsteuer des Reiselandes, also faktisch dem Ursprungslandprinzip. Diese Lösung ergibt sich fast zwingend aus den abgeschafften Grenzkontrol-

Grenzüberschreitende Gütertransporte

len. Ist allerdings anzunehmen, dass die Waren zu gewerblichen Zwecken weiterverkauft werden sollen, gelten die Steuern des Bestimmungslandes (Details: Wagener/Eger 2009, S. 260). Wer zum Beispiel ganze LKW-Ladungen Zigaretten von Polen nach Deutschland einführt und einer stichprobenartigen Zollkontrolle auffällt, dürfte es schwer haben, seinen Eigenbedarf glaubhaft darzustellen. Speziell beim privaten Autokauf fällt die Mehrwertsteuer nicht im Land des Autokaufs, sondern im Land der Zulassung an, auch hier gilt also das Bestimmungslandprinzip. Tatsächlich lohnt es sich für deutsche Autokäufer, Neuwagen aus dem günstigeren Ausland zu (re-)importieren. Die Europäische Kommission hilft dabei, indem sie regelmäßig die Preisunterschiede für fabrikneue Kraftfahrzeuge innerhalb der EU untersucht (EU-Info Deutschland).

3.11 Zusammenfassung Kapitel 3

Binnenmarkt

Das Großprojekt Europäischer Binnenmarkt baut seit Ende der 1980er Jahre verbleibende Hindernisse für den freien Verkehr von Waren, Personen, Dienstleistungen und Kapital zwischen den EU-Mitgliedern ab. Es führte zu einem umfassenden ökonomischen Integrationsschub mit mehr Wettbewerb und beschleunigte den politischen Zusammenschluss der EU. Umstritten ist weiterhin, ob der Binnenmarkt eher durch harmonisierte nationale Vorschriften vorankommt oder durch deren gegenseitige Anerkennung.

Warenhandel

Den freien Warenverkehr behindern nur noch ausnahmsweise Gründe wie der Verbraucher-, Umwelt- oder Gesundheitsschutz. Zölle, Abgaben gleicher Wirkung und mengenmäßige Ein- und Ausfuhrbeschränkungen spielen dagegen praktisch keine Rolle mehr. Der Europäische Gerichtshof beflügelte den freien Warenverkehr durch zahlreiche Urteile maßgeblich. Technische Warenstandards hat die EU weitgehend harmonisiert.

Verbraucher

Insbesondere im Verbraucherschutz ist die Europäische Union sehr aktiv. Sie schützt z.B. lokale Erzeugnisse, verbietet bestimmte Produkte oder Produktwerbungen, reguliert Warenkennzeichen und versucht, nationale Verbraucherschutzvorschriften zu harmonisieren.

Personenverkehr

Der freie Personenverkehr begünstigt alle EU-Bürger, also angestellte Arbeitskräfte, selbständig Niedergelassene und Nicht-Erwerbspersonen. Insbesondere im Schengen-Raum schafften die Mitgliedsstaaten Personenkontrollen ab. Neben dieser Reisefreiheit dürfen aber auch finanziell abgesicherte Personen überall in der EU wohnen.

Arbeitnehmer

Im Arbeitnehmerverkehr hat die Gemeinschaft vor allem zahlreiche Anforderungen an die beruflichen Qualifikationen harmonisiert Dennoch bleiben im Detail viele Unterschiede und Ausnahmen bestehen. Daneben existieren steuerliche, sozialrechtliche und kulturelle Mobilitätshemmnisse. (Zur Koordinierung der Sozialversicherungsansprüche siehe Kapitel 5.5.)

Selbständige EU-Bürger genießen grundsätzlich in allen Mitgliedsländern Niederlassungsfreiheit. Die Anerkennung ihrer beruflichen Qualifikationen entspricht im Wesentlichen den Regeln für Arbeitnehmer. Daneben dürfen Selbständige im EU-Ausland Unternehmen, Agenturen, Zweigniederlassungen und Tochtergesellschaften gründen und leiten. Auch hier baute der Europäische Gerichtshof zahlreiche nationale Schutzräume ab. *Niederlassung*

Ähnliche Vorschriften wie für die Niederlassung gelten bei der Dienstleistungsfreiheit, also der vorübergehenden Tätigkeit im europäischen Ausland. Zwar gelang es der Gemeinschaft, einzelne Branchen zu liberalisieren. Den Dienstleistungshandel insgesamt geben die EU-Länder aber wesentlich langsamer frei als den Warenhandel. Die großen Wachstums- und Beschäftigungspotenziale von Dienstleistungen kann die EU daher nur teilweise nutzen. *Dienstleistungen*

Der grundsätzlich freie Kapitalverkehr gilt auch gegenüber Drittländern. Ausnahmen spielen eine untergeordnete Rolle. Wichtige gesellschaftsrechtliche Maßnahmen wie die Europäische Aktiengesellschaft und die Übernahmerichtlinie senken die Hürden weiter. Nationale Besitzstände wie die deutsche Mitbestimmung, das VW-Gesetz oder Sparkassenprivilegien geraten durch die zunehmende Liberalisierung des Kapitalverkehrs unter Druck. Die Bank-, Versicherungs- und Wertpapierdienstleistungen integriert die EU im Zuge umfangreicher Aktionspläne. Seit der Finanzkrise erweitert die Gemeinschaft auch die europäische Finanzaufsicht. *Kapitalverkehr*

Den Zahlungsverkehr integriert die EU vor allem über das SEPA-Projekt. Es soll europäische Überweisungen, Lastschriften und Kartenzahlungen inländischen Transaktionen gleichstellen, ist aber noch nicht vollständig umgesetzt. *Zahlungsraum*

Umstritten und daher weniger fortgeschritten ist die Steuerharmonisierung innerhalb der Union. Bei den direkten Steuern herrscht überwiegend Steuerwettbewerb, bei den indirekten Steuern gelten für aufkommensstarke Steuern Mindestsätze. Sonderregeln greifen bei ausgewählten grenzüberschreitenden Finanz- und Gütertransaktionen. *Besteuerung*

Tabelle 3-1

Kapitel 3 im Lissabon-Vertrag

Politikbereich	Wesentliche Vertragsartikel
Binnenmarkt	26, 114-118
Warenverkehr	28-37
Verbraucherschutz	169
Personenverkehr	77
Arbeitskräfteverkehr	45-48
Niederlassungsfreiheit	49-55
Dienstleistungsfreiheit	56-62
Kapital- und Zahlungsverkehr	63-66
Steuern	110-113

4   EU-Wettbewerbspolitik und unternehmerische Pläne

Die Wettbewerbspolitik der Europäischen Union berührt Unternehmen, die in der Gemeinschaft tätig sind, unmittelbar. Denn die EU-Kommission ist als Wettbewerbsaufsicht dafür zuständig, einen freien und unverfälschten Wettbewerb im Binnenmarkt sicherzustellen. Ihre Entscheidungen kann nur der Europäische Gerichtshof revidieren. Grundsätzliche Ausnahmen liegen traditionell nur im Montan- und Agrarbereich sowie beim Arbeitsmarkt (KOM 28).

Kommission direkt zuständig

Die europäische Wettbewerbsbehörde arbeitet im Vergleich zur nationalen Politik streng, weil sie nicht auf regionale Sonderinteressen reagieren muss oder kann. Die Streitfälle zwischen den jeweils amtierenden Wettbewerbskommissaren und nationalen Politikern sind Legion. Die strenge Kartellpolitik der EU verbietet, dass Unternehmen Preisabsprachen treffen und Märkte untereinander aufteilen. Daneben versucht die Kommission, Marktmacht einzelner Unternehmen in der EU wirksam zu verhindern. Hierzu dient auch ihre strikte Fusionskontrolle. Weiterhin überwachen die Wettbewerbshüter, welches Land welche Subventionen vergibt. Diese Beihilfeaufsicht stellt insbesondere seit Beginn der Finanzkrise eine große Herausforderung dar. Schließlich hat die europäische Wettbewerbspolitik staatliche Monopole aufgebrochen.

Strenge Aufsicht

Der Internet-Auftritt der Generaldirektion Wettbewerb beeindruckt – im Gegensatz zu den meisten anderen Politikfeldern der EU – durch seine glasklare Struktur. Er ist daher unbedingt empfehlenswert. Ebenfalls bemerkenswert: Alle Inhalte sind ganz überwiegend in Englisch gehalten. Übersetzte Dokumente, zum Beispiel Pressemitteilungen, stehen in der Regel nur in Englisch, Französisch und Deutsch zur Verfügung, also nicht in allen offiziellen EU-Sprachen. Spezielle Informationen zur Wettbewerbspolitik im Hinblick auf Konsumgüter finden sich unter KOM (29). Einen Jahresbericht zur Wettbewerbspolitik der EU bietet KOM (30), eine Zusammenfassung IP/09/1241. Die rechtliche Sicht behandelt Streinz (2008), S. 395-417.

Übersichtliche Internetpräsenz

4.1 Kartellverbot

4.1.1 Grundsatz und Ausnahmen

Regel:
Kartellverbot

Der EU-Vertrag verbietet sämtliche Vereinbarungen und Verhaltensweisen, die den Handel zwischen den Mitgliedsstaaten beeinträchtigen und so den Wettbewerb verhindern, einschränken oder verfälschen könnten. So ist es Unternehmen und Unternehmensvereinigungen z.B. untersagt, An- und Verkaufspreise gemeinsam festzusetzen, Märkte untereinander aufzuteilen, Handelspartner zu diskriminieren oder Koppelungsgeschäfte durchzuführen. Man diskriminiert Geschäftspartner, wenn man z.B. unterschiedliche Bedingungen bei gleichwertiger Leistung anwendet. Man koppelt Geschäfte, wenn man Vertragsabschlüsse an die Bedingung knüpft, dass der Handelspartner zusätzliche Leistungen annimmt, die sachlich und üblicherweise keinen Bezug zum eigentlichen Vertragsgegenstand haben (Artikel 101 Abs. 1 AEUV; KOM 32).

Ausnahmen

Erlaubt sind gemäß Vertragsartikel 101 Abs. 3 Vereinbarungen und abgestimmte Verhaltensweisen, die einen wirtschaftlichen oder technischen Fortschritt bringen und dabei die Verbraucher am entstehenden Gewinn beteiligen. Sie dürfen allerdings nur unerlässliche Wettbewerbsbeschränkungen nach sich ziehen oder nur einen unwesentlichen Wettbewerbsausschluss im relevanten Markt darstellen.

Bagatellkartelle

Bagatellkartelle zeichnen sich dadurch aus, dass sie den Wettbewerb nicht spürbar beeinträchtigen. Dies macht die Kommission am Marktanteil fest, so dass auch Großunternehmen in ihren Genuss kommen können. Darunter fallen (KOM 2001; Zusammenfassung bei Streinz 2008, S. 401):

- Bei Vereinbarungen zwischen Wettbewerbern ein gemeinsamer Marktanteil von bis zu 10 Prozent.

- Bei Vereinbarungen zwischen Nichtwettbewerbern ein Marktanteil jedes Teilnehmers von bis zu 15 Prozent.

Einzel- und
Gruppenfreistel-
lungen

Unternehmen, die eine Ausnahme vom grundsätzlichen Kartellverbot für sich in Anspruch nehmen wollen, benötigen eine Einzel- oder Gruppenfreistellung. Einzelfreistellungen müssen Unternehmen individuell bei der EU-Kommission anmelden. Nach der Kartellrechtsreform von 2004 (siehe unten 4.1.2) sind allerdings grundsätzlich keine neuen Einzelfreistellungen mehr vorgesehen. Gruppenfreistellungen gewährt die EU-Kommission mehreren Unternehmen per Verordnung, um z.B. F&E-Vorhaben zu ermöglichen. Es gibt entsprechende Verordnungen unter anderem im Luftverkehr, in Seeschifffahrt und Versicherungswirtschaft sowie im Automobilhandel (EU 5).

Bis Oktober 2002 profitierten Autohersteller in der EU von einer großzügigen Gruppenfreistellungs-Verordnung (GVO): Sie allein entschieden über die Vertriebsstrukturen, unterhielten folglich exklusive Händlernetze, legten die Zahl ihrer Händler pro Region fest und schrieben ihnen vor, wie groß die Ausstellungsräume zu sein hatten und wie das Personal auszubilden wäre. Auch den branchenfremden Autohandel wie über Supermärkte oder das Internet konnten sie verbieten.

Seit Oktober 2002 gilt eine neue GVO, die mit einer dreijährigen Übergangsfrist bis 2005 umgesetzt wurde: Sie verbietet es den Herstellern, die Zahl ihrer Händler zu begrenzen, so dass diese keinen Gebietsschutz mehr genießen. Im Gegenzug dürfen die Händler nun mehrere Marken gleichzeitig vertreten und müssen auch nicht mehr zwangsläufig reparieren. Vielmehr können Werkstätten mit den Autoherstellern separate Verträge schließen und diese Aufgabe übernehmen. Der branchenfremde Handel (z.B. der vorübergehende Fiat-Verkauf bei Edeka) bleibt allerdings verboten. Die Neuregelung sollte verkrustete Strukturen zugunsten der Verbraucher aufbrechen und dadurch insbesondere die Kfz-Preise innerhalb der Union einander annähern, d.h. senken (KOM 27.8.2003, S. 18; Details: VO 1400/2002).

Im **Mai 2010** läuft die Regelung von 2002 aus. Deshalb überprüfte die EU-Kommission Ende 2009, inwieweit sie die bisherige Gruppenfreistellung verlängern oder ändern soll. Eine Entscheidungsgrundlage sind die Autopreise innerhalb der EU: Die Kommission veröffentlicht alle sechs Monate, inwieweit sich die Verkaufspreise einander angenähert haben. Die allgemeinen Vorschriften für Autohändler will sie um drei Jahre bis 2013 ausdehnen. Vor allem beim Handel mit Ersatzteilen sieht sie aber noch umfassende Barrieren, was aus ihrer Sicht für eine Neuregelung spräche. Langfristig will die Kommission den Automobilhandel komplett den normalen Wettbewerbsregeln des europäischen Binnenmarktes unterwerfen (MEMO/09/348).

4.1.2 Reformen

Die Kommission hat in den letzten Jahren eine so genannte Kronzeugenregelung (leniency policy) eingeführt und schrittweise verfeinert. Denn sie tut sich naturgemäß und auch mangels Personal schwer damit, Beweise für illegale Vereinbarungen und Verhaltensweisen zu sammeln. Wichtigste Neuerung: Das erste Unternehmen, das ein noch unentdecktes Kartell anzeigt, an dem es selbst beteiligt ist und dabei hinreichendes Beweismaterial vorlegt, kann grundsätzlich straffrei aus dem Verfahren hervorgehen. Unterlagen sollten möglichst direkt an das Leniency fax mit der Nummer +32 2 299.45.85 gehen, Anrufe an die Telefonnummern +32 2 298.41.90 oder +32 2 298.41.91 (KOM 34). Diese grundlegende Änderung hat zu einem erheblichen Vertrauensproblem innerhalb von Kartellen und zu wesentlich mehr Kartellverfahren geführt. Um den Anreiz zur Kartellbeichte weiter zu stärken, darf die EU-Kommission inzwischen auch die Kronzeugen schützen: Bei zivilrechtlichen Schadenersatzklagen der Kartellopfer muss sie die In-

Kronzeugenregel

formationen der Kronzeugen nicht mehr offenlegen. Schließlich können nun Unternehmen, die nach Ansicht der EU-Kommission Teil eines Kartells sind, ihre Geldbuße dadurch senken, dass sie ein Geständnis ablegen, sofort aus dem Kartell aussteigen und umfassend mit der Wettbewerbsbehörde kooperieren, also insbesondere bei der Beweissicherung helfen. Das erste kollaborierende Unternehmen kann seine Geldbuße um 30 bis 50 Prozent senken, das zweite um 20 bis 30 Prozent und alle weiteren um bis zu 20 Prozent (KOM 34).

2004: Dezentrale Kartellprüfung

Seit Mai 2004 dezentralisiert eine neue Verordnung die Kartellverfahren (EU 5; Details: VO 1/2003; Evaluation 2009: IP/09/683). Die EU-Kommission sieht darin eine Erleichterung und Entbürokratisierung. Tatsächlich stärkt die Reform zum einen die unternehmerische Eigenkontrolle: Vereinbarungen wie Vertriebs- oder Marketingabsprachen, die typischerweise vom Kartellverbot freigestellt werden, müssen nicht mehr bei der Kommission angemeldet werden. Die beteiligten Unternehmen stellen also selbst sicher, dass ihre Vereinbarungen nicht gegen das europäische Wettbewerbsrecht verstoßen. Dies senkt den bürokratischen Aufwand der EU-Wettbewerbsbehörde. Sie kann sich seither darauf konzentrieren, illegale Kartelle aufzuspüren und zu verfolgen. Die Wettbewerbshüter kontrollieren heute also eher nachträglich, als dass sie im Vorfeld prüfen. Für die Unternehmen ist die Selbstkontrolle dagegen nicht unbedingt unbürokratischer und eventuell sogar mit größerer Rechtsunsicherheit verbunden. Zum anderen stärkt die Reform die nationalen Wettbewerbsbehörden und Gerichte. Diese wenden nun im Regelfall die einschlägigen Wettbewerbsvorschriften des EU-Vertrags unmittelbar an. Nur wenn die Gemeinschaft selbst ein Verfahren einleitet, verlieren die nationalen Wettbewerbshüter ihre Zuständigkeit. Sie unterstützen die EU-Kommission allerdings weiterhin im Rahmen eines Beratenden Ausschusses für Kartell- und Monopolfragen. Auch tauschen sie selbstverständlich relevante Informationen aus.

Auch dezentrale Missbrauchsaufsicht

Die Reform gilt auch für Verfahren, bei denen es um die missbräuchliche Ausnutzung einer beherrschenden Stellung geht (siehe Kapitel 4.2). Sie räumt der Wettbewerbs-Kommission weitreichende Kontrollrechte ein. So darf die Brüsseler Behörde zum Beispiel Betriebsstätten durchsuchen und Unterlagen oder Räumlichkeiten versiegeln. Sie kann auch einstweilige Maßnahmen anordnen, die nachträglich Europäischer Gerichtshof erster Instanz und anschließend EuGH selbst überprüfen dürfen.

4.1.3 Bußgelder

Die Kommission darf bei Kartellrechtsverstößen bis zu zehn Prozent des Gesamtumsatzes eines betroffenen Unternehmens kassieren. Ihr Ermessensspielraum ist dabei groß und die Leitlinien wurden 2006 sogar noch verschärft. Die Bußgeld-Bescheide können lediglich der EuGH bzw. vorab sein erstinstanzliches Gericht überprüfen. Die Zwangsgelder fließen dem EU-Budget zu (EU 5; MEMO/06/256).

Viel Ermessens-spielraum

Leitlinien zur Festsetzung von Kartellstrafen

Abbildung 4-2

Die EU-Kommission verhängt **seit Mai 2004** folgende Geldbußen und Zwangsgelder:

■ **Geldbußen** von maximal zehn Prozent des gesamten Vorjahresumsatzes entstehen, wenn Unternehmen direkt gegen das Kartellverbot verstoßen oder eine beherrschende Stellung missbräuchlich ausgenutzt haben (siehe Kapitel 4.2). Bis zu einem Prozent dieses Vorjahresumsatzes darf die Kommission verlangen, wenn Unternehmen in laufenden Verfahren z.B. falsche Angaben machen oder wichtige Unterlagen zurückhalten.

■ **Zwangsgelder** erheben die Wettbewerbshüter, wenn Unternehmen die behördlichen Entscheidungen nicht umsetzen. Sie dürfen pro Säumnistag bis zu fünf Prozent des Tagesumsatzes betragen, den das Unternehmen im Vorjahr durchschnittlich erzielte.

Die **verschärften Leitlinien von Juni 2006** führten eine Eintrittsgebühr ein: Die bloße Tatsache, an einem Kartell beteiligt gewesen zu sein, kostet 15 bis 25 Prozent des Jahresumsatzes im relevanten Unternehmenszweig. Dazu kommen wie bisher weitere Bußgelder, die von der Dauer des Kartells abhängen. Neu ist auch, dass Wiederholungstäter deutlich mehr bezahlen müssen. Hierbei berücksichtigt die EU-Kommission auch vorangehende nationale Verfahren.

Quellen: EU (5); MEMO/06/256

Die folgenden Abbildung 4-3 und Abbildung 4-4 zeigen, dass es sich bei den Kartellstrafen insgesamt nicht um Kleingeld handelt.

Abbildung 4-3 | Die zehn höchsten Kartellstrafen seit 1969

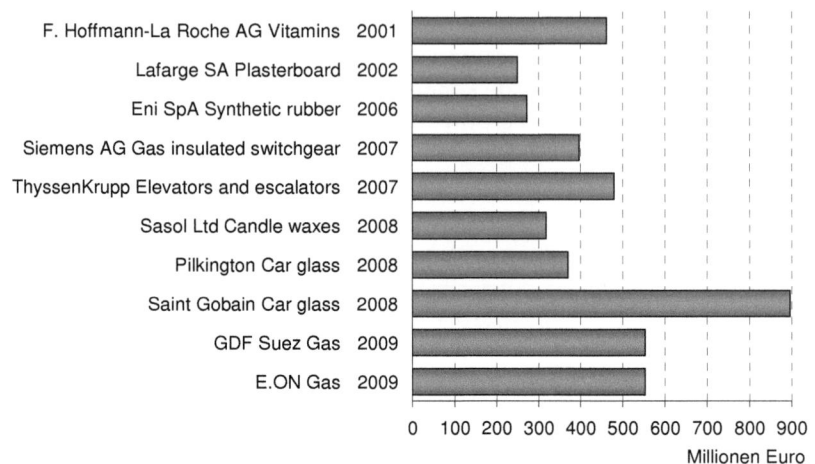

Quelle: KOM (33), S. 5, 1.6 Ten highest cartel fines per undertaking (since 1969), last change: 8th July 2009

Abbildung 4-4 | Gesamte Kartellstrafen 1990-2009

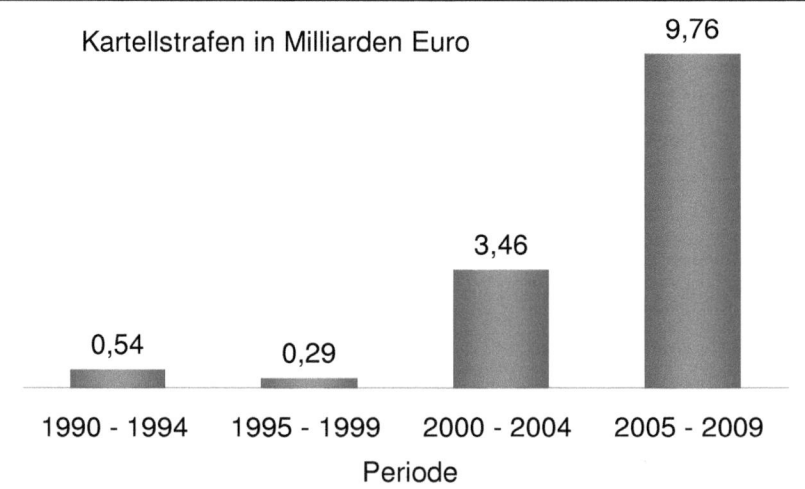

Quelle: KOM (33), S. 2, 1.2 Fines imposed (not corrected for court judgments) period 1990 – 2009, last change: 11th November 2009

Dass die europäischen Kartellwächter nicht zimperlich sind, zeigen die folgenden jüngeren Einzelfälle:

- Im Juli 2009 verhängte die EU-Kommission eine Kartellstrafe von 1,1 Milliarden Euro gegenüber der E.ON AG und ihrer Tochter Ruhrgas AG sowie gegenüber der GDF (Gaz de France) Suez SA. Wie Abbildung 4-3 zeigt, mussten Die Konzerne E.ON und GDF mussten je 553 Millionen Euro zahlen (siehe Abbildung 4-3). Die Unternehmen hatten sich beim Bau einer Pipeline bereits 1975 darauf geeinigt, von dem Gas, das über diese Pipeline transportiert wurde, nichts im jeweiligen Nachbarland zu verkaufen. Sie rückten von dieser Marktaufteilung erst 2005 ab, also nachdem die europäischen Gasmärkte liberalisiert worden waren. Die damalige Wettbewerbskommissarin Kroes sagte dazu: *„Die Aufteilung von Märkten zählt zu den schwerwiegendsten Kartellverstößen. Durch diese Vereinbarung wurden die Verbraucher in zwei der größten Gasmärkte in der EU um einen stärkeren Preiswettbewerb und eine größere Anbieterauswahl gebracht."* (KOM 9.7.2009, S. 2)

  1,1 Mrd. Strafe: E.ON und GDF

- Im November 2009 verhängt die EU-Kommission eine Kartellstrafe von 173 Millionen Euro gegenüber insgesamt 24 Herstellern von Kunststoffzusätzen. Marktaufteilung und Preisabsprachen hatten zu der Strafe geführt. Wettbewerbskommissarin Neelie Kroes erklärte dazu: *„Obwohl die Unternehmen sorgfältige Vorkehrungen zur Vertuschung ihres Verhaltens getroffen hatten, konnte die Kommission das gesamte Ausmaß des Vorgehens der Unternehmen aufdecken, das auf die Schädigung der Kunden abzielte."* (KOM 12.11.2009, S. 3)

  173 Mio. € Strafe: Kunststoffkartell

Kurz vor Ablauf ihrer Amtszeit legte Kroes im Oktober 2009 einen Richtlinienentwurf vor, der Gruppen- und Verbandsklagen im Rahmen des europäischen Kartellrechts ermöglichen soll. Den Entwurf kritisierten der deutsche Wirtschaftsminister, der Hauptgeschäftsführer der Deutschen Industrie- und Handelskammern, aber auch Frankreich. Die Angst insbesondere der Unternehmensvertreter ist verständlich: US-Anwälte setzen mit Sammelklagen gegen US-Firmen nach Aussage des Handelsblatts jährlich 250 Milliarden US-Dollar um (HB 30.9.2009, S. 5).

Sammelklagen wie in den USA?

4.2 Verbot, eine marktbeherrschende Stellung zu missbrauchen

Die Missbrauchsaufsicht der EU wurde bereits mehrfach erwähnt, denn sie hängt mit dem Kartellverbot eng zusammen. Die Antitrust-Regeln wollen Monopole und Oligopole verhindern, bei denen sich einzelne Unternehmen

Missbrauchsaufsicht

dem Wettbewerb entziehen und dadurch den Kunden schaden. Denn in Märkten mit nur einem oder wenigen Anbietern sind die Preise regelmäßig höher als in umkämpften Märkten (KOM 31). Ein beeindruckender Beleg für diesen Zusammenhang bietet der Flugverkehr: Wo früher zum Beispiel Lufthansa einzelne Strecken exklusiv anbot, muss sich das Unternehmen heute mit viel niedrigeren Preisen gegenüber Wettbewerbern behaupten.

Konkretisierung

Der EU-Vertrag nennt in Artikel 102 Beispiele dafür, dass eine marktbeherrschende Stellung missbraucht wird: Das Unternehmen erzwingt gegenüber seinen Vertriebspartnern unangemessene Preise, also zu niedrige Preise gegenüber seinen Lieferanten und zu hohe von seinen Abnehmern. Oder es verhindert technische Verbesserungen, die den Verbrauchern genutzt hätten. Oder es knüpft Vertragsabschlüsse daran, dass die Handelspartner zusätzliche Leistungen erbringen, die in keinem Zusammenhang zum Grundgeschäft stehen.

Missbrauch im relevanten Markt

Um Marktmacht festzustellen, betrachtet die EU-Kommission insbesondere den Marktanteil eines Unternehmens. Das klingt einfacher, als es ist. Denn sie muss zunächst den relevanten Markt abgrenzen (Details: Wagener/Eger 2009, S. 386f.). Güter etwa, die sich leicht gegeneinander austauschen lassen, gehören demselben Markt an. Zweitens ist der absolute Marktanteil zwar leichter zu erheben, aber auch viel uninteressanter als der relative Marktanteil. Denn ein Unternehmen, das fünf Prozent des Branchenumsatzes repräsentiert, kann ungefährlich für den Wettbewerb sein, weil es 15 bis 20 Konkurrenten auf einen jeweils ähnlichen Anteil bringen. Fünf Prozent können aber auch für eine gewisse Marktmacht stehen, wenn die Konkurrenz atomisiert ist. Schwierig ist schließlich die Frage, ob das Unternehmen seine Marktmacht im Einzelfall missbräuchlich ausgenutzt hat (Streinz 2008, S. 405). Neben den Anhaltspunkten des EU-Vertrags hat der Europäische Gerichtshof im Fall Hoffmann-La Roche 1979 die Voraussetzungen präzisiert. Frei vom Juristen- ins allgemeine Deutsch übersetzt sieht der EuGH immer dann einen Missbrauch, wenn der Wettbewerb gerade durch das fragliche Unternehmen geschwächt worden sei und dieses Unternehmen auch dauerhaft dafür sorgen könne, dass der geschwächte Zustand erhalten bleibe (EuGH, C-85/76, Leitsatz Nr. 6).

Wichtige Antitrust-Fälle

Spektakulär ist die jahrelange Auseinandersetzung zwischen dem US-Unternehmen Microsoft und der europäischen Wettbewerbsbehörde. Aber auch Intel geriet ins Visier der EU und wurde im Mai 2009 dazu verpflichtet, über eine Milliarde Euro Strafe zu zahlen. Die Höhe der Bußgelder richtete sich dabei nach demselben Leitfaden wie bei Kartellstrafen (siehe Kapitel 4.1.3). Auch in anderen Branchen verhängt die Kommission seit Jahren Bußgelder, zum Beispiel in der Automobilindustrie: So belegte sie bereits im Januar 1998 Volkswagen mit einer Strafe von umgerechnet über 100 Millionen Euro (HB 19.9.2000). Daimler Chrysler musste im Oktober 2001 rund 70

Millionen Euro dafür bezahlen, dass das Unternehmen preiswerte Re-Importe systematisch verhindert und damit die nationalen Automobilmärkte vom grenzüberschreitenden Wettbewerb innerhalb der EU abgeschottet hatte (HB 9.10.2001).

Microsoft

Abbildung 4-5

Der Rechtsstreit zwischen der EU-Kommission und Microsoft gehört zu den langwierigsten und umfangreichsten Fällen der Europäischen Union. Er **begann im Dezember 1998** und ist bis heute nicht abgeschlossen. Damals beklagte der Konkurrent Sun, Microsoft lege die Quellcodes für sein marktbeherrschendes Betriebssystem Windows nicht offen. Bei den Quellcodes handelt es sich um den Klartext der Software, ohne dessen Kenntnis andere Softwarehersteller nur schwierig Programme entwickeln können, die effizient auf der Basis des Betriebssystems Windows arbeiten.

Die Kommission startete daraufhin umfangreiche Untersuchungen, die sie erst im März 2004 abschloss. In der Zwischenzeit hatten weitere Wettbewerber Beschwerde eingelegt und die US-Kartellwächter mit Microsoft einen Vergleich abgeschlossen. Die EU lehnte jedoch nach zähen Verhandlungen einen Vergleich ab. Stattdessen stellte sie fest, dass der Konzern mit dem Betriebssystem Windows seine marktbeherrschende Stellung dafür missbraucht habe, hauseigene Anwendungsprogramme wie den Internet Explorer besser zu vermarkten. Das US-Unternehmen müsse daher innerhalb einer bestimmten Frist die vollständigen Schnittstellen-Spezifikationen offenlegen, damit Wettbewerber Programme anbieten könnten, die effizient und leistungsfähig auf dem Betriebssystem Windows laufen. Außerdem habe Microsoft eine Windows-Version ohne Media Player zu vermarkten. Schließlich sei der Internet Explorer komplett von Windows zu trennen, weil Microsoft seine Marktmacht bei Internet-Browsern missbrauche. Gleichzeitig verhängte die Kommission erstmals ein damals historisches Spitzen-Bußgeld von 497 Millionen Euro.

Es folgte ein jahrelanger Rechtsstreit zwischen Microsoft und der EU. Nach **Strafzahlungen von bislang 1,7 Milliarden Euro** nach Brüssel sicherte das Unternehmen aber im Dezember 2009 zu, ab Mitte März 2010 einen Auswahlbildschirm mit bis zu zwölf anderen Internet-Browsern anzubieten. Damit bekommen die Verbraucher auch nach Ansicht der zuständigen Kommissarin eine echte Wahl. Sie erklärte die Zugeständnisse für rechtsverbindlich und stellte das Wettbewerbsverfahren zum Browser ein. Das Verfahren um die Schnittstellen-Spezifikationen läuft dagegen weiter.

Quellen: KOM (35); HB (23.3.2004, S. 1); HB (25.1.2006); HB (8.10.2009), S. 12; FAZ.NET (16.12.2009)

Abbildung 4-6	*Intel*

Im Mai 2009 entschied die Wettbewerbskommission, dass Intel seine marktbeherrschende Stellung auf dem Markt für x86 CPUs, dem Herzstück eines Computers, missbraucht habe und deshalb **1,06 Milliarden Euro Strafe** zahlen müsse. In der Pressekonferenz begründete die damalige Wettbewerbskommissarin Neelie Kroes die Entscheidung damit, dass Intel Millionen europäischer Verbraucher stark geschadet habe: Intel habe konkurrierende Computerchip-Hersteller jahrelang vom Markt ferngehalten und müsse mit diesem Verhalten unverzüglich aufhören. Konkret habe Intel Computerherstellern wie Dell oder HP versteckte Rabatte dafür gewährt, dass diese ausschließlich CPUs von Intel (und nicht zum Beispiel vom Konkurrenten AMD) verwendeten. Auch seien Direktzahlungen an Europas größten Computerhändler Media Saturn geflossen, damit dieser ausschließlich PCs mit Intel-Prozessoren anböte. Schließlich wären die Hersteller direkt dafür bezahlt worden, dass sie Produkte mit konkurrierenden Prozessoren nicht oder verspätet auf den Markt brachten und die Vertriebskanäle dafür begrenzten (KOM 36).

4.3   Europäische M&A-Kontrolle

Nur abgeleitete EU-Kompetenz

Der EU-Vertrag sieht nicht ausdrücklich vor, dass die Gemeinschaft Unternehmenszusammenschlüsse, also Fusionen und Übernahmen, innerhalb der EU beaufsichtigt. Allerdings leitete der Europäische Gerichtshof diese Kompetenz aus der Tatsache ab, dass die EU-Kommission auch für Kartelle und die Missbrauchsaufsicht bezüglich marktbeherrschender Stellungen zuständig sei. 1989 beschloss dann die EU eine Verordnung zur Kontrolle von Unternehmenszusammenschlüssen, die mit Wirkung zum Mai 2004 umfassend reformiert wurde (KOM 37; Streinz 2008, S. 407).

Viel Macht

Die M&A-Kontrolle gehört zu den mächtigsten Instrumenten der EU. Dies spüren Unternehmer spätestens, wenn ihr Fusions- oder Akquisitionswunsch von der Gemeinschaft abgelehnt wird. So zeigte sich der ehemalige und äußerst machtbewusste amerikanische GE-Manager Jack Welch überrascht, dass die Brüsseler Kartellhüter seinen Plan zunichte machten, Honeywell zu übernehmen (siehe Kapitel 4.3.2, „KOM und EuGH verbieten"). Auch Oracle musste bis Januar 2010 befürchten, dass sein 7,5 Milliarden US-Dollar teurer Kauf des Server-Spezialisten Sun von der EU abgelehnt würde. Oracle warb bereits mit Sun, um sich gegen Rivalen wie IBM zu positionieren. Die Wettbewerbskommission dagegen kritisierte zunächst, dass Oracle durch eine Sun-Übernahme auf deren Datenbank My SQL zugreifen könnte (HB 4.9.2009, S. 12). Schließlich stimmte sie der Fusion jedoch zu (IP/10/40).

4.3.1 Kerninhalte der Fusionskontroll-Verordnung

Das Fusionsgesetz verbietet Zusammenschlüsse von gemeinschaftsweiter Bedeutung, die eine marktbeherrschende Stellung begründen oder verstärken, durch die der Wettbewerb im gemeinsamen Markt leidet. Wann ausschließlich die EU-Kommission eine Fusion prüft, hängt von Größenkriterien wie dem gemeinsamen weltweiten Umsatz, dem Einzelumsatz der Partner und ihrem gemeinsamen Umsatz in einzelnen Mitgliedsstaaten ab. Die Fusionskontrolle betrifft auch nicht-europäische Unternehmen, soweit diese in der EU tätig sind (MEMO/04/9; Details: VO 139/2004 und VO 802/2004).

Gesamtumsatz entscheidet

Größenkriterien für eine ausschließliche Fusionskontrolle der EU

Abbildung 4-7

Unternehmen aus aller Welt müssen der EU-Wettbewerbskommission ein Fusions- oder Übernahmevorhaben vorab zur Prüfung melden, wenn sie bestimmte Schwellenwerte erreichen. Die Kommission prüft das Vorhaben dann in der Regel. Sie kann diese Aufgabe aber in Ausnahmefällen auch an die nationalen Ämter delegieren: Aus Eigeninitiative, auf Antrag der beteiligten Unternehmen oder auf Wunsch einer nationalen Behörde, wenn z.B. die Fusion den Wettbewerb in deren Heimatmarkt ganz erheblich zu beeinträchtigen droht.

Unterhalb der Grenzen sind in der Regel die nationalen Behörden zuständig. Auf Antrag dieser Behörden oder der beteiligten Unternehmen kann die Prüfung umgekehrt auch an die EU gegeben werden. Dies kann den bürokratischen Aufwand senken, etwa wenn die beteiligten Firmen ansonsten in drei oder mehr Ländern die Kartellämter anrufen müssten.

Zusammenschlüsse „gemeinschaftsweiter Bedeutung" erfüllen so komplizierte Kriterien, dass das deutsche Bundeskartellamt hierzu ein Merkblatt erstellte, aus dem folgendes wörtliche Zitat stammt (Bundeskartellamt 7/2004, S. 1f., Kursiv-/Fettdruck und Unterstreichungen ebenda):

- „alle am Zusammenschluß beteiligten Unternehmen haben zusammen einen weltweiten Gesamtumsatz von mehr als 5 Mrd. Euro **und**

- *mindestens zwei* der beteiligten Unternehmen erzielen einen gemeinschaftsweiten (EU=)Umsatz von *jeweils* mehr als 250 Mio. Euro,

oder:

- alle am Zusammenschluß beteiligten Unternehmen haben zusammen einen weltweiten Gesamtumsatz von mehr als 2,5 Mrd. Euro **und**

- mindestens zwei der beteiligten Unternehmen erzielen einen gemeinschaftsweiten Umsatz von jeweils mehr als 100 Mio. Euro **und**

- alle am Zusammenschluß beteiligten Unternehmen erzielen zusammen in mindestens drei Mitgliedstaaten einen Gesamtumsatz von jeweils mehr als 100 Mio. Euro **und**

▪ mindestens zwei der beteiligten Unternehmen erzielen in jedem dieser drei Mitgliedstaaten ein Umsatz von jeweils mehr als 25 Mio. Euro.

Einschränkung (...): Erzielen die beteiligten Unternehmen *jeweils* mehr als 2/3 ihres *gemeinschaftsweiten* Umsatzes (nicht bezogen auf den weltweiten Gesamtumsatz!) in einem und demselben Mitgliedstaat, ist auch bei Überschreiten der oben genannten Schwellenwerte <u>keine</u> Zuständigkeit der EU-Kommission gegeben."

Der Umsatz berechnet sich ohne Mehrwert- und andere Steuern, ohne Innenumsatz, aber mit verbundenen Unternehmen. Bei Kreditinstitute sind nicht der Umsatz, sondern die Ertragsposten maßgeblich, bei Versicherungen die Bruttoprämien (Details: Bundeskartellamt 7/2004, S. 2).

Prognose-entscheidung

Um die ökonomischen Auswirkungen eines Unternehmenszusammenschlusses zu beurteilen, treffen die europäischen Wettbewerbshüter eine Prognoseentscheidung. Im Mittelpunkt steht die Frage, ob die Fusion zu einer Marktbeherrschung führen würde. Dies ist zu verhindern, wenn die Fusion voraussichtlich die Preise erhöhen, die Auswahl der Konsumenten beschränken oder Innovationen hemmen würde. In diesen Fällen kann die Kommission den Zusammenschluss komplett verbieten oder aber unter Auflagen genehmigen. Typische Auflagen liegen zum Beispiel in der Verpflichtung, einen Teil des gemeinsamen Geschäfts zu verkaufen oder Konkurrenten technisches Wissen zur Verfügung zu stellen (MEMO/04/9).

Reform 2004

Seit Mai 2004 beschränken sich die EU-Wächter aber nicht mehr darauf, die reine Marktbeherrschung zu überprüfen. Daneben berücksichtigen sie alles, was wirksamen Wettbewerb erheblich behindert, zum Beispiel weil es die Verbraucherauswahl senkt. Das heißt umgekehrt aber auch, dass seither Fusionen genehmigt werden können, von denen die Konsumenten durch höhere Qualität oder niedrigere Preise profitieren, zum Beispiel weil diese Zusammenschlüsse die Kosten reduzieren und dadurch den Wettbewerbsdruck im relevanten Markt intensivieren. Außerdem erhalten die beteiligten Unternehmen und die Kommission seit der Reform mehr Zeit, um Fusionen zu prüfen (MEMO/04/9). Denn in den Jahren zuvor hatte die europäische Kommission mehrere Fehlentscheidungen getroffen, woraufhin sie inhaltliche und organisatorische Änderungen beschloss (HB 2.5.2003).

Abbildung 4-8

Wesentliche Neuerungen der Fusionskontrolle seit 2004

▪ Stärkere Nutzung der „**einzigen Anlaufstelle**": Um den Verwaltungsaufwand aller Beteiligten zu senken, sollen die Unternehmen im Idealfall nur mit einer Wettbewerbsbehörde zusammenarbeiten müssen, Mehrfachanmeldungen also durch Verweis vermieden werden.

- **Mehr Zeit**: Ein größerer zeitlicher Spielraum soll verhindern, dass die EU Fusionen nur deshalb untersagt, weil sie nicht genügend Zeit hatte, offene Fragen zu klären. Dennoch bleibt ein rechtsverbindliches Zeitraster bestehen, das den beteiligten Unternehmen Planungssicherheit gibt.

- **Erweiterter Test**: Die Wettbewerbsbehörde stellt zwar immer noch hauptsächlich darauf ab, ob der Zusammenschluss zu einer marktbeherrschenden Stellung führt. Daneben testet sie aber auch, ob die Fusion den Wettbewerb schädigt, selbst wenn das neue Unternehmen keine marktbeherrschende Stellung im üblichen Sinne erzielt. Marktdominanz wäre nämlich nur gegeben, wenn die zusammenge-schlossene Firma deutlich größer wäre als ihre Konkurrenz. Die Praxis kennt aber auch wettbewerbsschädliche Situationen auf oligopolistischen Märkten: Keiner der wenigen Anbieter dominiert, etwa weil jeder Teilnehmer 25 Prozent des Marktes hält. Dennoch sinkt durch diese Konstellation der Konkurrenzdruck zum Schaden der Verbraucher.

- **Höhere Geldbußen**: Unterbleibt die M&A-Anmeldung, so kann dies bis zu zehn Prozent des Umsatzes kosten. Enthält die Anmeldung falsche Angaben, so ist mit einer Strafe von bis zu einem Prozent des Umsatzes zu rechnen.

- **Reorganisierte Fusionskontrolle**: Bis Mai 2004 prüfte eine kleine Spezialeinheit innerhalb der Wettbewerbskommission alle Verfahren. Diese so genannte „Merger Task Force" wurde aufgelöst, weil der Europäische Gerichtshof zuvor mehrere ihrer Entscheidungen hatte aufheben müssen (siehe Kapitel 4.3.2, „KOM verbietet, EuGH erlaubt"). Seither arbeiten die Fusionskontrolleure mit Spezialisten der jeweiligen Wirtschaftssektoren zusammen. Diese haben seit 2004 mehr Zeit, weil Unternehmen ihre Kartelle nicht mehr automatisch anmelden müssen (ME-MO/04/9; HB 2.5.2003).

Trotz der umfassenden Neuerungen sind M&A-Transaktionen weiterhin alles andere als einfach. Allein die Abgrenzung des relevanten Marktes stellt die Wettbewerbshüter vor dieselben Herausforderungen wie bei Kartell- und Missbrauchsverfahren. Insofern erstaunt es nicht, dass einige Zusammenschlüsse und Akquisitionen zu unterschiedlichen Sichtweisen von EU-Kommission, Gerichtshof erster Instanz und EuGH führten.

4.3.2 Exemplarische Fusionsentscheidungen

Seit 1990 hatte die Wettbewerbskommission mit über 4000 M&A-Verfahren zu tun, Einzelheiten zeigt Abbildung 4-9. In den allermeisten Fällen genehmigten die Kartellwächter geplante Zusammenschlüsse oder Übernahmen ohne Probleme. In selteneren Fällen vereinbarten Brüssel und die beteiligten Unternehmen Auflagen, die aufkommende Wettbewerbsprobleme beseitigten. Eine typische Auflage besteht darin, Unternehmensteile zu verkaufen. Schwierigkeiten treten hierbei allerdings auf, wenn sich nicht alle Partner an die vereinbarten Bedingungen halten: Die EU droht dann in der Regel mit Ultimaten. Nur sehr ausnahmsweise untersagte die EU eine Transaktion

Regel: Ohne Auflage erlaubt

vollständig. Dies kam z.B. vor, wenn sich die Verhandlungspartner nicht auf Auflagen einigen konnten. Wenige dieser Verbote hob allerdings der Europäische Gerichtshof nachträglich auf, was zu Schadenersatzzahlungen der EU führen kann. Ebenfalls selten kam es vor, dass die Kommission eine Fusion genehmigte und diese anschließend gerichtlich in Frage gestellt wurde.

Abbildung 4-9 | *Zahl der EU-Fusionsfälle seit 1990*

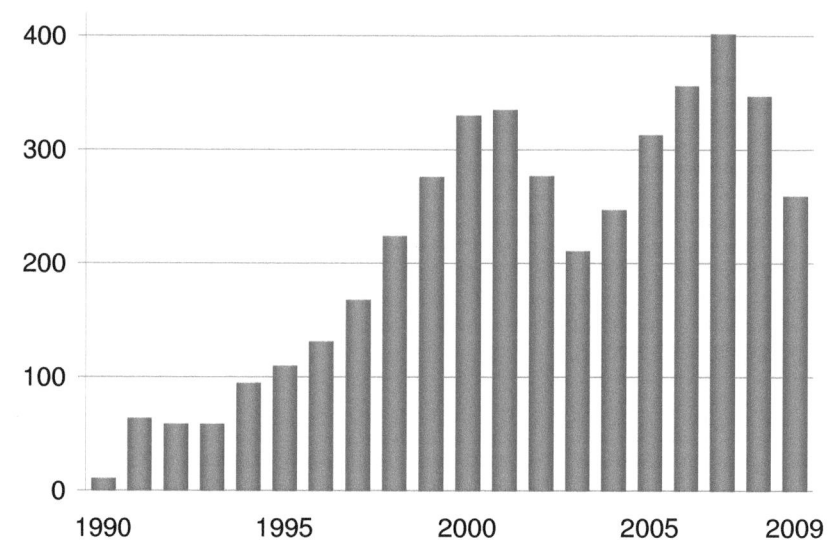

Quelle: KOM (75), 1.) Notifications, Number of notified cases

---

Hier je ein Beispiel für die Varianten bisheriger Entscheidungen (Details zu jedem Einzelfall, sortiert nach Alphabet oder Jahr: KOM 38):

Kauf – ohne Auflagen erlaubt

▪ Deutsche Bank/ABN AMRO (2008): Die EU-Kommission hatte gegen die Übernahme einer ABN AMRO-Sparte durch die Deutsche Bank keinerlei Bedenken, weil dies den Wettbewerb im niederländischen Bankenmarkt nicht beeinträchtige (IP/08/1443).

Fusion – nur mit Auflagen erlaubt

▪ Unilever und Bestfoods (2000): Die Kommission sprach sich zunächst gegen diesen Zusammenschluss aus, weil er den Wettbewerb in den Märkten für Instant-Suppen, Saucen, Marmeladen und andere Lebensmittel in fast allen EU-Mitgliedsländern gesenkt hätte. Die beiden Unternehmen schlugen daraufhin vor, Geschäft im Wert von rund einer Milliarde Euro an Konkurrenten zu verkaufen. Unter dieser Auflage stimmten die Kartellhüter im September 2000 zu (IP/00/1076).

◼ Wella durch Procter & Gamble (2003): Zunächst argumentiert die EU-Kommission, dass die Akquisition den Wettbewerb für Haarpflegeprodukte in Irland, Schweden und Norwegen reduziere. Daraufhin boten die Partner an, in diesen Ländern für mehrere Haarpflege-Markenprodukte Lizenzen an die Konkurrenz zu vergeben. Unter dieser Bedingung genehmigte die Wettbewerbsbehörde die Transaktion im Juli 2003 (IP/03/1137).

Kauf – nur mit Auflagen erlaubt

◼ ABN AMRO/Fortis (2007/2009): Im Oktober 2007 stimmte die EU-Kommission dem Vorhaben zu, dass der belgisch-niederländische Finanzdienstleister Fortis bestimmte Vermögenswerte der niederländischen ABN AMRO übernähme. Bedingung war, dass ABN AMRO bestimmte Teile seines holländischen Geschäfts im Voraus verkaufen würde. Im Zuge der Finanzkrise aber wurden die niederländischen Aktivitäten beider Institute ein Jahr später verstaatlicht. Weil die Verstaatlichung den Wettbewerb im holländischen Bankensektor nicht gerade intensivierte, drängte die EU-Kommission nachdrücklich darauf, den Weg für die Deutsche Bank endlich freizumachen (siehe oben „Kauf ohne Auflagen erlaubt"). Im Herbst 2009 setzte Kommissarin Kroes ihrer Heimatregierung eine Frist, den Widerstand gegen die Deutsche Bank zu beenden und die Auflagen der EU-Entscheidung endlich zu erfüllen. Ansonsten zöge die EU ihre Genehmigung zurück (IP/07/1442; HB 7.10.2009, S. 18).

Auflagen nicht umgesetzt

◼ General Electric und Honeywell (2001): Im Juli 2001 untersagte die EU den Zusammenschluss der beiden US-Großunternehmen. GE hatte zuvor mehrere Entflechtungsmaßnahmen angeboten. Auch Honeywell hatte viel Kompromissbereitschaft gezeigt, war doch die Fusion bereits seit Monaten vorbereitet worden. Das US-Justizministerium hatte das Zusammengehen von GE und Honeywell im Mai 2001 im Wesentlichen freigegeben. Als die EU diesem positiven Votum nicht folgte, gab GE das Vorhaben insgesamt zunächst auf, klagte allerdings gegen die Entscheidung. Der Europäische Gerichtshof erster Instanz bestätigte das Verbot jedoch im Dezember 2005 (IP/01/939; netzeitung.de 14.12.2005).

KOM und EuGH verbieten

◼ Im Oktober 2001 hatte die europäische Wettbewerbsbehörde dem schweizerisch-schwedischen Tetra Laval und dem französischen Sidel verboten, sich zusammenzuschließen. Das Europäische Gericht erster Instanz hob dieses Verbot aber wieder auf. Dagegen ging die Kommission Anfang 2003 beim EuGH vor und genehmigte den Zusammenschluss beider Verpackungshersteller unter Auflagen. Der EuGH bestätigte Anfang 2005 die Entscheidung der Vorinstanz und annulierte dabei auch

KOM verbietet, EuGH erlaubt: Schadenersatz?

die Bedingungen der Wettbewerbshüter von 2003. Ähnliche Niederlagen hatte die Kommission mit dem untersagten Zusammenschluss der britischen Reiseveranstalter Airtours und First Choice sowie der französischen Elektronikkonzerne Schneider und Legrand erlebt. Beide Verbote hatte das Gericht erster Instanz im Jahr 2002 aufgehoben (netzeitung.de 15.2.2005). Die Fehlentscheidungen der Kommission führten erstmals 2007 zu Schadenersatzzahlungen der EU. Schneider-Chef Henri Lachmann hatte dies nämlich schon 6 Jahre zuvor für entstandene Verluste gefordert: Er hatte Legrand für 5,4 Milliarden gekauft und erzielte nach dem Fusionsverbot nur einen Wiederverkaufspreis von 3,6 Milliarden Euro. Im Juli 2007 versprach das Gericht erster Instanz tatsächlich eine Entschädigung in Höhe von zwei Dritteln des entstandenen Schadens: Die Kommissionsentscheidung sei zwar falsch gewesen, Schneider habe aber auch fusioniert, ohne die Entscheidung der Kommission abzuwarten. Die genaue Schadenshöhe solle ein weiterer Prozess ermitteln. Gegen diese Entscheidung rief die Kommission den EuGH an, der wenige Tage nach der Vorinstanz wesentlich moderater urteilte: Die Kommission müsse Schneider nur für entstandene Verfahrenskosten entschädigen, nicht aber für Kapitalverluste (Tagesspiegel 11.7.2007; ChannelPartner 16.7.2007).

KOM erlaubt, Gericht uneins

■ Sony/Deutsche BMG: Sony Music und die Bertelsmann-Musiksparte BMG fusionierten 2004 zum weltweit zweitgrößten Musikkonzern. Die EU-Kommission war einverstanden, wogegen der Verband unabhängiger Plattenfirmen klagte. Das Gericht erster Instanz hob daraufhin 2006 die Fusionserlaubnis auf und ordnete eine neuerliche Prüfung an. Wieder genehmigte die Wettbewerbsbehörde ohne Auflagen. Bertelsmann und Sony gingen ihrerseits beim EuGH gegen das Urteil der ersten Instanz vor. Der Gerichtshof beurteilte im Juli 2008 die Entscheidung des erstinstanzlichen Gerichts als fehlerhaft (mm 10.7.2008).

Boomende Beratungsfirmen

Die Beispiele verdeutlichen ein grundlegendes Dilemma: M&A-Transaktionen verlangen eine lange Planung und Umsetzung. Die Arbeiten müssen daher in aller Regel beginnen, bevor die EU den Kauf oder Zusammenschluss in letzter Instanz erlaubt oder verbietet. Gleichzeitig ist es aber für fusionierende oder akquirierende Unternehmen nach wie vor schwierig, das Urteil der europäischen Wettbewerbshüter im Vorfeld richtig einzuschätzen. Fehleinschätzungen können aber zu erheblichen kurzfristigen Verlusten, darüber hinaus zu langfristigen Imageschäden führen. Zumindest in Deutschland hat sich deshalb in den letzten Jahren ein Dienstleistungsmarkt für Wettbewerbsgutachten entwickelt. Die Anbieter prüfen zu einem sehr frühen Zeitpunkt, welche Folgen ein Kauf oder Zusammenschluss aus gesamteuropäischer Sicht haben würde. Sie gehen dabei ganz ähnlich vor wie die Spezialisten der EU-Kommission, versuchen also, die Folgen von

M&A-Transaktionen mit ökonomischen Modellen und Marktsimulationen zu beziffern. Da die EU-Kommission für ihre eigenen Analysen regelmäßig unternehmensinterne Daten und Gutachten der Fusions- bzw. Akquisitionspartner einholt, lohnt es sich für die betroffenen Unternehmen umso mehr, diese Vorarbeiten direkt von Spezialisten durchführen zu lassen (HB 2.11.2009).

4.4　Verbot nationaler Beihilfen

Das Beihilferecht der EU stellt eine recht unübersichtliche Sammlung aus Einzelvorschriften dar, die auf dem EU-Vertrag, europäischen Verordnungen, Anwendungsfällen der EU-Kommission und der Auslegungspraxis des Europäischen Gerichtshofs beruhen. Wer abschreckende Beispiele für die Regulierungswut der EU-Institutionen sucht, wird hier fündig.

Unübersichtliches Regelwerk

4.4.1　Regeln und Ausnahmen

Grundsätzlich verbietet der EU-Vertrag in Artikel 107 Abs. 1 staatliche Beihilfen „gleich welcher Art", die bestimmte Unternehmen oder Produktionszweige begünstigen und dadurch den Wettbewerb verfälschen oder zu verfälschen drohen. Nicht betroffen sind also allgemeine Maßnahmen wie z.B. sinkende Körperschaftssteuersätze, die das gesamtwirtschaftliche Wachstum und Entwicklungspotenzial einer Volkswirtschaft verbessern sollen, und von denen alle Unternehmen profitieren. Zahlreiche Ausnahmen in Artikel 107 selbst machen jedoch die Grundregel, dass nationale Handreichungen verboten sind, löchriger als den sprichwörtlichen Schweizer Käse: Erlaubt sein können etwa Beihilfen für die europäische Industriepolitik, die Forschungs- und Technologieförderung oder die Sozial- und Kulturpolitik. Auch gilt das Beihilfeverbot, soweit es den Handel zwischen den Mitgliedsstaaten beeinträchtigt, also nicht absolut. Ausdrücklich erwähnt der Vertrag einige Beihilfen, die mit dem Binnenmarkt vereinbar seien, nämlich soziale Hilfen an einzelne Verbraucher, Entschädigungen nach Naturkatastrophen oder anderen außergewöhnlichen Ereignissen, schließlich Transferzahlungen zwischen West- und Ostdeutschland. Ebenfalls gestattet sind Regional- und Strukturhilfen, Fördermaßnahmen von europaweitem Interesse oder nationale Hilfen, die eine beträchtliche Störung im Wirtschaftsleben beheben. Auch sektorale Unterstützungsleistungen für einzelne Wirtschaftszweige und -gebiete sind erlaubt. Weitere Beihilfen darf der Ministerrat auf Vorschlag der EU-Kommission beschließen.

Löchriges Beihilfeverbot im EU-Vertrag

Weitere Behilfe-
gesetze

Jenseits des grundsätzlichen Beihilfeverbots im EU-Vertrag konkretisieren zahlreiche Gesetze Ausnahmetatbestände. Darüber hinaus formt die EU-Kommission das Beihilferecht maßgeblich dadurch, dass nur sie den Rechtsrahmen im Einzelfall anwenden darf. Für einzelne Branchen gibt es schließlich Spezialregeln. Die Ausnahmen bilden nach Selbsteinschätzung der Wettbewerbskommission ein weltweit einzigartiges Regelwerk, das laufend überprüft und verbessert werde (KOM 39). In ihrem „Vademecum" zum Beihilferecht fasst die Generaldirektion Wettbewerb den Status quo zusammen (KOM 30.9.2008).

Abbildung 4-10 | *Vademecum EG-Beihilferecht*

▪ **Für welche Maßnahmen gilt das grundsätzliche Beihilfeverbot des EU-Vertrags?** Der Leitfaden erklärt im Detail, welche Tatbestände kumulativ erfüllt sein müssen. Zusammengefasst liegt eine verbotene Beihilfe vor, wenn staatliche Gelder fließen, die einen selektiven wirtschaftlichen Vorteil entfalten und den Wettbewerb und Handel zwischen den Gemeinschaftsländern betreffen.

▪ **Welche Beihilfen sind grundsätzlich erlaubt?** Der Leitfaden unterscheidet vier Befreiungsgruppen: Regionalhilfen, wirtschaftszweigübergreifende bzw. horizontale Vorschriften, sektorbezogene Vorschriften und besondere Beihilfeinstrumente.

▪ **Wo findet man die horizontalen Befreiungsregelungen?** In folgenden Beihilfekategorien gibt es „Gemeinschaftsrahmen", Leitlinien" oder „Gruppenfreistellungsverordnungen": Klima- und den Umweltschutz, F&E und Innovation, Rettung und Umstrukturierung von Unternehmen in Schwierigkeiten, kleine und mittlere Unternehmen, Beschäftigung, Ausbildung, Risikokapital und schließlich Dienstleistungen von allgemeinem wirtschaftlichen Interesse. Der Anhang des Vademecums enthält detaillierte Informationsblätter zu den Beihilfevorschriften der verschiedenen Kategorien. Informationsblatt 5 klärt zum Beispiel, unter welchen Umständen Beihilfen erlaubt sind, die Unternehmen in Schwierigkeiten umstrukturieren und retten. Informationsblatt 6 behandelt Beihilfen für kleine und mittlere Unternehmen.

▪ **Wo findet man die sektorbezogenen Befreiungsregelungen?** Für Beihilfen in den Wirtschaftszweigen Transport, Kohle, Fischerei und Landwirtschaft ist nicht die Wettbewerbskommission zuständig, sondern die Generaldirektion der betreffenden Branche. Allein im Transportsektor existieren zahllose legale Beihilfen für Unternehmen, die auf Straßen, Schienen, Flüssen, Meeren und durch die Luft Güter befördern. Als Beispiel seien nur Steuererleichterungen auf Kraftstoffe für Speditionen oder Fluglinien erwähnt.

▪ **Wo findet man die besonderen Beihilfeinstrumente?** Sie verteilen sich leider auf diverse Bekanntmachungen der Kommission.

Quelle: KOM (30.9.2008)

Kommissions-
Praxis und EuGH

Was alles fällt nun nach Kommissions- und EuGH-Ansicht unter den Begriff „Beihilfe"? Beihilfen umfassen demnach neben direkten Finanzhilfen auch Steuererleichterungen, Kreditbegünstigungen und Abgabebefreiungen für einzelne Unternehmen oder Branchen. Vereinfacht gesprochen: Alle staatlichen Maßnahmen, die einzelne Firmen oder Industriezweige im Wettbewerb bevorzugen (Details: Streinz 2008, S. 411). Letztlich haben die Wettbewerbskommission bzw. der Gerichtshof also die wichtige Aufgabe zu entscheiden, ob eine konkrete Staatsgarantie, ein besonders günstig erworbenes Staatsgrundstück oder eine konkrete Entschädigungszahlung unter das Beihilfeverbot fällt, oder einer der erlaubten Ausnahmen zuzurechnen ist. Die Kommission hat ihre Prüfregeln in den letzten Jahren vereinfacht und stärker ökonomisch ausgerichtet: Kleinstbeihilfen unter 200.000 Euro binnen drei Jahren gelten schon seit 2006 in der Regel nicht mehr als Beihilfe und sind damit von der Anmeldepflicht befreit („De Minimis"-Regel). Für Beihilfen, die unter die konsolidierte „Allgemeine Gruppenfreistellungsverordnung" (AGVO) von 2008 fallen, reicht eine nachträgliche Kurzbeschreibung. Schließlich führen die Wettbewerbshüter in einfachen Fällen nur eine „Grundprüfung" durch anstelle der „eingehenden Prüfung". Hierbei vergleichen sie anhand gängiger ökonomischer Kriterien die positiven und negativen Auswirkungen der Beihilfe auf den Wettbewerb und Handel innerhalb der Gemeinschaft („Abwägungsprüfung"; KOM 30.9.2008, S. 11).

Bereits bestehende nationale Beihilfen überprüft die Wettbewerbsbehörde laufend. Sie kann die Mitgliedsländer dazu zwingen, diese Beihilfen innerhalb einer Frist aufzuheben oder umzugestalten. Sobald diese Frist überschritten ist, kann die Kommission direkt den Europäischen Gerichtshof anrufen, also ein Vertragsverletzungsverfahren gegen das säumige EU-Land einleiten. Neben diesem repressiven"Verfahren gibt es ein präventives Vorgehen bei neuen nationalen Beihilfen: Diese müssen die EU-Staaten der Wettbewerbsbehörde im Regelfall vorab melden, da sie andernfalls automatisch rechtswidrig sind. Ihre Vergabe ist also normalerweise erst gestattet, wenn die Kommission den Genehmigungsprozess abgeschlossen hat (Überblick: Streinz 2008, S. 413-415; Details: KOM 30.9.2008, S. 10-15).

Umfassende Prüf- und Durchgriffsrechte

Beim Aufspüren bestehender Beihilfen, die europarechtswidrig sein könnten, unterstützen Wettbewerber oft und gerne die Brüsseler Behörde. Sie können, ebenso wie die Verbraucher, bei der EU-Kommission Beschwerde einlegen, was anschließend zu einer offiziellen Untersuchung führt (KOM 40). Ausnahmsweise setzt der Ministerrat auf Antrag eines Mitgliedsstaates ein laufendes Beihilfeverfahren aus. Dies erfordert aber „außergewöhnliche Umstände" und eine einstimmige Entscheidung (Artikel 108 Abs. 2 AEUV).

Konkurrenz zeigt Beihilfen an

4.4.2 Lockerungen im Zuge der Finanz- und Wirtschaftskrise

Im Zuge der Finanzkrise hat die EU umfangreiche vorübergehende Maßnahmen beschlossen, die zusätzliche Beihilfen erlauben. Sie beruft sich dabei direkt auf den europäischen Vertrag, der in Artikel 107 Abs. 3 sagt:

„Als mit dem Binnenmarkt vereinbar können angesehen werden: (…) b) Beihilfen zur Förderung wichtiger Vorhaben von gemeinsamem europäischem Interesse oder zur Behebung einer beträchtlichen Störung im Wirtschaftsleben eines Mitgliedstaats".

Mehr Beihilfen bis Ende 2010

Im Dezember 2008 verabschiedete die EU-Kommission einen vorübergehenden Gemeinschaftsrahmen für staatliche Beihilfen, der den Zugang zu Finanzmitteln in der gegenwärtigen Krise erleichtert. Er steht Unternehmen offen, die vor Juli 2008 keine Schwierigkeiten hatten, und läuft Ende 2010 aus. Im Laufe des Jahres 2009 aktualisierte und konkretisierte die Wettbewerbsbehörde diesen Rahmen durch mehrere Mitteilungen (KOM 10.12.2009, S. 4f.). Tatsächlich stand und steht sie vor der großen Herausforderung, die umfangreichen nationalen Rettungsaktionen zu prüfen und zu koordinieren (Überblick Einzelentscheidungen je Land: MEMO/09/446; Überblick Beihilfevolumen je Land und Jahr: IP/09/1884; Details: KOM 7.12.2009). Denn selten gefährdeten einzelstaatliche Egoismen den Binnenmarkt so sehr wie in der aktuellen Krise. Den gegenwärtigen Subventionswettlauf der EU-Mitglieder und die daraus resultierenden Wettbewerbsverzerrungen veranschaulichte im Laufe des Jahres 2009 der Fall Opel eindrucksvoll (siehe Kapitel 4.4.3, „General Motors"). Langfristig muss die Wettbewerbskommission dafür sorgen, dass die Mitgliedsstaaten ihre außergewöhnlichen Hilfspakete wieder abbauen. Hierbei dürften Widerstände aufkommen.

Abbildung 4-11 | *Vervielfachtes Beihilfevolumen*

Laut Beihilfeanzeiger der EU-Kommission von Dezember 2009 vergaben die Gemeinschaftsländer **2008** insgesamt **279,6 Milliarden Euro legale Beihilfen**. 2007 waren es noch 66,5 Milliarden Euro gewesen.

Ohne die Nothilfen für das Finanzsystem hätten die Beihilfen laut EU-Kommission 67,4 Milliarden Euro betragen, wären also gegenüber 2007 fast stabil geblieben. Die Nothilfen von 212,2 Milliarden Euro errechnet die Kommission wie folgt (KOM 10.12.2009, S. 4f.):

■ **3,36 Billionen Euro genehmigte die Kommission für Finanzinstitute**
■ Tatsächlich nutzten die Mitgliedsländer von diesem Rahmen 958 Milliarden Euro

---

■ Der Großteil dieser 958 Milliarden stellten Garantien dar, nur 212,2 Milliarden Euro nutzten die Staaten tatsächlich.

Ungleich höhere Beihilfezahlen als die EU-Kommission veröffentlicht regelmäßig das Kieler Institut für Weltwirtschaft für Deutschland. Es fasst den Subventionsbegriff wesentlich weiter als die Europäische Union (IfW 5/2008).

In Deutschland betreffen die Beihilfeverfahren pikanterweise vor allem öffentlich-rechtliche Institute wie die Westdeutsche Landesbank oder die Landesbank Baden-Württemberg. Insbesondere die Landesbanken hatten in den letzten Jahren versucht, ihre geringen Inlandsgewinne durch ausländische Zweckgesellschaften zu verbessern. Diese risikoreiche Strategie überforderte aber offenbar insbesondere die Aufsichtsrat-Mitglieder, die im öffentlich-rechtlichen Bereich nicht nur nach fachlichen, sondern auch nach politischen Kriterien rekrutiert werden: So belegt eine empirische Studie der Technischen Universität Dresden, dass der Abschreibungsbedarf von Banken in der Krise um so höher ausfiel, je weniger Fachkompetenz im Aufsichtsrat vertreten war (Marcel Thum, TU Dresden und Ifo, zitiert nach FAZ.NET 14.9.2009). Von den Geschäftsbanken nahmen insbesondere die Commerzbank und die Hypo Real Estate (HRE) im Zuge der Finanzkrise staatliche Rettungsgelder in Anspruch. Bevor die EU-Kommission staatliche Hilfen für Kreditinstitute genehmigt, müssen diese einen Umstrukturierungsplan vorlegen. Die Commerzbank erhielt die Zustimmung erst, nachdem sie versprochen hatte, sich von ihrer Tochtergesellschaft Eurohypo zu trennen (HB 15.10.2009, S. 22). Die Landesbank Baden-Württemberg muss sich auf Brüssels Druck hin in eine Aktiengesellschaft umwandeln, ihr Investmentbanking abgeben und sich künftig auf das regionale Geschäft konzentrieren (FAZ.NET 15.12.2009). Im Ergebnis erlaubte die EU-Kommission also bislang umfangreiche Rettungspakete, spaltete aber gleichzeitig Kreditinstitute in Deutschland – und vielen anderen Ländern – praktisch auf. Der britische Economist bezeichnet dies als „großzügige Interpretation ihres Mandats" (Economist 7.11.2009, S. 71, Übersetzung der Verfasserin).

Beihilfen an deutsche Kreditinstitute

Viele Beihilfen können gerade auch kleine und mittlere Unternehmen nutzen, wenn sie die EU-Vorgaben, etwa zu den Größenkriterien, erfüllen. Erlaubt sind z.B. Kleinbeihilfen, staatliche Garantien und Risikokapitalbeihilfen. Zur Wachstums- und Entwicklungsförderung können KMU neben den standardmäßig zulässigen Maßnahmen z.B. auch Beihilfen nutzen, mit denen sie Beratungsdienste beanspruchen oder an Messen teilnehmen. Auch Frauen als Unternehmerinnen, benachteiligte und behinderte Arbeitnehmer können unter bestimmten Umständen, die sich im „Vademecum" und einem eigenen Handbuch finden, ganz legal Unterstützung erhalten (Überblick: KOM 30.9.2008, Informationsblatt 6, S. 45-47; Details: KOM 25.2.2009). Seit

Sonderregeln für KMU

der Finanzkrise gelten darüber hinaus Sonderregeln, die sich teilweise auf kleine und mittlere Firmen konzentrieren. Diese sind nämlich von der Kreditklemme wesentlich stärker betroffen als Großunternehmen: In der Regel müssen sie über ihre Hausbank an liquide Mittel kommen, während Konzerne sich auch direkt am Kapitalmarkt verschulden können. So erlaubt es die EU z.B. bis Ende 2010, dass KMU für neue Staatsgarantien bis zu 25 Prozent Prämienrabatt erhalten. Auch Investitionskredite, mit denen die Firmen umweltschonende Produkte herstellen, dürfen eine Zinsermäßigung von maximal 50 Prozent enthalten (KOM 25.2.2009, S. 37-39).

Ansprechpartner   Um Fragen zum jetzt noch unübersichtlicheren Beihilferecht zu beantworten, hat die Wettbewerbsdirektion je eine Art Krisenstab „Wirtschaftskrise" und „Finanzkrise" eingerichtet, die Unternehmen aus den Mitgliedsländern direkt kontaktieren können. Das Team „Finanzkrise" beantwortet Fragen zu Beihilfen, die sich an den Finanzdienstleistungssektor richten, das Team „Wirtschaftskrise" Anfragen zu allen anderen Beihilfen (KOM 41).

4.4.3   Spektakuläre Beihilfeverfahren der EU

Die Mitgliedsstaaten und begünstigte Unternehmen sind höchst kreativ, wenn es um die Schaffung möglichst unauffälliger Hilfestellungen geht. Daher bemüht sich die EU-Kommission im Gegenzug darum, Präzedenzfälle zu schaffen, auf denen spätere Beihilfeverbote aufbauen können. Entsprechende Verfahren betreffen Regionalflughäfen, deutsche Landesbanken und General Motors.

Ryanair: Hilfen von Flughäfen   ■ In einem wegweisenden Verfahren geht es um diverse Rabatte, die der belgische Regionalflughafen Charleroi über Jahre der Fluggesellschaft Ryanair gewährte. Es war Ende 2009 noch nicht abgeschlossen. Nicht die Wettbewerbs-, sondern die Transportkommission ist für den Fall verantwortlich. 2004 bewertete die damalige Transportkommissarin Loyola de Palacio die Preisnachlässe als unerlaubte Beihilfe und forderte, die Förderbeträge seien zumindest teilweise zurückzuzahlen. Gegen diese Entscheidung klagte die irische Fluglinie vor dem Europäischen Gericht erster Instanz. Dieses hob die Entscheidung im Dezember 2008 auf: Rabatte für Billigflieger seien nicht grundsätzlich unzulässig, nur weil sie von Flughäfen in staatlicher Trägerschaft gewährt würden. Die Kommission musste den Fall daher erneut prüfen. Das Urteil könnte auch andere Beihilfeverfahren betreffen, die die Transportkommission zwischenzeitlich eingeleitet hat. Denn auch bei Regionalfughäfen wie Lübeck oder Frankfurt-Hahn vermutete Brüssel verdeckte Beihilfen, etwa für die Werbung der Fluglinien (FAZ.NET 17.12.2008; HB 3.11.2003).

▦ Außerordentlich erfolgreich bekämpfte die Wettbewerbskommission die Privilegien öffentlich-rechtlicher Kreditinstitute in Deutschland. Landesbanken und Sparkassen genossen hier traditionell Staatsgarantien: Die öffentliche Hand verpflichtete sich, im Insolvenzfall die Schulden einer Landesbank oder Sparkasse zu begleichen (Gewährträgerhaftung) und die Geschäftsfähigkeit des Instituts zu erhalten (Anstaltslast). Beide Garantien senkten die Refinanzierungskosten der öffentlich-rechtlichen Kreditinstitute am Kapitalmarkt. Darüber beschwerte sich im Dezember 1999 die Europäische Bankenvereinigung, also die privatrechtliche Konkurrenz, in Brüssel. Im Juli 2001 vereinbarten Deutschland und die EU-Kommission einen Kompromiss: Die Gewährträgerhaftung wurde abgeschafft und die Anstaltslast durch eine normale marktwirtschaftliche Eigentümerbeziehung ersetzt. Beides wirkte aber erst ab Juli 2005. Bestehende Altverbindlichkeiten schützt die Gewährträgerhaftung bis zum Ende ihrer Laufzeit, zwischen 2001 und 2005 neu aufgenommene Schulden bis maximal 2015 (HB 27.7.2000; Bankenverband 2002). In einem weiteren Verfahren bemängelten die Privatbanken, dass das landesweite Wohnbauvermögen deutscher Landesbanken zu niedrig verzinst sei. Die EU-Kommission griff zunächst den Fall der Westdeutschen Landesbank auf, der für die anderen Landesbanken Modellcharakter hatte. Bereits im Juli 1999 verlangte Brüssel eine Beihilfe-Rückzahlung von rund 800 Millionen Euro. Nach längerem Rechtsstreit einigten sich die EU und Deutschland Ende 2004 auf insgesamt 4,3 Milliarden Euro Rückzahlungen für sieben Institute. Allein auf die West-LB entfielen 1,4 Milliarden Euro für illegale Beihilfen Nordrhein-Westfalens. Allerdings sollten die Gelder den Landesbanken in Form stiller Einlagen wieder zufließen, um die Kreditinstitute vor finanziellen Problemen zu schützen. Denn die Landesbanken mussten ja ab Mitte 2005 bereits ihre Privilegien aufgeben (wiwo.de 20.10.2004). Erneut kamen die bisher öffentlich-rechtlichen Kreditinstitute während der Finanzkrise mit Brüssel in Kontakt. Um einen staatlichen Rettungsschirm von fünf Milliarden Euro zu erhalten, verlangte die EU-Kommission z.B. von der West-LB im Mai 2009 eine Geschäftshalbierung. Die Westdeutsche Landesbank soll sich künftig auf Aktivitäten konzentrieren, die weniger riskant sind. Außerdem müssen Nordrhein-Westfalen und die Sparkassen ihre Anteile bis Ende 2011 in einem Bieterverfahren verkaufen (rp-online 12.5.2009).

West-LB: Diverse Privilegien

▦ In der Diskussion um die Opel-Sanierung seit 2009 verfolgt die deutsche Politik nationale Interessen: Zunächst wollte sie Beihilfen an Garantien für die vier deutschen Standorte Rüsselsheim, Bochum, Eisenach und Kaiserslautern knüpfen. General Motors unterhält aber Standorte in mehreren europäischen Ländern, und auch deren Regierungen wollen die inländischen Arbeitsplätze erhalten. Deshalb warnte die EU-Wettbewerbsbehörde bereits davor, Beihilfen an Beschäftigungsverspre-

General Motors: Subventionswettlauf in EU

chen zu knüpfen. Dies widerspreche dem europäischen Wettbewerbsrecht. Vor dem Europäischen Parlament sagte die seinerzeit zuständige Kommissarin Kroes im September 2009: *„Die Kommission wird nicht nur die rechtlichen Bedingungen untersuchen, die mit einem endgültigen Hilfspaket verbunden sein können, sondern auch den Gesamtzusammenhang, in dem die Hilfe zugesagt wird."* (KOM 17.9.2009, S. 3) Neben der europäischen Wettbewerbsbehörde sprechen im GM-Fall auch die Industrie- und die Beschäftigungskommission mit (MEMO/09/515). Da sie unterschiedliche Interessen verfolgen, spricht die EU-Kommission in diesem Fall nicht mit einer Stimme (FAZ.NET 19.10.2009).

4.5 Deregulierung öffentlicher Unternehmen

EU gegen nationale Monopole

In einigen Märkten gab oder gibt es Monopole, die von den Mitgliedsländern ausdrücklich gewünscht waren oder sind. Dazu gehören in Deutschland auch die gesetzliche Renten- und Arbeitslosenversicherung. In der Vergangenheit existierten darüber hinaus viele öffentliche Unternehmen wie die deutsche Bundespost, die deutsche Bundesbahn und Energieversorger mit lokalem Monopol. Die Europäische Union hat viele nationale Monopole in den vergangenen Jahrzehnten aufgebrochen, weil sie diese für unnötig und wettbewerbswidrig hielt (KOM 42). Maßgeblich hierfür war zum einen die ständige Rechtsprechung des Europäischen Gerichtshofs: Ein Monopol müsse sich rechtfertigen lassen, also erforderlich sein. Dies müsse der Mitgliedsstaat bzw. das begünstigte Unternehmen beweisen. Öffentliche Monopole gelten der EU insofern nur als letzte Möglichkeit, wenn weniger einschneidende Instrumente nicht in der Lage sind, die besondere Aufgabe, für die das Monopol geschaffen wurde, zu bewältigen (Streinz 2008, S. 409). Zum anderen verabschiedete die europäische Kommission zahlreiche Richtlinien auf Basis des einschlägigen EU-Vertragsartikels 106. Diese Rahmengesetze lockerten nationale oder lokale Monopole und bescherten damit den Kunden niedrigere Preise, besseren Kundendienst und mehr Auswahl. So initiierte die Kommission die rechtliche Trennung von Netzbetreibern und Leistungsanbietern im Schienenverkehr, bei Gaslieferungen oder im Kommunikationsbereich. Die Netzbetreiber verpflichtete sie, verschiedene Dienstleister zu fairen, also nicht maßlos überhöhten Preisen passieren zu lassen (KOM 42).

Telekom-Märkte liberalisiert

Besonders tatkräftig öffnete Brüssel die nationalen Telekommunikationsmärkte der Union. Zuvor hatten die USA ihre Telefonmärkte umfassend dereguliert und mit dem daraus folgenden intensiven Wettbewerb positive

Erfahrungen gemacht. Seit Ende der 1980er Jahre adressierte die EU-Kommission daher mehrere Richtlinien an die Mitgliedsländer, die ihre Ortsnetze für günstigere Call-by-Call-Anbieter erschlossen oder die Gebühren im Mobilfunk senkten. Wenn Staaten der Marktöffnung nicht nachkamen, starteten die europäischen Wettbewerbshüter Vertragsverletzungsverfahren vor dem EuGH, ebenfalls auf Basis des einschlägigen Vertragsartikels zu öffentlichen Unternehmen (Beispiel: RL 88/301; EuGH C-202/88). Im Dezember 2009 kippte der Europäische Gerichtshof auf Betreiben der EU-Kommission ein bundesdeutsches Gesetz zur Regulierung der Telekommärkte. Es sollte die Deutsche Telekom in neuen Märkten vor Wettbewerb schützen, konkret beim Aufbau eines schnelleren Datennetzes (DIHK 7.12.2009, S. 7; EuGH, C-424/07).

Die Deregulierung der Kommunikationsmärkte, aber auch zahlreicher anderer Sektoren wie dem Verkehrswesen, der Energiebranche oder den Postdienstleistungen, ist noch lange nicht abgeschlossen. Die EU-Kommission und der EuGH nehmen hier aber weiterhin eine Vorreiterrolle ein, die aus marktwirtschaftlicher Sicht lobenswert ist.

Vorreiter bei Deregulierung

4.6 Zusammenfassung Kapitel 4

Die Wettbewerbspolitik der EU-Kommission zielt auf freie und unverfälschte Konkurrenz. Sie berührt Unternehmen unmittelbar, auch wenn diese aus Drittstaaten wie den USA stammen.

Die strenge Kartellpolitik verbietet, dass Unternehmen Preisabsprachen treffen und Märkte untereinander aufteilen. Ausnahmen gelten für Bagatellkartelle und bei Einzel- und Gruppenfreistellungen. Eine Kronzeugenregel hat zu erheblichen Vertrauensproblemen innerhalb der Kartelle geführt. Die Reform von 2004 dezentralisierte die Wettbewerbsaufsicht, indem sie vor allem die unternehmerische Eigenkontrolle stärkte. Bei Verstößen gegen EU-Recht verhängt die Europäische Kommission Geldbußen bis zu 10 Prozent des Unternehmensumsatzes.

Kartellverbot

Das Verbot, eine marktbeherrschende Stellung zu missbrauchen, folgt ähnlichen Regeln wie das Kartellverbot. Als Beurteilungskriterium für Marktmacht dient der Marktanteil im relevanten Markt. Missbrauch liegt vor, wenn das fragliche Unternehmen den Wettbewerb in diesem Markt dauerhaft schwächen kann. Microsoft war der bisher spektakulärste Einzelfall.

Missbrauchsverbot der Marktmacht

Die Fusionskontrolle der EU-Kommission folgte aus dem Kartellverbot und der Missbrauchsaufsicht. Oberhalb bestimmter Umsatzkriterien prüft die EU Zusammenschlüsse von gemeinschaftsweiter Bedeutung. Sie prognostiziert

Fusionskontrolle

dabei die Wettbewerbsentwicklung im relevanten Markt und genehmigt häufig unter Auflagen. Nach spektakulären Fehlentscheidungen wurde die Fusionskontrolle reorganisiert. Ihre Mitarbeiter kümmern sich heute verstärkt um die ökonomische Wirkungsanalyse.

Verbot nationaler Beihilfen

Im Rahmen des Beihilfeverbots entscheidet Brüssel, welches Land welche Unternehmen in welcher Form unterstützen darf oder nicht. Wegen vieler Ausnahmen vom grundsätzlichen Beihilfeverbot konkretisiert ein „Vademecum" die Beihilferegeln. Sie wurden im Zuge der Finanzkrise bis voraussichtlich Ende 2010 deutlich gelockert. Spektakuläre europäische Beihilfeverfahren, wie diejenigen gegen die deutschen Landesbanken, schafften zahlreiche nationale Vergünstigungen ab.

Abbau nationaler Monopole

Schließlich dereguliert die europäische Wettbewerbspolitik vormals staatliche Monopole, indem EU-Kommission und EuGH die Voraussetzungen dafür eng fassen. Herausragendes Beispiel sind die deregulierten Telekommunikationsmärkte.

Tabelle 4-1

Kapitel 4 im Lissabon-Vertrag

Thema	Wesentliche Vertragsartikel
Kartellverbot	101
Missbrauchsverbot	102
Europäische M&A-Kontrolle	VO auf Basis von Art. 101 und 102
Verbot nationaler Beihilfen	107-109
Deregulierung öff. Unternehmen	106

5 Weitere für Unternehmen wichtige EU-Aktivitäten

Die folgenden Abschnitte wählen gemeinschaftliche Politikbereiche aus, die für Unternehmen besonders relevant sind. Dazu zählen insbesondere Umweltschutz, Industrie- und Forschungsförderung, Struktur- und Regionalpolitik sowie Arbeitsmarkt- und Sozialpolitik.

5.1 Umweltpolitik

Die europäische Umweltpolitik gehört inzwischen zu den einflussreichsten Aufgaben der Union. Sie bindet Unternehmen nicht nur durch ihre Verordnungen und Richtlinien, sondern ist auch in allen anderen Politikfeldern zu berücksichtigen. Denn die nachhaltige Entwicklung, Qualitätsverbesserung und ein hohes Schutzniveau der Umwelt gehören zu den Querschnittsaufgaben der EU. Die Gemeinschaft deckt daher viele Themen ab: Umweltpolitische Normen, Anreizinstrumente und Programme sollen z.B. den CO_2-Ausstoß verringern, die Artenvielfalt erhalten, verschmutzungsbedingte Gesundheitsprobleme verringern und ganz allgemein dazu beitragen, dass die natürlichen Ressourcen verantwortlich genutzt werden. Ausgenommen von der Gesetzgebung sind praktisch nur Umweltsteuern, da sie weiterhin einstimmig beschlossen werden müssen (EU 6; KOM 43; Umbach 2009b).

Wichtige Querschnittsaufgabe

Der Anspruch, ein hohes umweltpolitisches Schutzniveau zu erreichen, führt hin und wieder zu Konflikten. Denn der EU-Vertrag erlaubt den Mitgliedsländern ausdrücklich in Artikel 193, umweltpolitische Schutzmaßnahmen beizubehalten oder zu ergreifen, die strenger als der gemeinschaftliche Harmonisierungsstandard ausfallen. Die EU überprüft diese höheren Normen allerdings, was oft zu Auseinandersetzungen führt: Das deutsche Dosenpfand z.B. musste angepasst werden, um ausländische Getränkeanbieter nicht im Rahmen des Binnenmarktes zu diskriminieren (IP/04/1468).

Strengere nationale Standards

Abbildung 5-1	*Deutsche Verpackungsverordnung und EU-Recht*

Deutschland hatte 2002 ein System für Einwegverpackungen eingeführt, bei dem die Verbraucher ein Pfand zahlen und Vertriebsstellen bzw. Produzenten die Verpackungen zurücknehmen mussten. Die Binnenmarkt-Kommission hielt diese Verordnung für binnenmarktfeindlich und klagte vor dem Europäischen Gerichtshof. Er entschied im Dezember 2004, dass Deutschland den Systemwechsel für Einwegverpackungen zu schnell vorgenommen habe und insbesondere ausländische Hersteller und Vertreiber (von Mineralwasser) nicht an einem funktionierenden Rücknahmesystem teilnehmen könnten (IP/04/1468).

5.1.1 Instrumente

Richtlinien und Verordnungen zur

Zahllose europäische Gesetze enthalten umweltbezogene Normen und Grenzwerte oder überwachen bzw. verbieten gefährliche Stoffe. In Deutschland betreffen die EU-Maßnahmen vor allem zwei große Industriezweige unmittelbar, nämlich die Automobil- und die Chemische Industrie. Hier drei Beispiele:

... Altauto-Rücknahme

■ Eine Altauto-Richtlinie zwingt Kfz-Hersteller, abgenutzte Pkw zur kostenlosen Entsorgung zurückzunehmen. Die deutsche Umsetzung galt zunächst nur für Neuwagen, die ab 2002 gekauft worden waren. Seit Januar 2007 müssen die Produzenten aber alle Autos, die sie jemals verkauft haben, zurücknehmen. Für die Autoindustrie handelt es sich um ein kostspieliges Thema. Deshalb hatte sie intensiv und mit tatkräftiger Unterstützung des damaligen Bundeskanzlers Schröder dafür gesorgt, dass die EU-Richtlinie deutlich entschärft worden war: Sie hätte die Autoindustrie in ihrer ursprünglichen Fassung bereits ab 2003 dazu verpflichtet, alle Wagen zurückzunehmen (Spiegel 5.12.2001).

... Feinstaub-Reduktion

■ Pkw und Lkw stoßen Feinstaubpartikel aus. Diese Partikel ab einer Größe von 2,5 Mikrometern (so genannte $PM_{2,5}$) sind für Menschen gesundheitsschädlich. 2011 tritt daher ein EU-Gesetz in Kraft, das hierfür verbindliche Grenzwerte festlegt. Danach müssen die Mitgliedsländer die Feinstaubkonzentration in städtischen Gebieten bis 2020 um durchschnittlich 20 Prozent gegenüber 2010 senken (Spiegel 14.4.2008).

... Chemikalien-kontrolle

■ Die Chemikalienverordnung REACH gilt seit Juni 2007 und steht für Registration, Evaluation, Authorisation and Restriction of Chemicals. Nach dem Prinzip „no data, no market" dürfen Hersteller nur Stoffe in den Verkehr bringen, die zuvor registriert, bewertet und zugelassen, also nicht beschränkt worden sind. Die neu gegründete Agentur ECHA in Helsinki organisiert und kontrolliert diesen Prozess. Die Hersteller müssen umfassende Berichte abliefern, welche die Gefahr von Umwelt- und Gesundheitsrisiken entkräften (VO 1907/2006; Umweltbundesamt). Die Verordnung war und ist stark umstritten. Industrievertreter und Wirtschaftsverbände kritisieren den hohen Aufwand, den die Risikoprüfungen erfordern. Umweltvertreter dagegen bemängeln, dass Chemikalien in Verbraucherprodukten auf Druck der Industrie aus der Verordnung herausgenommen worden seien. Inzwischen beanstanden auch Tierschützer das Gesetz, weil es zu vermehrten Tierversuchen geführt habe. Die Industrievertreter ihrerseits kritisieren weiterhin ihre hohen Kosten und eine ihres Erachtens nachlassende Wettbewerbsfähigkeit gegenüber Produktionsstandorten außerhalb der EU (HB 29.10.2003, S. 6; mm 1.6.2007; Euractiv.de 10.9.2009).

Neben strengen Ge- und Verboten finanziert die EU mit dem Programm Life+ Umweltschutzprojekte, soweit diese nicht von anderen gemeinschaftlichen Fördermaßnahmen profitieren können. Es umfasst 2,1 Milliarden Euro für den Zeitraum 2007 bis 2013. Förderanträge sind jedes Jahr möglich, allerdings dienen fast 80 Prozent der Mittel dazu, nationale Umweltprojekte im Rahmen der so genannten Kofinanzierung zu fördern. Die restlichen gut 20 Prozent finanzieren eigene Maßnahmen der Kommission im Umweltbereich (BMU 7/2009).

Fördermittel von Life+

Weniger konkret sind dagegen die Umweltaktionsprogramme der Gemeinschaft, die seit 1973 unverbindliche Leitlinien festlegen, entlang derer sich die gemeinschaftliche Umweltpolitik entwickeln soll. Seit Juni 2002 und noch bis Juni 2012 läuft das sechste Programm. Es soll die EU-Strategie einer nachhaltigen Entwicklung unterstützen und definiert hierfür vier Schwerpunktbereiche, nämlich (1) Klimaänderungen, (2) Natur und biologische Vielfalt, (3) Umwelt, Gesundheit und Lebensqualität sowie (4) Natürliche Ressourcen und Abfälle. Für diese Themengebiete legt das Programm zum Teil recht allgemeine, manchmal aber auch konkrete Ziele und Aktionen fest. Zur Halbzeit im April 2007 bewertete die EU-Kommission das Programm und sah dabei noch erhebliche Defizite bei der Umsetzung der geplanten Ziele (KOM 45).

Umweltaktions-programme

5.1.2 CO$_2$-Senkung

Der Kampf gegen den Klimawandel entwickelt sich zu einer Kernaufgabe der Europäischen Union. Bereits seit 2005 existiert der EU-weite Handel mit Emissionsrechten für Fabriken und Industrieanlagen aus energieintensiven Branchen. Er soll die Luftverschmutzung mit CO$_2$ langfristig senken. Die Teilnehmer bekommen zunächst Verschmutzungsrechte kostenlos zugeteilt. Wer die Grenzwerte überschreitet, muss Rechte zukaufen. Das System be-

Handel mit Emissionsrechten

straft also bei hinreichend hohen Preisen der Zertifikate umweltschädliche Produktionsanlagen und schafft umgekehrt Anreize, in Umwelttechnologie zu investieren (KOM 44). In der Praxis erntete das Projekt in der ersten Runde zwischen 2005 und 2007 viel Kritik: Umweltschützer fanden, dass die Anfangsrechte zu großzügig seien. Industrievertreter bemängelten dagegen, dass das eigene Land bzw. die jeweils eigene Branche zu schlecht mit diesen Anfangsrechten ausgestattet sei. Tatsächlich sank der Preis pro Tonne CO_2–Ausstoß ab August 2007 dauerhaft unter 0,10 Euro (EEX 2007). Dies schwächte den Umweltanreiz. Die zweite Runde läuft von 2008-2012. Sie dehnt den Zertifikatehandel geringfügig auf weitere Industriezweige aus und senkt die Anfangsausstattung leicht. Schließlich können Industrieländer fehlende CO_2-Ausstoßrechte auch durch sinkende Emissionen z.B. in Entwicklungsländern ausgleichen. Dies könnte bei weltweit gleicher CO_2-Reduktion einen Technologietransfer begünstigen. Allerdings bleibt die Wirksamkeit des Systems weiterhin unklar, denn mehrere mittel- und osteuropäische Länder klagten vor dem EuGH gegen die EU-Kommission: Diese sei nicht befugt, in die nationale Erstzuteilung einzugreifen (HB 20.6.2006, S. 3; sueddeutsche.de 23.9.2009).

Abgasnormen für Pkw und Lkw

Auch Europas Autohersteller sind gefordert. Sie müssen den CO_2-Ausstoß ihrer Modelle innerhalb einer Übergangsperiode auf durchschnittlich 130 Gramm je gefahrenen Kilometer verringern. Ab 2020 dürfen die Emissionen neuer Pkws 95 g CO_2/km nicht mehr überschreiten (VO 443/2009, Artikel 1). Diese Grenzwerte bringen insbesondere deutsche Produzenten wie Daimler, Volkswagen und BMW in Bedrängnis, weil deren Fahrzeugflotten bisher wesentlich mehr CO_2 emittieren (Focus 15.9.2009). Im Oktober 2009 veröffentlichte die Umweltkommission ihre Pläne für strengere Abgasnormen bei Lieferwagen und Kleinlastern bis 3,5 Tonnen. Die Grenzwerte sollen schrittweise von 2014 bis 2016 auf im Flottendurchschnitt höchstens 175 Gramm CO_2 pro Kilometer sinken und in der Endphase 2020 nur noch 135 Gramm betragen (IP/09/1605).

Kampf gegen Klimawandel

Schließlich gibt es in der neuen Kommission einen eigenen Posten für die Klimapolitik. Diese Aufgabe fällt also nicht mehr in das Umweltressort und wurde in Artikel 191 Abs. 1 des Lissabon-Vertrags neu aufgenommen. Schon vorher hatte Die EU umfangreiche Beschlüsse zum CO_2–Ausstoß bis 2020 gefasst: Die Treibhausgasemissionen sollen gegenüber 1990 um mindestens 20 Prozent sinken, der Marktanteil erneuerbarer Energien auf 20 Prozent steigen und der Gesamtenergieverbrauch um 20 Prozent abnehmen (KOM 46; Historie: Umbach 2009c, S. 283f. und KOM 2006).

Kopenhagener Klimagipfel 2009

Die klimapolitischen Ziele vertritt die EU auch als eigenständiger Verhandlungspartner bei globalen Umweltkonferenzen wie dem Kopenhagener Klimagipfel im Dezember 2009. Hier rangen Politiker aus aller Welt um einen Nachfolgevertrag zum Kyoto-Protokoll, das im Wesentlichen 2012 ausläuft. In Kopenhagen arbeitet auch die Europäische Umweltagentur, die seit 1994 insbesondere den EU-Institutionen und ihren Mitgliedsländern unabhängige Umweltinformationen liefert (EEA).

Die EU und die Klima-Beschlüsse von Kopenhagen | *Abbildung 5-2*

In Kopenhagen ging es um ein **Folgeabkommen für das Kyoto-Protokoll**. Im Kyoto-Protokoll hatten sich die Unterzeichner-Staaten darauf geeinigt, ihre Treibhausgas-emissionen bis 2012 um mindestens fünf Prozent gegenüber 1990 zu verringern. Speziell die EU verpflichtete sich dazu, ihren Ausstoß zwischen 2008 und 2010 um insgesamt acht Prozent gegenüber 1990 zu senken. Intern hatten sich die EU-Mitglieder zuvor auf einen Verteilschlüssel geeinigt: So musste Luxemburg seinen Ausstoß um 28 Prozent senken, Portugal erhielt dagegen ein Emissions-Guthaben von 27 Prozent. Das Kyoto-Protokoll trat erst in Kraft, nachdem es von 55 Staaten ratifiziert worden war, die 1990 noch mindestens 55 Prozent der CO_2-Emissionen aller Industrieländer verursacht hatten. Die Staatenhürde war schnell genommen, die Emissionshürde erwies sich wegen des Zögerns der drei Großverschmutzer Russland, Japan und USA als schwierig. Erst nachdem Russland das Protokoll ratifiziert hatte, trat es offiziell im Februar 2005 in Kraft (Hillenbrand 2009, S. 435; Schmuck 2003, S. 35).

Vom 7. bis zum 18. Dezember 2009 tagte die 15. UN-Klimakonferenz in Kopenhagen. Im Wesentlichen ging es um **drei Fragen**:

1. Um wie viel Prozent verringern die Industrieländer ihre Treibhausgas-Emissionen bis 2020 bzw. bis 2050?
2. Welche Emissionsobergrenzen gelten für Entwicklungs- und Schwellenländer, die ansonsten durch ihren schnell steigenden CO_2–Ausstoß die Anstrengungen der Industrieländer überkompensieren würden?
3. Was bezahlen die Industrieländer den Entwicklungs- und Schwellenländern dafür, dass diese sich um die Begrenzung ihrer Schadstoffemissionen bemühen?

Auf ein konkretes Nachfolge-Protokoll zu Kyoto konnten sich die Teilnehmer nicht einigen. Gleichwohl stellten insbesondere die EU-Länder während des Verhandlungsmarathons einige konkrete Ziele in Aussicht.

Zu 1.: Die EU-Länder würden unter Umständen ihr Reduktionsziel bis 2020 von 20 auf 30 Prozent erhöhen, sofern andere Industriestaaten vergleichbare Anstrengungen unternähmen. Bis 2050 stellten sie eine Absenkung um 80 bis 95 Prozent in Aussicht. Dem Ansinnen Polens und anderer osteuropäischer Staaten, Treibhausgas-Guthaben der Vergangenheit auf diese Ziele anzurechnen, erteilten die meisten EU-Regierungschefs eine Absage (HB 30.10.2009d, S. 8).

Zu 2.: Hier traf die Konferenz keine eindeutigen Beschlüsse.

Zu 3.: Die Kosten zur Bekämpfung der Erderwärmung in den Entwicklungsländern wird bis 2020 nach EU-Schätzung auf 100 Milliarden Euro pro Jahr steigen. Von diesen Kosten sollten die Industrieländer 20 bis 55 Milliarden Euro aus öffentlichen Kassen tragen (HB 30.10.2009d, S. 8). Tatsächlich sagten die Regierungschefs der Europäischen Union für 2010 bis 2012 Soforthilfen von insgesamt 7,2 Milliarden Euro zu. Davon entfallen insgesamt rund 3,8 Milliarden zu etwa gleichen Teilen auf Deutschland, Großbritannien und Frankreich. Nicht alles ist zusätzliches Geld, es stammt zum Teil auch aus dem Haushalt der Europäischen Union. Die EU-Länder würden mit diesem Betrag aber rund ein Drittel der benötigten Anschubfinanzierung übernehmen (FAZ.NET 11.12.2009). Kommissionspräsident Barroso und Bundeskanzlerin Merkel schlugen als Finanzierungsinstrument erneut eine globale Steuer auf Finanztransaktionen vor (ebenda). Eine ähnliche Idee, nämlich eine Devisentransaktionssteuer, formulierte der Ökonomie-Nobelpreisträger James Tobin bereits 1972. Sie ist also fast 40 Jahre alt. Dass sie noch nicht umgesetzt wurde, obwohl Regierungen und Globalisierungskritiker sie immer wieder vorschlagen, liegt an ihrem globalen Charakter. Es wäre die erste weltweite Steuer überhaupt.

Die nächste Weltklimakonferenz wird Ende 2010 in Mexiko versuchen, ein weltweites Abkommen zu schließen. Die EU soll dort mit einem gemeinsamen Mandat ihrer Mitgliedsländer verhandeln (SZ 18.1.2010, S. 17).

5.2 Industriepolitik

Umstrittenes Politikfeld

Ob und inwieweit die Europäische Union industriepolitisch tätig werden sollte, war unter den Mitgliedern bislang umstritten (Historie: Wagner/Schmahl 2009). Länder wie Frankreich sehen staatliche Interventionen zum Erhalt oder zur Förderung nationaler Unternehmen traditionell eher positiv; Länder wie Großbritannien dagegen verfolgten bis zur Finanzkrise einen wirtschaftsliberalen Kurs. Offensichtlich haben sich aber diese Haltungen im Zuge der großen Krise einander angenähert. Immerhin verstaatlichte kaum ein EU-Land seine Finanzinstitute so radikal wie das Vereinigte Königreich.

Konsens: Umfeld verbessern

Der Lissabon-Vertrag trägt allerdings noch nicht den Lehren Rechnung, die aus der Finanzkrise gezogen wurden und noch zu ziehen sein werden. Er repräsentiert daher den Konsens vor der Krise: Europas Industriepolitik soll gemäß Artikel 173 Abs. 1 vor allem das Wettbewerbsumfeld europäischer Unternehmen verbessern und hierbei insbesondere kleine und mittlere Betriebe im Blick behalten. Auch soll die europäische Politik dazu beitragen, dass sich Firmen leichter an strukturelle Änderungen anpassen und ihre Innovationsfähigkeiten verbessern. Es geht also vornehmlich um bessere Rahmenbedingungen. Die Kommission weist deshalb auch ausdrücklich darauf hin, dass sie keinen interventionistischen Ansatz verfolge, also keine „Favoriten" fördere, keine überkommenen Strukturen erhalte und keine zusätzlichen Regulierungen oder Beihilfen einführe (KOM 47; KOM 48).

Übergreifende Maßnahmen

In der Praxis arbeitet die Generaldirektion Unternehmen und Industrie zum Beispiel daran, die europäische Rechtsetzung zu vereinfachen, die Verwaltungslasten für europäische Unternehmen zu senken, den Binnenmarkt für Waren und Dienstleistungen voranzutreiben, die Lissabon-Strategie für

Wachstum und Beschäftigung umzusetzen bzw. weiter zu entwickeln (siehe Abbildungen 2-2 und 5-3), die Rahmenbedingungen für kleine und mittlere Unternehmen zu verbessern, nachhaltiges und damit verantwortungsbewusstes Unternehmertum zu fördern und europäische Normen auf freiwilliger Basis weiterzuentwickeln (KOM 49). Diese Aufgaben betreffen alle Branchen und klingen eher konzeptionell. Dahinter verbergen sich aber häufig sehr konkrete Maßnahmen. So steht der letztgenannte Punkt zu „europäischen Normen" z.B. für die bekannte CE-Bezeichnung: Sie beweist, dass ein Produkt den geltenden EU-Vorschriften genügt und ein entsprechendes Bewertungsverfahren absolviert hat (KOM 48). Auch beteiligt sich die Generaldirektion aktiv an der umweltpolitischen Gesetzgebung, um „nachhaltiges Unternehmertum" zu fördern (KOM 49). Die Rahmenbedingungen für KMU soll schließlich der „Small Business Act" von Juni 2008 verbessern. Er enthält Vorschläge, wie Unternehmen mit bis zu 250 Beschäftigten entlastet werden können, ist aber nicht rechtsverbindlich (KOM 74).

Lissabon-Strategie und Europa 2020-Strategie

Abbildung 5-3

Die **Lissabon-Strategie** sollte zwischen den Jahren 2000 und 2010 aus der EU den wettbewerbsfähigsten und dynamischsten wissensgestützten Wirtschaftsraum der Welt machen (siehe Abbildung 2-2). Zur Halbzeit 2005 stellte die EU-Kommission jedoch fest, dass diese Ziele ferner denn je lagen (KOM 50). Inzwischen kann man sagen, dass die Strategie, deren Ziele für die Mitgliedsländer unverbindlich waren, gescheitert ist.

Deshalb entwickelte die EU-Kommission eine neue Strategie namens **Europa 2020**, die sich auch auf die Erfahrungen mit der Finanz- und Wirtschaftskrise beruft. Die Agenda soll wissensbasiertes Wachstum schaffen, eine „integrative Gesellschaft" hervorbringen und eine umweltfreundliche, international wettbewerbsfähige Wirtschaft schaffen (KOM 72). Das klingt wenig konkret, was auch für die Details der Strategie zutrifft (KOM 73). Allerdings will die EU-Kommission die Kernziele künftig mit Zahlenvorgaben unterlegen und der Europäische Rat soll die Fortschritte jährlich bewerten. Die Strategie Europa 2020 gehört daher zu den Maßnahmen, mit denen Brüssel die Koordinierung der nationalen Wirtschaftspolitik verstärken will (KOM 31.3.2010, S. 2).

Neben Aktivitäten, die alle Branchen betreffen, verfolgt die gemeinschaftliche Industriepolitik aber auch konkrete Ziele in einzelnen Wirtschaftszweigen. Ausdrücklich will die Generaldirektion Unternehmen und Industrie unter anderem die Europäische Raumfahrt in eine strategische Führungsrolle bringen, der EU den Zugang zu nichtenergetischen Rohstoffen sichern und Finanzmittel verfügbar halten, auch in Zeiten der Finanzkrise (KOM 49). Bei diesen sektorspezifischen Eingriffen ist die Industriekommission nicht immer allein zuständig. Oft arbeitet sie mit anderen Kommissionen

Sektorbezogene Eingriffe

zusammen, etwa mit der Verkehrs-, der Wettbewerbs-, oder der Handels-kommission. Die letztlich eingesetzten Gelder stammen dabei aus dem EU-Haushalt und/oder aus den nationalen Budgets einzelner Mitgliedsländer. Stellvertretend seien zwei industriepolitische Großprojekte erläutert, die zumindest einige Staaten der Gemeinschaft mit großem Einsatz betreiben, nämlich Airbus und Galileo.

Airbus

■ Schon ab den 1950er Jahren versuchten europäische Politiker, eine europäische Antwort auf US-amerikanische Großraumflugzeuge zu finden. Da rein nationale Anstrengungen scheiterten, subventionierten Großbritannien und Frankreich ab Anfang der 1960er Jahre die Entwicklung der Concorde. Dieses Überschallflugzeug blieb aber ein dauerhafter Verlustbringer und hob daher 2003 zu seinem letzten Flug ab (BBC 15.8.2007). Den Airbus entwickelte ein europäisches Konsortium ab Mitte der 1960er Jahre. Ihm gehören heute Deutschland, Frankreich, das Vereinigte Königreich und Spanien an. Die Geschäfte verliefen zwar nicht krisenfrei, aber insgesamt deutlich erfolgreicher: Airbus beschäftigt inzwischen über 50.000 Arbeitskräfte und teilt sich mit Boing den Weltmarkt für Großraumflugzeuge (Airbus). Das Duopol führt aber immer wieder zu erheblichen Auseinandersetzungen zwischen der EU und den USA vor der Welthandelsorganisation: Während die USA gegen angeblich milliardenschwere europäische Beihilfen für Airbus klagen, zieht die Europäische Union gegen US-Subventionen für Boing zu Felde (Euractiv.com 27.9.2007; FTD 4.9.2009).

Galileo

■ Das Satelliten-Navigationssystem Galileo soll die europäische Antwort auf das GPS-System der USA sein: Es würde die Position seiner Nutzer und der gesuchten Objekte wesentlich genauer bestimmen als das amerikanische Global Positioning System und ist eher für zivile als für militärische Zwecke ausgelegt. Die EU will mit Galileo aber auch die Abhängigkeit von den USA verringern, die sich für (militärische) Krisenfälle vorbehalten, ihr System ungenauer zu machen. Ursprünglich sollte dieses Vorzeige-Projekt der EU schon 2008 den Betrieb aufnehmen und privat finanziert werden. Die Zeitplanung verzögert sich immer weiter, Ende 2009 war von einem Start frühestens im Jahr 2015 die Rede. Die Finanzierung soll nun der europäische Steuerzahler übernehmen: Insgesamt stehen für die geplanten 30 Navigationssatelliten 3,4 Milliarden Euro aus EU-Mitteln bereit. Allerdings räumte die EU-Kommission inzwischen offiziell ein, dass diese 3,4 Milliarden nicht ausreichen dürften. Galileo ist ein industriepolitisches Paradebeispiel: Die Bundesregierung hatte Ende 2007 für Vergaberegeln gesorgt, die sicher stellten, dass deutsche Unternehmen von den ausgeschriebenen Aufträgen profitieren würden (KOM 51; Netzeitung.de 24.11.2007; Spiegel 1.7.2008; SZ 17.12.2009, S. 19; FAZ.NET 7.1.2010).

Schließlich sind die (auch) industriepolitischen Förderprogramme der EU Legion. Die Industriekommission selbst stellt davon nur einen Bruchteil bereit, nämlich zwischen 2007 und 2013 insgesamt 3,6 Milliarden Euro mit dem „Rahmenprogramm für Wettbewerbsfähigkeit und Innovation", kurz CIP (Competitiveness and Innovation Framework Programme). Es unterstützt kleine und mittlere Unternehmen über drei Unterprogramme, die sich auf Innovationen, erneuerbare Energien und Informations- und Kommunikationstechnologien beziehen (CIP).

Förderdschungel EU

Abbildung 5-4

Die finanziellen Förderprogramme der EU sind sehr vielfältig. Schwerpunkte der EU-Förderung betreffen die Europäische Landwirtschaft, strukturschwache Regionen, Forschung- und Entwicklung, kleine und mittlere Unternehmen (KMU) sowie Arbeitsmarkt- und sozialpolitische Themen. Eine Gesamtschau der umfangreichsten Programme über alle Politikbereiche bietet Tabelle 5-2 am Ende von Kapitel 5.

Einen **Einstieg in sämtliche EU-Fördermittel** bietet die EU-Kommission im Internet an unter http://ec.europa.eu/grants/index_de.htm, „Beihilfen der EU", „Beihilfen, Fonds und Programme nach Politikbereichen".

Allein für **kleine und mittlere Unternehmen** stehen insgesamt rund 30 Milliarden Euro zur Verfügung (KOM 48). Einen Einstieg in die Detailrecherche dieser Programme bietet die Industriekommission auf den Seiten http://ec.europa.eu/enterprise/sme/fund_tools/fund_tools_theme_de.htm oder http://ec.europa.eu/enterprise/sme/funding_de.htm. Eine alphabetische und verlinkte Liste der EU-Programme mit der zuständigen Brüsseler Stelle findet sich beim gemeinnützigen Verein Eurocircle unter http://asso.eurocircle.free.fr/de/programme/liste.htm. Auch externe Bezahldienste wollen den Weg zu den europäischen Finanzprogrammen erleichtern. Ein Beispiel dafür ist der Anbieter „Welcome Europe", www.welcomeurope.com.

Insgesamt leiden vor allem kleine und mittlere Unternehmen unter der undurchsichtigen und vielfältigen EU-Förderung. Darauf macht auch der Deutsche Industrie- und Handelskammertag in seinem „Bericht aus Brüssel" im Namen seiner Dachvereinigung Eurochambres aufmerksam, wenn er schreibt: *„Nach wie vor leiden KMU in Europa unter einem erschwerten Zugang zu Finanzmitteln sowie zu öffentlichen Ausschreibungen."* (DIHK 7.12.2009, S. 12)

5.3   Forschungs- und Technologiepolitik

Die Forschungsförderung der EU ist mit der Industriepolitik eng verknüpft. Denn auch sie beruft sich auf die Lissabon- bzw. Europa 2020-Strategie und will die Wettbewerbsfähigkeit der europäischen Industrie stärken (Einstieg:

KOM 52; Details: Turek 2009). Gemeinsam treiben beide Politikfelder z.B. die europäische Raumfahrtpolitik voran, die einerseits Arbeitsplätze schaffen, andererseits für die Grundlagenforschung genutzt werden soll (KOM 53). Weitere enge Kooperationspartner sind die Kommissionsstellen, die sich mit Verkehr, Energie, Umwelt und Informationstechnologie beschäftigen.

Die EU will einen europäischen Forschungsraum verwirklichen, indem sie insbesondere umfangreiche Forschungsgelder zur Verfügung stellt, einen Europäischen Forschungsrat etabliert und ein Technologieinstitut betreibt. Forschung und Innovation stellen grundsätzlich auch im Programm der Ratspräsidentschaft in den 18 Monaten von Januar 2010 bis Juni 2011 eine Priorität dar (Rat 27.11.2009).

7. Rahmenpro-gramm fördert F&E-Projekte

Hauptinstrument der gemeinschaftlichen Forschungsförderung ist ein „Rahmenprogramm für Forschung, technologische Entwicklung und De-monstration", das zwischen 2007 und 2013 insgesamt 53 Milliarden Euro bereithält (KOM 54). Damit übertrifft es seine sechs Vorgängerprogramme bei weitem. Es soll europäische Unternehmen produktiver und innovativer machen und zu ihrem nachhaltigen Wachstum beitragen. Daher wendet sich die Förderung an praktisch jede Stelle, die forscht – also nicht nur an staatli-che Forschungsgruppen oder –institute, sondern z.B. auch an kleine und mittlere Unternehmen und deren Verbände. Nationale Kontaktstellen finden sich über CORDIS in allen Teilnehmerländern, zu denen neben der EU auch weitere assoziierte Staaten gehören (KOM 55; KOM 56). Das 7. Rahmenpro-gramm besteht aus vier spezifischen Programmen, deren Namen die jewei-lige Stoßrichtung aufzeigen:

■ Zusammenarbeit („transnationale" Verbundforschung zwischen Indust-rie und Hochschulen, das mit Abstand größte Volumen),

■ Ideen (exzellente „Pionierforschung", siehe nächster Absatz zum For-schungsrat)

■ Menschen (Mobilitäts- und Laufbahnunterstützung für Forscher) und

■ Kapazitäten (Forschungsinfrastruktur und Forschung für KMU).

Die Kofinanzierung der EU beträgt 50-100 Prozent (KOM 2007/3; BMBF 2 mit der Möglichkeit, hilfreiche Unterlagen herunterzuladen). Zur Nuklearforschung existiert ein weiteres spezifisches Programm, das von 2007 bis 2011 läuft. Es umfasst die Bereiche Fusionsenergie, Kernspaltung und Strahlenschutz (KOM 2007/3).

Forschungsrat

Der Forschungsrat fördert seit Februar 2007 herausragende Grundlagenfor-schung. Er setzt deshalb das oben erwähnte spezifische Programm „Ideen" überwiegend im Alleingang um. Sein Budget dafür beträgt 7,5 Milliarden

Euro, das Herzstück bildet dabei ein hochrangig besetzter Wissenschaftlicher Rat. Dieser Rat bewilligt die Forschungsgelder völlig autonom (EIC).

Das Technologieinstitut geht auf eine Initiative von Kommissionspräsident Barroso zurück und nahm seine Arbeit 2008 in Budapest auf. Es war zunächst als lokaler Forschungscampus gedacht, der Standorten wie dem US-amerikanischen MIT (Massachusetts Institute of Technology in Cambridge) Konkurrenz machen sollte. Nun wird daraus eher eine Organisationsplattform für Forschungsnetzwerke, die die größten Talente und Forscher zu regionalen Innovationsclustern zusammenführen soll. Das Institut erhält bis 2013 rund 308 Millionen Euro (EIT). Im Dezember 2009 wurden die ersten drei „Wissens- und Innovationsgemeinschaften", so genannte KICs, vorgestellt. Das „KIC Inno Energy" soll z.B. nachhaltige Energiesysteme in Wirtschaft und Gesellschaft implementieren. Es bindet 35 Partner aus Wissenschaft und Wirtschaft ein, darunter das Karlsruher Institut für Technologie, die Universität Stuttgart, den Energieversorger EnBW und den Software-Konzern SAP (DIHK 12.1.2010, S. 13f.).

Technologie-institut

Weitere Forschungsaktivitäten fördert die EU schließlich im Rahmen von EUREKA, der Gemeinsamen Forschungsstelle und der Europäischen Weltraumagentur.

■ Die europäische Forschungsinitiative EUREKA (European Research Coordination Agency) wurde 1985 gegründet und intensiviert die Zusammenarbeit in Forschung und Technologie auf zivilem Gebiet. Sie unterstützt auch kleine und mittlere Unternehmen dabei, Projekte vorzubereiten und durchzuführen. EUREKA verfügt über kein zentrales Budget. Finanzielle Förderungen sind in jedem Mitgliedsland anders geregelt, in Deutschland laufen sie vor allem über das Bildungs- und Wirtschaftsministerium. Neben der EU-Kommission und den allermeisten EU-Staaten gehören auch weitere Länder zu ihren Mitgliedern. (EUREKA).

EUREKA

■ 1957 nahm Euratom die Arbeit auf. Diese Europäische Atomgemeinschaft betrieb auch eine Gemeinsame Forschungsstelle, die sich zunächst ausschließlich mit Nuklearforschung befasste. Der Fusionsvertrag von 1967 legte die Organe der Wirtschaftsgemeinschaft, der Montanunion und von Euratom zusammen. Die Gemeinsame Forschungsstelle ist daher heute eine Abteilung der EU-Kommission mit insgesamt 2.750 Mitarbeitern, die so genannte Eigenforschung betreibt. Sie will damit die politische Entscheidungsfindung der EU wissenschaftlich und technologisch unterstützen. Neben der Nuklearforschung liegen ihre Schwerpunkte bei industriellen Technologien, Umweltschutz, Energie, Normierung, Gesundheit und Verbraucherschutz. Sie unterhält insgesamt sieben Institute in den sechs Mitgliedsländern Italien, Belgien, Deutschland, Niederlande, Spanien und Großbritannien. Die Gemeinsa-

Gemeinsame Forschungsstelle

me Forschungsstelle beteiligt sich insbesondere über die Nuklearforschung am 7. Rahmenprogramm, von dem sie auch die wesentlichen Finanzmittel bezieht (GFS; BMBF 3).

Weltraumagentur

■ Die Europäische Weltraumagentur ESA koordiniert seit 1973 die Zusammenarbeit europäischer Staaten in der Weltraumforschung. Sie ist damit auch Ansprechpartner der US-amerikanischen Weltraumbehörde NASA. Ihre rund 2.000 Mitarbeiter verteilen sich auf das Pariser Hauptquartier und fünf weitere Spezialsitze in Deutschland, Spanien, Italien und den Niederlanden. ESA entwickelte unter anderem die europäische Trägerrakete Ariane und das Weltraumlabor Spacelab. 2009 verfügte die Forschungsbehörde über ein Budget von fast 3,6 Milliarden Euro. Diese Mittel stammen aber nicht aus dem EU-Haushalt. Denn längst nicht alle Gemeinschaftsländer beteiligen sich an ESA, umgekehrt sind Nicht-EU-Mitglieder wie Norwegen oder die Schweiz dabei (ESA).

5.4 Struktur- und Regionalpolitik

Ziel: Lebensbedingungen angleichen

Die EU versucht, mit regional-, struktur-, agrar-, sozial- und arbeitsmarktpolitischen Hilfsprogrammen die wirtschaftlichen und sozialen Unterschiede innerhalb der Gemeinschaft auszugleichen. Kernelemente der europäischen Strukturpolitik sind der Struktur- und der Kohäsionsfonds. Daneben hält die Gemeinsame Agrar- und Fischereipolitik umfangreiche Entwicklungsgelder für ländliche Gebiete bereit. Schließlich sollen weitere Maßnahmen wie ein Globalisierungsfonds, günstige Kredite der Europäischen Investitionsbank oder erlaubte nationale Beihilfen den Strukturwandel europäischer Regionen und Unternehmen in einer wettbewerbsintensiven Weltwirtschaft erleichtern. Die Angaben zu den jeweiligen Budgets weichen in den verschiedenen EU-Veröffentlichungen voneinander ab. Das liegt daran, dass es sich mal um Planzahlen, dann wieder um tatsächliche Zahlungen handelt. Die folgenden Budgetgrößen beruhen überwiegend auf der übersichtlichen und informativen Broschüre „Neue Fonds, bessere Regeln" (KOM 2008).

5.4.1 Struktur- und Kohäsionsfonds

347 Mrd. €
Budget
(2007-2013)

Das Gesamtbudget von Struktur- und Kohäsionsfonds beträgt zwischen 2007 und 2013 rund 347 Milliarden Euro. Der Strukturfonds besteht aus dem erstmals 1960 aufgelegten Sozialfonds und dem Regionalfonds, der seit 1975 existiert. Hinzu kam 1993 der Kohäsionsfonds (Hartwig 2009; Hillenbrand 2009, S. 422-424, S. 433, S. 448-449). Diese Fonds sollen das Entwicklungsgefälle innerhalb der EU senken. Sie verfolgen gemeinsam drei Ziele, nämlich – vereinfacht gesprochen (in Klammern der offizielle Kurztitel) –

1. rückständige EU-Regionen zu fördern („Konvergenz")

2. die Wettbewerbsfähigkeit und Beschäftigung von Regionen zu fördern, die nicht zu den rückständigen Regionen aus Punkt 1 gehören („Regionale Wettbewerbsfähigkeit und Beschäftigung") und

3. die grenzüberschreitende Zusammenarbeit zu fördern („Territoriale Zusammenarbeit").

Auf das erste Ziel entfallen fast 82 Prozent der Gelder, auf Ziel 2 nur 16 Prozent und auf Ziel 3 der vernachlässigbare Rest. Als rückständig gelten grundsätzlich diejenigen EU-Regionen, deren Bruttoinlandsprodukt pro Kopf weniger als 75 Prozent des EU-25-Durchschnitts beträgt (Hartwig 2009, S. 326f.). Das gilt für fast alle osteuropäischen Regionen, die rund die Hälfte aller Fördermittel erhalten. Es trifft aber eigentlich nicht mehr für die neuen deutschen Bundesländer zu, denn das durchschnittliche Bruttoinlandsprodukt pro Kopf sank in der EU durch die Osterweiterung. Um aber Regionen wie die östlichen deutschen Bundesländer weiterzufördern, gewähren die Strukturfonds auch besondere Übergangsunterstützungen namens phasing-out und phasing-in (ebenda, S. 326; Profitierende EU-Regionen: EU 1, S. 21, „Die EU-Kohäsionspolitik: Solidarität in der Praxis"). Die jeweiligen Fonds-Milliarden vergibt die EU-Kommission zusammen mit den nationalen Verwaltungen und zusätzlich zu nationalen Geldern, wobei ihr Anteil in der Regel bei maximal 75 Prozent der Gesamtkosten liegt.

Auch für neue Bundesländer

Die konkreten Förderschwerpunkte der drei Fonds unterscheiden sich wie folgt (Hartwig 2009, S. 323f.; Zahlenangaben: KOM 2008, S. 21):

▪ Der Europäische Sozialfonds ESF ist das wichtigste sozialpolitische Instrument der EU. Er fördert zahlreiche Instrumente der aktiven Arbeitsmarktpolitik, etwa die Berufsausbildung, Umschulungen und Maßnahmen, die Arbeitsplätze schaffen (KOM 57). Sein Anteil am Gesamtbudget für 2007 bis 2013 beträgt vorläufig 79 Milliarden Euro.

Sozialfonds

▪ Der Europäische Fonds für Regionale Entwicklung EFRE fördert die strukturelle Anpassung rückständiger Gebiete, finanziert aber auch die Umstellung von Regionen mit veralteten Industriestrukturen. Der Regionalfonds stellt zwischen 2007 und 2013 vorläufig insgesamt 199 Milliarden Euro bereit. Er wurde ursprünglich gegründet, um das Vereinigte Königreich dafür zu entschädigen, dass es mangels umfassender Landwirtschaft kaum von den europäischen Agrarsubventionen profitierte (KOM 58).

Regionalfonds

Kohäsionsfonds

■ Der Kohäsionsfonds unterstützt Maßnahmen im Umweltschutz und in der grenzüberschreitenden Infrastruktur – das sind vor allem Verkehrsprojekte –, soweit das Bruttoinlandsprodukt der betroffenen Regionen unter 90 Prozent des EU-Durchschnitts liegt. Er verfügt zwischen 2007 und 2013 über 70 Milliarden Euro. Von diesen Geldern profitieren deutsche Regionen nicht.

2014 beginnt die nächste Förderperiode, deren Ziele bereits ausgiebig diskutiert werden. Denn die EU kann die Gelder dann erstmals nach dem ordentlichen Gesetzgebungsverfahren und damit leichter auf verschiedene Zwecke verteilen (DIHK 14.12.2009, S. 4).

5.4.2 Weitere Fördermaßnahmen

Agrarhilfen

Die europäischen Agrarsubventionen stellen die älteste, umfangreichste und umstrittenste Gemeinschaftspolitik dar (Details Agrarpolitik: Lippert 2009a; Details Fischereipolitik: Lippert 2009b). Sie dient nach Auffassung der meisten Ökonomen weniger der Strukturanpassung als vielmehr dem Strukturerhalt und fördert nachhaltige Überproduktion. Die EU-Mitglieder bauen daher die umfangreichen Fördergelder gegen den erbitterten Widerstand einflussreicher Lobbyisten ganz allmählich ab. Die agrarpolitischen Fördergelder stammen inzwischen vor allem aus folgenden Bereichen (Hillenbrand 2009, S. 422-424 und S. 427; Zahlenangaben: KOM 2008, S. 21f.):

Garantiefonds

■ Der Europäische Garantiefonds für die Landwirtschaft EGFL leistet Direktzahlungen an Landwirte und finanziert die Interventionsmaßnahmen, Exportsubventionen usw. an den Agrarmärkten. Er ersetzt seit 2007 zusammen mit dem unten beschriebenen Landwirtschaftsfonds ELER den vormaligen Europäischen Ausrichtungs- und Garantiefonds für die Landwirtschaft EAGFL. Sein vorläufiges Gesamtbudget umfasst im 7-Jahres-Zeitraum knapp 317 Milliarden Euro.

Landwirtschafts-fonds

■ Der Europäischer Landwirtschaftsfonds für die Entwicklung des ländlichen Raumes ELER finanziert seit 2007 Umstrukturierungsmaßnahmen in der Land- und Forstwirtschaft, Umweltschutzprojekte im Rahmen der Landbewirtschaftung und sonstige Maßnahmen, die die Lebensqualität und wirtschaftliche Diversifizierung in ländlichen Regionen fördern. Bis 2013 stehen dafür rund 92 Milliarden Euro zur Verfügung, die nationale Investitionen ergänzen (KOM 59).

Fischereifonds

■ Der Europäische Fischereifonds EFF löste 2007 das bisherige Finanzinstrument zur Ausrichtung der Fischerei FIAF ab. Er umfasst zwischen 2007 und 2013 4,3 Milliarden Euro. Insgesamt stehen für die Gemeinsame Fischereipolitik 6,7 Milliarden Euro bereit, denn sie ist ähnlich strukturerhaltend und interventionistisch organisiert wie die europäische Agrarpolitik (KOM 60).

Das Instrument für Heranführungshilfe IPA ersetzt seit 2007 Phare (Poland and Hungary Action for Restructuring of the Economy) und andere Heranführungsprogramme für Osteuropa. Phare hatte seit 1989 die wirtschaftliche Umgestaltung der osteuropäischen Länder unterstützt. Es diente der EU vor allem dazu, die Institutionen der Beitrittsländer europatauglich zu machen und betrug von 2000 bis 2006 insgesamt 10 Milliarden Euro. IPA gewährt nun zwischen 2007 und 2013 weitere 11,5 Milliarden Euro an Übergangshilfen, um die Institutionen aufzubauen, grenzübergreifend zusammenzuarbeiten, sowie die Regionen, menschlichen Ressourcen und den ländlichen Raum zu entwickeln (KOM 61; Hillenbrand 2009, S. 442).

Heranführungshilfe

Der Solidaritätsfonds der Europäischen Union EUSF hilft seit Ende 2002 bei Katastrophenfällen wie Überschwemmungen, Waldbränden, Erdbeben, Stürmen, Dürren und Terrorangriffen. Sein Jahresbudget beträgt maximal eine Milliarde Euro (KOM 62). Der Europäische Globalisierungsfonds EGF soll Arbeitskräften helfen, die durch Veränderungen im Welthandel entlassen werden. Er vergibt insgesamt bis zu 500 Millionen Euro pro Jahr, wenn Unternehmen ihre Produktion aufgeben oder in Niedriglohnländer verlagern. Im Zuge der Finanz- und Wirtschaftskrise half er ebenfalls entlassenen Beschäftigten (KOM 63). Die Europäische Investitionsbank EIB schließlich existiert seit 1958 und finanziert langfristige Projekte von europäischem Interesse. Sie stellt für die regionale Entwicklung ebenfalls zinsgünstige Darlehen bereit (EIB).

Weitere Fonds und EIB

5.5 Arbeitsmarkt- und Sozialpolitik

Über das für und wider einer harmonisierten europäischen Sozialpolitik streiten die Mitgliedsländer, seit es die Gemeinschaft gibt (aktueller Stand z.B. bei KOM 28.1.2010, S. 4f.). Trotz zahlreicher Widerstände vor allem aus Großbritannien und Deutschland reichen die beschäftigungs- und sozialpolitischen Aktivitäten der Europäischen Union inzwischen recht weit und werden mit jeder Vertragsänderung zusätzlich ausgebaut (Einstieg: EU 7; KOM 64). Sie umfassen zwar viele rechtlich unverbindliche Maßnahmen, aber auch immer mehr konkrete Gesetze. Diese Gesetze gingen einerseits aus zuvor nicht bindenden Aktionsprogrammen oder Sozialchartas hervor, andererseits entwickelten sie sich aus der Rechtsprechung des Europäischen Gerichtshofes. Zu nennen sind insbesondere umfangreiche Diskriminierungsverbote, arbeitsrechtliche Regulierungen und Sozialversicherungsge-

Immer mehr konkrete Gesetze

setze für mobile EU-Bürger. Schließlich fördern Finanzprogramme eine aktive Arbeitsmarktpolitik.

5.5.1   Überblick

Rechtlich unverbindliche Instrumente

So vielfältig die beschäftigungs- und sozialpolitischen Ziele der Union, so zahlreich sind auch die dafür vorgesehenen, rechtlich unverbindlichen Instrumente. Dies zeigen folgende Beispiele:

Beschäftigung

■ Die Gemeinschaft soll ein hohes Beschäftigungsniveau fördern, die jeweils nationale Beschäftigungspolitik koordinieren und eine koordinierte Beschäftigungsstrategie entwickeln. Hierfür stellt sie beschäftigungspolitische Leitlinien auf, überprüft die Beschäftigungsprogramme der Mitgliedsstaaten („Monitoring"), veröffentlicht Leistungsvergleiche („Benchmarking") und identifiziert erfolgreiche Maßnahmen („Best Practice Procedure"; Maurer 2009b, S. 95).

Bildung

■ Die Gemeinschaft soll zu einer qualitativ hochstehenden allgemeinen und beruflichen Bildung beitragen, den Zugang zur Bildung und die ständige Weiterbildung fördern. Hierfür stehen ihr unter anderem Aktionsprogramme zur Verfügung (Linsemann 2009; KOM 65).

Sozialpolitik

■ Die Gemeinschaft soll die Arbeitsbedingungen, die berufliche Eingliederung, den sozialen Dialog und die soziale Sicherheit von Arbeitnehmern verbessern. Dafür nutzt sie neben konkreter Gesetzgebung den sozialen Dialog, Sozialchartas und -agenden unterschiedlicher Bezeichnung und zahlreiche europäische Agenturen (Weiterführend: Becker 2009).

Koordinierung

■ Eine rechtlich unverbindliche „Methode der offenen Koordinierung" gilt inzwischen praktisch für die gesamte europäische Sozialpolitik. Statt konkreter Rechtsvorschriften definiert sie gemeinsame sozialpolitische Ziele in einem abgestuften Verfahren: Europäische Leitlinien werden durch „Strukturindikatoren" konkretisiert, und die Mitgliedsländer berichten schließlich darüber, wie sie die Leitlinien umgesetzt haben (ebenda, S. 320).

Verbindliche Sozialcharta

Viele rechtsverbindliche sozialpolitische Themen, die z.B. die nationalen Sozialversicherungen, den Kündigungsschutz oder die Mitbestimmung betreffen, müssen nach wie vor einstimmig entschieden werden. Auch auf Gebieten wie dem Arbeitsentgelt, dem Koalitions-, Streik- und Aussperrungsrecht behalten die Mitgliedsstaaten das Sagen. Gleiches gilt schließlich für umfassende Konjunkturpakte gegen die Finanz- und Wirtschaftskrise (siehe Abbildung 2-6): Hier binden der EU der einstimmig verabschiedete Gemeinschaftshaushalt und das bisherige Verschuldungsverbot die Hände.

Allerdings schafften es zahlreiche zuvor unverbindliche Initiativen über die Jahre in den EU-Vertrag: So existierte seit 1961 eine völlig unverbindliche Europäische Sozialcharta, die Kommissionspräsident Delors ab 1987 auffrischte, um den europäischen Binnenmarkt sozial zu flankieren. Die EU-Kommission verabschiedete daraufhin 1989 die ebenfalls rein deklaratorische Gemeinschaftscharta der sozialen Grundrechte. Sie wurde mit dem Maastrichter Vertrag 1993 zu einem sozialpolitischen Protokoll befördert und landete schließlich 1999 vollends im Vertrag, nachdem das Vereinigte Königreich nach einem Regierungswechsel seinen zuvor erbitterten Widerstand aufgegeben hatte (Hillenbrand 2009, S. 446f.).

5.5.2 Regulierungsbeispiele

Drei Beispiele verdeutlichen die große Reichweite, die europäische Arbeits- und Sozialgesetze inzwischen erreichen. Sie betreffen Diskriminierungsverbote, arbeitsrechtliche Mindeststandards und das Sozialversicherungsrecht.

EU-Kommission und Europäischer Gerichtshof konzentrierten sich traditionell stark darauf, Frauen beruflich den Männern gleichzustellen. Bahnbrechende Urteile sorgten für grundsätzliche Lohngleichheit oder für bessere Aufstiegsmöglichkeiten weiblicher Beschäftigter (Streinz 2008, S. 443-446). Sie führten zu umfassenden Änderungen im nationalen Arbeits- und Tarifrecht auch der Bundesrepublik Deutschland und erlauben ausdrücklich auch die Diskriminierung von Männern bis zur vollen Gleichstellung der Frauen, etwa über Quoten. Das Gleichstellungsanliegen wirkte unter dem Begriff „Gender Mainstreaming" zunehmend in alle Politikbereiche der EU und damit auch der deutschen Gesetzgebung hinein (Simhandl/Tannous 2009, v.a. S. 67-69; KOM 66; KOM 67). In den letzten Jahren bekämpft die Union darüber hinaus jede Form von Ungleichbehandlung. So verabschiedete sie innerhalb der Jahre 2000 bis 2004 vier wichtige Gleichbehandlungsrichtlinien (Überblick: Antidiskriminierungsstelle):

Diskriminierungsverbote

1. Die Antirassismusrichtlinie aus dem Jahr 2000 bekämpft Diskriminierung nach „Rasse" bzw. ethnischen Herkunft (RL 2000/43/EG).

2. Die Rahmenrichtlinie Beschäftigung, ebenfalls aus dem Jahr 2000, richtet sich gegen Diskriminierung wegen Religion oder Weltanschauung, Behinderung, Alter oder sexueller Ausrichtung in Beschäftigung und Beruf (RL 2000/78/EG). Arbeitgeber dürfen also überspitzt formuliert eine farbige, querschnittsgelähmte, sechzigjährige, lesbische Muslimin bei der Bewerberauswahl grundsätzlich nicht mehr benachteiligen.

3. Die Gender-Richtlinie von 2002 will die Gleichbehandlung von Männern und Frauen in Beschäftigung und Berufsbildung verwirklichen (RL 2002/73/EG).

4. Die Richtlinie zur Gleichstellung der Geschlechter auch außerhalb der Arbeitswelt von 2004 erweitert das geschlechtsspezifische Diskriminierungsverbot auf die Versorgung mit Gütern und Dienstleistungen (RL 2004/113/EG). So dürfen z.B. private Rentenversicherungen im Rahmen der Riester-Rente nicht mehr günstigere Tarife für männliche Versicherte anbieten, obwohl diese durchschnittlich kürzer leben und somit weniger Ruhegelder beanspruchen als Frauen. Das „Risiko" des längeren weiblichen Lebens legen die Versicherungen daher nun auf alle Versicherten um, also auch auf die Männer.

Im Sommer 2008 präsentierte die Kommission einen Richtlinienvorschlag, der die Diskriminierung nach Religion, Behinderung, Alter und sexueller Orientierung auch außerhalb des Arbeitsmarktes verbietet (Simhandl/Tannous 2009, S. 70). Maßgebliche Unterstützung erhält ihre Arbeit durch den Europäischen Gerichtshof. Er verbot 2005 ein deutsches Gesetz, das die Befristungsmöglichkeiten für ältere Arbeitnehmer gelockert hatte, mit dem Hinweis auf Altersdiskriminierung (EuGH, C-144/04). Im Januar 2010 kippten die Richter eine deutsche Kündigungsschutzregel von 1926, weil sie jüngere Arbeitnehmer diskriminiere (siehe Kapitel 1 bzw. EuGH, C-555/07; HB 20.1.2010a, S. 10f.; HB 20.1.2010b, S. 3).

Arbeitsrechtliche Mindeststandards

Jenseits der Antidiskriminierungsgesetze sieht die EU häufig arbeitsrechtliche Mindestvorschriften vor. Dazu gehören unter anderem die Arbeitsbedingungen, Massenentlassungen, Teilzeitarbeit, befristete Arbeitsverträge, Gesundheitsschutz und Sicherheit am Arbeitsplatz sowie Mutterschafts- und Eltern-„Urlaub". 1989 erließ sie z.B. eine Rahmenrichtlinie zum Arbeitsschutz, 1993 folgte eine Arbeitszeitrichtlinie (Kuhn 1993, S. 101 ff.). Die erste Richtlinie zur Elternzeit erließ die Gemeinschaft im Dezember 1995. 1997 regelte eine Rahmenvereinbarung erstmals die Teilzeitarbeit (RL 97/81/EG). Im Frühjahr 2010 kündigte Beschäftigungskommissar Andor eine Überarbeitung der Arbeitszeitrichtlinie an (KOM 25.3.2010, S. 5).

Abbildung 5-5   *Eltern-Urlaub in der Europäischen Union*

Der Eltern-„Urlaub" betrifft die Zeit nach dem Mutterschutz. Während der Mutterschutz medizinisch motiviert ist und deshalb nur von Frauen in Anspruch genommen werden kann, ist die Zeit danach zwischen den Eltern aufteilbar. In Deutschland spricht der Gesetzgeber inzwischen treffender von Elternzeit, weil die Versorgung eines Säuglings keinen Erholungsurlaub darstellt.

Im Dezember 1995 übernahm eine rechtsverbindliche Richtlinie, was zuvor die Sozialpartner aus Arbeitgeber- und Arbeitnehmervertretern auf EU-Ebene bereits vereinbart hatten: Erwerbstätige Männer und Frauen genießen seither das individuelle Recht, eine **mindestens dreimonatige Elternzeit** nach der Geburt oder Adoption eines Kindes in Anspruch zu nehmen. In dieser Periode darf den Eltern nicht gekündigt werden, sie können nach Rückkehr den früheren oder einen gleichwertigen Arbeitsplatz beanspruchen und genießen während der Elternzeit weiterhin alle Arbeitnehmerrechte. Außerdem gibt die Richtlinie Arbeitnehmern das Recht, wegen dringender familiärer Gründe wie Krankheiten oder Unfällen, die die sofortige Anwesenheit des Arbeitnehmers erfordern, der Arbeit fernzubleiben.

Im Dezember 2009 verlängerte der Sozialministerrat die minimale Elternzeit von drei auf vier Monate und weitete sie auf selbständige Mütter und Väter aus. Auch dies hatten die europäischen Sozialpartner zuvor bereits vereinbart. Die neue Richtlinie verschärft daneben die Antidiskriminierungsregeln und erleichtert die Rückkehr an den Arbeitsplatz durch das Recht, flexible Arbeitsregelungen zu beantragen (KOM 30.7.2009a, v.a. S. 2; Zusammenfassung: KOM 3.12.2009, S. 3).

Bei den Sozialversicherungen schließlich wirkt die Europäische Union vornehmlich koordinierend, da die nationalen Systeme grundverschieden sind. Insbesondere die drei großen Blöcke Renten-, Arbeitslosen- und Krankenversicherung finanzieren sich aus unterschiedlichen Quellen, nämlich Sozialbeiträgen oder Steuern, und gewähren kaum vergleichbare Leistungen. Lediglich für mobile EU-Bürger existiert daher seit beinahe 40 Jahren eine Rentenverordnung für Arbeitnehmer, die in mehr als einem Gemeinschaftsland tätig waren. Sie regelt im Detail, wie Rentenansprüche aus mehreren Gemeinschaftsländern zeitanteilig so zusammenzurechnen sind, dass mobilen Arbeitskräften keine Nachteile gegenüber immobilen Arbeitskräften entstehen. Der Europäische Gerichtshof konkretisierte diese sozialversicherungsrechtlichen Koordinierungsvorschriften in vielen Einzelfällen dahingehend, dass er auch versicherungsfremde Leistungen wie das Kindergeld einbezog. Dies verärgerte Länder wie Deutschland, die vergleichsweise hohe versicherungsfremde Leistungen an ihre Wohninländer vergeben (Kuhn 1993, S. 163 ff.; aktueller Stand: VdK 2007, S. 40 ff. und S. 72 ff.). In jüngster Zeit zwang der EuGH die Bundesrepublik Deutschland, die Regeln zur staatlichen Förderung der Altersvorsorge zu ändern, um die volle Freizügigkeit innerhalb des Binnenmarktes zu gewährleisten.

Sozialversicherungen

Riester-Rente für mobile EU-Bürger

Abbildung 5-6

Die Riester-Rente, benannt nach dem damaligen Arbeitsminister, fördert seit 2002 die private Altersvorsorge in Deutschland mit Zulagen und Steuerfreiheit in der Ansparphase. Sie ist daher bei deutschen Arbeitskräften sehr beliebt. Der Europäische Gerichtshof entschied im September 2009, dass die Bundesregierung die Riester-Regeln in drei Punkten anzupassen habe:

1. Ruheständler, die ins Ausland ziehen, müssen die staatliche Förderung nicht zurückzahlen, weil dies die Freizügigkeit innerhalb der EU behindere. Deutschland hatte die Rückzahlung gefordert, weil sie die Renten inzwischen besteuert, Rentner im Ausland aber steuerlich nicht erreicht. Von der Neuerung profitieren Deutsche, die ihren Ruhestand im Ausland verbringen möchten (nach Handelsblatt-Angaben immerhin rund sechs Prozent der deutschen Senioren) und ehemalige Gastarbeiter.

2. Die staatliche Förderung von Wohneigentum (Wohn-Riester) gilt nun auch für Immobilien im EU-Ausland. Die bisherige Beschränkung auf Wohnraum in Deutschland diskriminiere ausländische Beschäftigte in Deutschland.

3. Auch Grenzgänger dürfen künftig „riestern". Die rund 67.000 Arbeitskräfte, die vom EU-Ausland nach Deutschland pendeln, hatte das Gesetz bisher von der Riester-Förderung ausgeschlossen (C-269/07; HB 11.9.2009, S. 4).

5.5.3 Aktive Arbeitsmarktpolitik

Abbildung 5-7 zeigt, dass Arbeitslosigkeit in der Europäischen Union ein großes Problem darstellt. Vor allem die Finanz- und Wirtschaftskrise hat die Arbeitslosenquote im EU-Durchschnitt dramatisch hochschnellen lassen. Die EU bietet folgende Programme an, um die Arbeitslosigkeit aktiv zu bekämpfen:

PROGRESS i.R.d. Sozialfonds

■ Der Europäische Sozialfonds ESF ist das älteste und wichtigste Instrument sozialpolitischer Umverteilung und einer aktiven europäischen Beschäftigungspolitik. Die Finanzhilfen sollen vor allem Arbeitslosigkeit vorbeugen oder diese bekämpfen, beruflich weiterqualifizieren, sozial in den Arbeitsmarkt integrieren und die Gleichstellung von Männern und Frauen fördern (siehe auch Kapitel 5.4.1). So richtet sich z.B. das mit insgesamt 743 Millionen Euro dotierte Programm PROGRESS gegen Diskriminierung, auf die Gleichberechtigung von Männern und Frauen, auf Beschäftigungsmaßnahmen und den Kampf gegen soziale Ausgrenzung (KOM 68).

Globalisierungs-fonds

■ Der Europäische Globalisierungsfonds EGF finanziert unter anderem Umschulungsmaßnahmen für Arbeitskräfte, die ihren Arbeitsplatz aufgrund der Finanzkrise verloren haben. Daneben federt er den Strukturwandel in Branchen ab, die internationalem Wettbewerbsdruck unterliegen. Der Fonds greift aber nicht bei Verlagerungen innerhalb der EU ein (siehe Abbildung 5-8). Seine Möglichkeiten sind mit maximal 500 Millionen Euro pro Jahr eher begrenzt, wenngleich durch die Kofinanzierung in der Regel derselbe Förderbetrag von nationalen Stellen dazukommt (KOM 63).

Harmonisierte Arbeitslosenquote in der EU | *Abbildung 5-7*

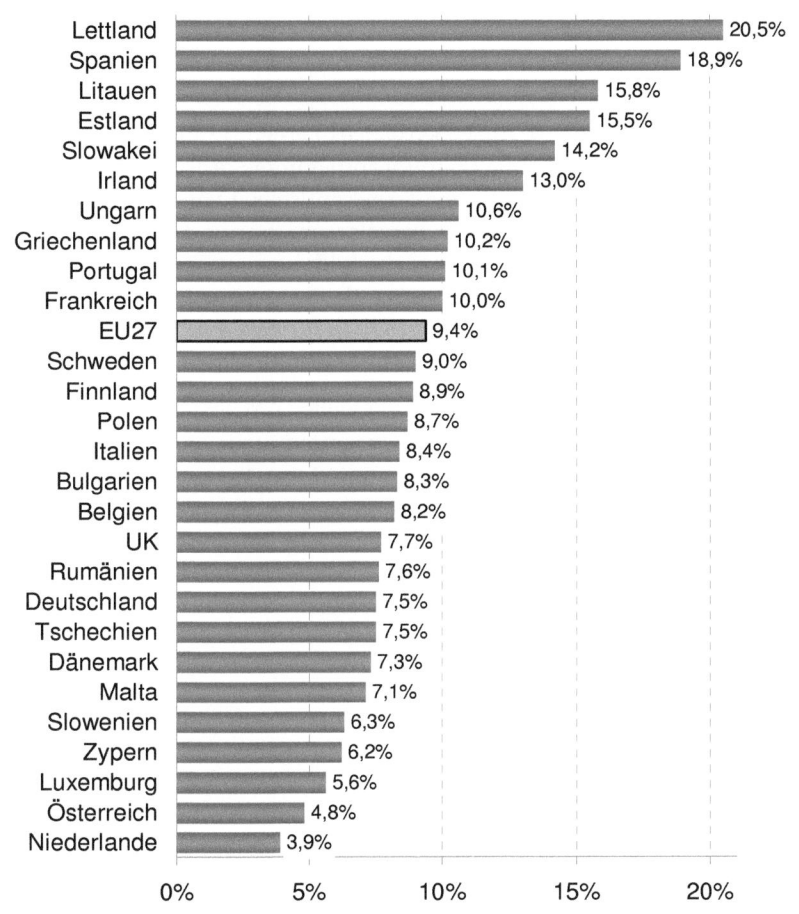

Lettland 20,5%
Spanien 18,9%
Litauen 15,8%
Estland 15,5%
Slowakei 14,2%
Irland 13,0%
Ungarn 10,6%
Griechenland 10,2%
Portugal 10,1%
Frankreich 10,0%
EU27 9,4%
Schweden 9,0%
Finnland 8,9%
Polen 8,7%
Italien 8,4%
Bulgarien 8,3%
Belgien 8,2%
UK 7,7%
Rumänien 7,6%
Deutschland 7,5%
Tschechien 7,5%
Dänemark 7,3%
Malta 7,1%
Slowenien 6,3%
Zypern 6,2%
Luxemburg 5,6%
Österreich 4,8%
Niederlande 3,9%

0%   5%   10%   15%   20%

Dezember 2009, in Prozent, saisonbereinigt; Quelle: Eurostat (2)

Nokia und Karmann: EU-Gelder aus dem Globalisierungsfonds | *Abbildung 5-8*

1.337 Bochumer **Nokia**-Arbeitskräfte erhielten von der EU 5,6 Millionen Euro aus dem Europäischen Fonds für die Anpassung an die Globalisierung. Das Bundesland Nordrhein-Westfalen steuerte den gleichen Betrag bei. Der Handy-Hersteller hatte die entsprechende Produktion zwischen Juli und November 2008 nach China, Südkorea, Indien, Mexiko und Brasilien verlagert. Die Förderung fließt in Beschäftigungs- und Weiterbildungsmaßnahmen im Ruhrgebiet. Im Gegensatz dazu erhielten die zahlreichen Beschäftigten, deren Arbeitsplätze nach Rumänien gehen sollten, keine Hilfsgelder aus dem Globalisierungsfonds (KOM 22.10.2009, S. 1), auch wenn die deutschen Medien gerade über diese Produktionsverlagerung intensiv berichtet hatten.

Auch 1.793 ehemalige Mitarbeiter des insolventen Autoherstellers **Karmann** unterstützte der Globalisierungsfonds mit 6,2 Millionen Euro, damit sie eine neue Beschäftigung fänden (KOM 3.12.2009, S. 3).

Aktionsprogramm Lebenslanges Lernen

■ Das Aktionsprogramm für Lebenslanges Lernen (LLP) bündelt seit 2007 fast alle gemeinschaftlichen Bildungsprogramme. Auch weitere europäische Staaten nehmen daran teil. Insgesamt stehen von 2007 bis 2013 fast sieben Milliarden Euro für vier Einzelprogramme und weitere Bildungsprogramme bereit, die praktisch alle Bildungsbereiche und Altersgruppen abdecken. Die Einzelprogramme heißen Comenius (Schulbildung), Erasmus (Hochschulbildung), Grundtvig (Erwachsenenbildung) und Leonardo da Vinci (transnationale Berufsbildung).

Weitere Bildungsprogramme

■ Die weiteren Bildungsprogramme (Quelle: EACEA) umfassen ein bereichsübergreifendes Querschnittsprogramm (zur politischen Zusammenarbeit, Sprachenlernen, Informations- und Kommunikationstechnologie sowie zum Verbreiten der Ergebnisse), die Aktion Jean-Monnet (Lehre und Forschung über die europäische Integration), Tempus (Gesamteuropäische Zusammenarbeit im Hochschulbereich) und Erasmus Mundus (Hochschulvernetzung zwischen Europa und Drittstaaten). Auch die Europäische Investitionsbank fördert beschäftigungspolitische Initiativen.

Europäische Agenturen

Neben direkten finanziellen Förderprogrammen unterstützen verschiedene Stiftungen und Agenturen die Beschäftigungspolitik der EU, nämlich EUROFOUND (Europäische Stiftung für die Verbesserung der Lebens- und Arbeitsbedingungen in Dublin), EU-OSHA (Europäische Agentur für Sicherheit und Gesundheitsschutz am Arbeitsplatz in Bilbao), FRA (European Union Agency For Fundamental Rights, Folgeorganisation der EUMC, d.h. der Europäischen Stelle zur Beobachtung von Rassismus und Fremdenfeindlichkeit, in Wien), CEDEFOP (Europäisches Zentrum für die Förderung der Berufsbildung in Thessaloniki) und ETF (Europäische Stiftung für Berufsbildung in Turin). Nähere Informationen finden sich auf der jeweiligen Internetseite (EUROFOUND; EU-OSHA; FRA; CEDEFOP, ETF).

5.6 Verkehrs-, Außenhandels-, Energie- und Geldpolitik

Es gibt noch viele weitere europäische Politikfelder, die für Unternehmen interessant sind. Zu den wichtigen Gebieten gehören die gemeinschaftliche Verkehrs-, Außenhandels-, Energie- und Geldpolitik.

Da der Verkehr Grenzen überschreitet, kümmert sich die EU-Kommission insbesondere seit dem Binnenmarktprojekt auch um den Flug-, Schienen-, Schiffs-, Auto- und LKW-Verkehr innerhalb der Union. Er soll vor allem offener und umfangreicher werden, aber auch umweltverträglicher und sicherer (weiterführend: EU 8; KOM 69; Middendorf 2009). Im März 2007 verabschiedeten die europäischen Verkehrsminister zum Beispiel das so genannte Open-Skies-Abkommen. Es erlaubt europäischen Fluggesellschaften seit April 2008, aus jedem EU-Land in die USA zu fliegen – und dabei selbstverständlich Fluggäste zu transportieren (HB 23.3.2007, S. 1). Auch beim Thema „Autobahngebühr für PKW" hat die EU mitzureden, da die Regelung Ausländer nicht diskriminieren darf (FAZ.NET 17.11.2009). Drittens sollen die Leitlinien zum so genannten Transeuropäischen Verkehrswegenetz TEN-V die Verkehrs-, Telekommunikations- und Energieinfrastruktur der Mitgliedsländer besser miteinander verbinden und dabei auch Randgebiete der EU besser als bisher integrieren (EU 9).

Verkehrspolitik

Über die Außenhandelspolitik der Gemeinschaft gegenüber Drittstaaten wie den USA oder China entscheidet die EU im Alleingang. Es ist Deutschland z.B. strikt verboten, Zölle gegenüber China zu verhängen. Dies darf, wenn überhaupt, nur die Union. Sie muss sich dabei allerdings an internationale Übereinkommen im Rahmen der Welthandelsorganisation WTO halten. Deren grundsätzliches Ziel liegt darin, den Welthandel zu liberalisieren (weiterführend: EU 10; KOM 70; Monar 2009). Tatsächlich kommt es vor allem zwischen den großen Handelsblöcken EU, USA und China immer wieder zu Handelskonflikten. So erhoben die USA zwischen 2002 und 2008 Zölle auf Stahlimporte, was die EU mit einer WTO-Klage und Gegenmaßnahmen beantwortete (HB 11.8.2003; dradio.de 9.1.2008). Im Herbst 2009 verhängte ihrerseits die Gemeinschaft Strafzölle auf chinesische Alufolie und nahtlose Stahlrohre. Sie reagierte damit auf eine Klage europäischer Wettbewerber wie Mannesmann gegen mutmaßliche chinesische Dumpingpreise. Die Zölle umfassen immerhin 17,7 bis 39,2 Prozent des Warenwertes (HB 28.9.2009, S. 7). Die Einnahmen fließen dem EU-Haushalt zu. Schließlich stellen gentechnisch veränderte Nahrungsmittel ein dauerhaftes Streitthema dar, vor allem zwischen den USA und der EU, aber auch innerhalb der EU. Von 1998 bis 2005 hatte die Gemeinschaft z.B. die Einfuhr von gentechnisch verändertem Mais vollständig verboten. Widerstand gegen „Genfood" kam

Handelspolitik

und kommt dabei auch aus Deutschland. Die USA und weitere Anbauländer hatten deshalb die EU vor der Welthandelsorganisation verklagt (HB 16.4.2004, S. 14; Spiegel 19.5.2004). Zum Entsetzen von Umweltschützern genehmigte die Europäische Kommission im März 2010, dass BASF die Genkartoffel Amflora nun im Freiland anbauen dürfe. Das Zulassungsverfahren lief immerhin seit 1996 (FAZ.NET 2.3.2010).

Energiepolitik Für die Energiepolitik erhielt die EU mit dem Lissabon-Vertrag in Artikel 194 erstmals eine ausdrückliche Zuständigkeit. Sie ist nun auch offiziell dafür zuständig, den Energiebinnenmarkt funktionsfähig und wettbewerbsfähiger zu machen, Versorgungssicherheit zu gewährleisten, als auch Energieeffizienz sowie neue und erneuerbare Energiequellen zu fördern (weiterführend: EU 11; KOM 71; Nuscheler 2009). Zuvor hatte sich Brüssel vor allem darum bemüht, die europäischen Energiemärkte zu liberalisieren. Eine völlige Entflechtung von Netzeigentum und Energieversorgung, das so genannte ownership unbundling (aus RWE-Sicht: RWE 9.6.2008), scheiterte bisher jedoch am Widerstand einiger Mitgliedsländer bzw. politisch einflussreicher Energiekonzerne wie E.ON in Deutschland oder EDF in Frankreich. Die gestärkte energiepolitische Kompetenz führt auch zu umfangreichen Förderprogrammen: So bewilligte die EU-Kommission im Dezember 2010 über 1,5 Milliarden Euro für 15 große Energieprojekte (IP/09/1896), im März 2010 folgten 2,3 Milliarden Euro für weitere 43 Infrastrukturprojekte im Energiesektor. Sie stammen aus einer Sonderförderung von knapp 4 Milliarden Euro, die die EU im März 2009 bereitgestellt hatte, um die wirtschaftlichen Folgen der Finanz- und Wirtschaftskrise abzumildern (IP/10/231).

Geldpolitik Die gemeinsame europäische Geldpolitik startete 1999 in elf von damals fünfzehn Mitgliedsländern, drei Jahre später folgte die für jeden Bürger sichtbare Bargeldumstellung. Nur das Vereinigte Königreich, Dänemark und Schweden verzichteten – bis heute freiwillig – auf den Euro. Anfang 2010 umfasste der Euro-Währungsraum 16 EU-Staaten. Weitere Kandidaten müssen zunächst noch die Konvergenzkriterien des Maastrichter Vertrags erfüllen, also vor allem über stabile öffentliche Finanzen verfügen. Die Geldpolitik der Europäischen Zentralbank (EZB) verfolgt als wesentliches Ziel stabile Preise. Alles Weitere muss sie diesem Ziel unterordnen. Die Währungshüter dürfen also im Gegensatz zur US-amerikanischen Zentralbank nur dann die Konjunkturpolitik der Mitgliedsländer unterstützen, wenn dies nicht mit Inflationsgefahren verbunden ist. Damit die EZB ihre Aufgabe auch wirklich ausüben kann, ist sie von politischen Weisungen unabhängig. Die Mitglieder ihres Leitungsgremiums werden daher nur einmalig für acht Jahre entsandt. Noch unabhängiger hätte sie nur eine Entsendung auf Lebenszeit gemacht. Neben der Frankfurter Zentralbank entscheiden aber auch die Notenbankchefs der Euro-Mitgliedsländer über die wesentlichen geldpolitischen Weichenstellungen. Offiziell ist daher häufig vom Europäischen System der

Zentralbanken, kurz ESZB, die Rede (weiterführend: EZB 4/2009; EZB 11/2008). In der volkswirtschaftlichen Literatur stellt die Geldpolitik der europäischen Währungshüter ein Schwerpunktthema dar, weshalb sie hier nicht vertieft werden muss (z.B. Issing 2006, Issing 2008, Bofinger 2001). Insgesamt hat die EZB in ihren ersten elf Jahren jedenfalls keine Hyperinflation erzeugt, sich trotz erheblichen Drucks nicht von nationalen Sonderinteressen vereinnahmen lassen und in der Finanzkrise moderater gegengesteuert als die US-Notenbank. Dennoch kämpft sie weiterhin mit zwei Grundproblemen, nämlich dass:

5. eine „one-size-fits-all"-Geldpolitik in einem heterogenen Wirtschaftsraum keiner Region richtig passt und

6. mangelnde Haushaltsdisziplin einzelner Mitgliedsländer die Stabilität des Euro insgesamt grundsätzlich bedroht.

Beide Probleme waren Volkswirten seit langem bekannt, denn die Europäische Währungsunion war und ist nun einmal eher politisch als ökonomisch motiviert (zur Anwendung der ökonomischen Theorie optimaler Währungsräume auf den Euro siehe z.B. Krugman/Obstfeld 2009, S. 582-587). Ökonomisch unbelasteten Politikern und Bürgern wurden diese Probleme spätestens durch die Griechenland-Krise im Frühjahr 2010 vor Augen geführt (siehe auch Kapitel 7.3, „Überlastete Solidarität").

5.7 Zusammenfassung Kapitel 5

Weitere EU-Aktivitäten, die für Unternehmen besonders relevant sind, liegen in der Umweltpolitik, der Industrie- und Forschungspolitik, der Struktur- und Regionalpolitik sowie in der Arbeitsmarkt- und Sozialpolitik. In allen Politikfeldern haben die EU-Kompetenzen in den letzten rund 25 Jahren deutlich zugenommen. *Überall mehr EU-Kompetenzen*

Die gemeinsame Umweltpolitik bezweckt hohe und steigende Schutzstandards. Sie wirkt als Querschnittsaufgabe in sämtliche Tätigkeitsfelder der EU hinein. Ihre Verordnungen und Richtlinien betreffen vor allem die Automobil- und Chemieindustrie. Daneben fördern das Finanzierungsprogramm Life+ und der EU-weite Handel mit Emissionsrechten ein umweltorientiertes Verhalten der Industrie. Schließlich kämpft die EU zunehmend gegen den Klimawandel und damit für strengere Grenzwerte bei CO_2-Emissionen. *Umweltpolitik*

In der Industriepolitik versucht die EU vor allem, die Wettbewerbsposition europäischer Unternehmen zu verbessern. Sie baut einerseits bürokratische *Industriepolitik*

Hürden ab und fördert kleine und mittlere Unternehmen mit ihrem Rahmenprogramm für Wettbewerbsfähigkeit und Innovation. Andererseits unterstützt sie mit großem finanziellen Einsatz Industriezweige, die sie für strategisch wichtig hält. Dazu gehören vor allem die Luftfahrt und die Raumforschung.

Forschung und Technologie

Eng verknüpft mit der Industriepolitik ist die gemeinschaftliche Forschungs- und Technologiepolitik. Auch sie will die Wettbewerbsfähigkeit der europäischen Industrie stärken. Hierfür steht ihr insbesondere das gut dotierte 7. Forschungsförderungsprogramm zur Verfügung. Daneben unterstützt ein Forschungsrat exzellente Ideen und mehrere Forschungsinstitute arbeiten an gesamteuropäischen Projekten.

Struktur- und Regionalpolitik

Die gemeinschaftliche Struktur- und Regionalpolitik versucht, über umfangreiche Finanztransfers von reichen in arme EU-Regionen die wirtschaftlichen und sozialen Entwicklungsunterschiede innerhalb der Union auszugleichen. Hierfür stehen vor allem ein Sozial-, ein Regional- und ein Kohäsionsfonds zur Verfügung. Auch im Rahmen ihrer Agrar- und Fischereifonds betreibt die Gemeinschaft Struktur- und Regionalpolitik in großem Stil. Schließlich stehen weitere Gelder für Sonderförderungen zur Verfügung.

Arbeitsmarkt- und Sozialpolitik

Die Arbeitsmarkt- und Sozialpolitik ist noch weit vom Ziel der EU-Kommission entfernt, eine gemeinschaftsweite Konjunkturpolitik – ähnlich der europäischen Geldpolitik – zu betreiben. Hier koordiniert die Brüsseler Behörde vor allem die nationalen Konjunkturmaßnahmen und treibt mit intensiver Unterstützung des Europäischen Gerichtshofes arbeitsrechtliche Mindeststandards und Diskriminierungsverbote voran. Finanzhilfen für beschäftigungs- und bildungspolitische Maßnahmen verteilt die Gemeinschaft vor allem über den Sozialfonds und das Aktionsprogramm Lebenslanges Lernen.

Weitere Politikbereiche

In der Verkehrs-, Außenhandels-, Energie- und Geldpolitik schließlich ist die Europäische Union ebenfalls zunehmend tätig: Für den Handel mit Drittstaaten und seit 1999 für die Gemeinschaftswährung Euro zeichnen EU-Kommission bzw. das Europäische System der Zentralbanken ausschließlich verantwortlich. In der Verkehrs- und Energiepolitik handelt die EU neben den Mitgliedstaaten insbesondere immer dann, wenn es um den Binnenmarkt geht.

Kapitel 5 im Lissabon-Vertrag

Tabelle 5-1

Politikbereich	Wesentliche Vertragsartikel
Umweltpolitik	191-193
Industriepolitik	173
Forschungspolitik	179-190
Struktur- und Regionalpolitik	162-164, 174-178

Arbeitsmarkt- und Sozialpolitik
    Beschäftigungspolitik
    Sozialpolitik
    Bildungspolitik
    Antidiskriminierungspolitik
	
	145-150
	151-164
	165-166
	8, 10, 18-19, 157

Verkehrspolitik	90-99, 170-172
Außenhandelspolitik	31, 206-207
Energiepolitik	194
Geldpolitik	127-133, Protokoll Nr. 4

Es fällt schwer, einen Gesamtüberblick über die europäischen Fördermittel zu vermitteln, da diese von praktisch allen Generaldirektionen vergeben werden. Die mit Abstand größten Ausgaben entfallen jedoch auf die gemeinsame Agrarpolitik, dicht gefolgt von der Struktur- und Regionalförderung. An dritter Stelle kommt die Beschäftigungspolitik im Rahmen des Europäischen Sozialfonds, danach das 7. Rahmenprogramm für Forschung und Technologie. Tabelle 5-2 fasst die wichtigsten Förderprogramme je Politikbereich und ihr gesamtes Plan-Budget für 2007-2013 zusammen. Alle Förderprogramme der EU beziffert die ehemalige Haushaltskommissarin in derselben Veröffentlichung auf insgesamt 975 Milliarden Euro für den 7-Jahres-Zeitraum.

EU-Fördermittel

Tabelle 5-2 | *Förderprogramme je Politikbereich*

Politikbereich	Wichtige Förderprogramme	Budget 2007-2013, Mrd. €
Umweltpolitik	Life+	2,1
Industriepolitik	Galileo (satellitengestützte Funknavigation)	3,0
	Rahmenprogramm für Wettbewerbsfähigkeit und Innovation (CIP)	3,6
Forschungspolitik	7. Rahmenprogramm für Forschung	54,5
Struktur- und Regionalpolitik	Regionalfonds (EFRE)	198,9
	Sozialfonds (ESF)	78,7
	Kohäsionsfonds	69,8
	Agrarausgaben Produkte/Bauern (EGFL)	316,6
	Regionalpolitische Agrarhilfen (ELER)	92
	Fischereifonds (EFF)	4,3
	Gemeinsame Fischereipolitik	2,4
	Heranführungshilfe (IPA)	11,5
	Solidaritätsfonds (EUSF)	Bis jährlich 1,0
	Globalisierungsfonds (EGF)	Bis jährlich 0,5
Arbeitsmarkt- und Sozialpolitik	Lebenslanges Lernen	7
Verkehrspolitik	Transeuropäische Netze (TEN) – Verkehr	8
Handelspolitik gegenüber Drittstaaten	Europäisches Nachbarschafts- und Partnerschaftsinstrument? (ENPI)	11,2
	Instrument für Entwicklungszusammenarbeit (DCI)	16,9
	Soforthilfereserve	1,7

Quelle: KOM (2008/1), S. 21-22

6 Einflussmöglichkeiten von KMU auf EU-Entscheidungen

Die in diesem Buch vorgestellten Politikbereiche stellen nur einen kleinen, wenn auch für Unternehmen besonders wichtigen Ausschnitt aller EU-Aktivitäten dar. Die Beispiele verdeutlichen, dass die Brüsseler Gesetzgebung und Luxemburger Richtersprüche jedes deutsche Unternehmen direkt und tiefgreifend beeinflussen. Wer also nicht nur Opfer europarechtlicher Vorgaben sein will, sollte im Idealfall ein eigenes Kommunikationsbüro in Brüssel unterhalten. Kleine Unternehmen, für die eine Vor-Ort-Präsenz unbezahlbar ist, können sich über ihre nationalen Verbände stärker in EU-Angelegenheiten einmischen. Wem auch dies zu aufwändig erscheint, möge schließlich über das Internet direkten Kontakt zu einschlägigen EU-Institutionen suchen. Nur so können mittelständische Unternehmen vor anstehenden schädlichen Entscheidungen warnen bzw. nützliche Regelungen aktiv vorantreiben. Zu beachten ist allerdings, dass Lobbyisten zunehmend öffentlicher Beobachtung und Kritik unterliegen.

6.1 Interessengruppen in Brüssel

Nach verschiedenen Quellen gibt es in Brüssel schätzungsweise rund 15.000 Lobbyisten und 2.600 Interessengruppen mit eigenem Büro (Kaiser 2009, S. 347; Euractiv.com 1.10.2009; Stern.de 5.9.2008). Diese Berater, Anwälte, Verbände, Unternehmen und Nichtregierungsorganisationen (NGOs) bemühen sich darum, die Arbeit der Kommission und des Europäischen Parlaments zu beeinflussen. Sie alle wissen: Je früher und intensiver ein Unternehmen auf den Gesetzgebungsprozess oder seine Unterlassung einwirkt, desto besser kann es seine wirtschaftspolitischen Ziele erreichen. Tatsächlich unterhält allein die Europäische Kommission rund 2.000 Ausschüsse, in denen schätzungsweise 80.000 externe „Experten" an der Entwicklung und Umsetzung von EU-Gesetzen mitwirken (Kaiser 2009, S. 349).

Zahlreiche Lobbyisten

| *Abbildung 6-1* | *Brüsseler Interessenvertreter* |

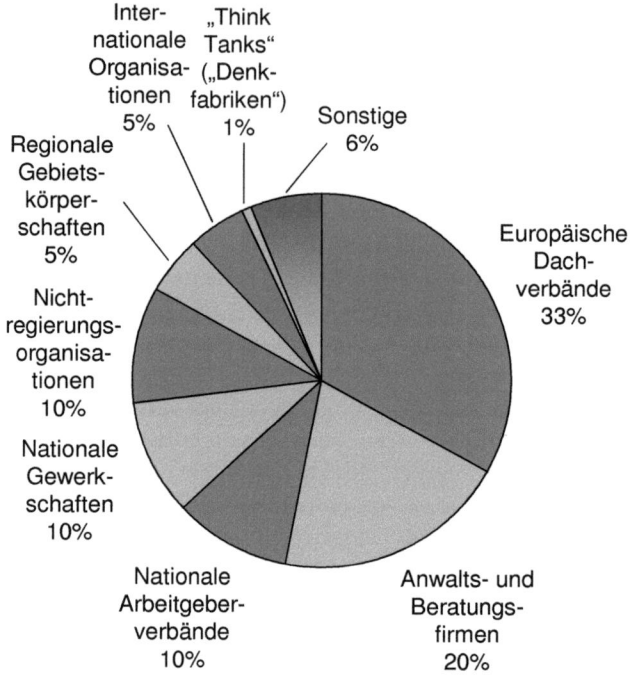

Quelle: Eigene Darstellung auf Basis Kaiser (2009), S. 347

Transparenz-
initiative
erschwert
Lobbyarbeit

Vertreter der Neuen Politischen Ökonomie (Einführung: Frey 1981) verurteilen politische Interessenvertretung als Lobbyismus, weil nur kleine und gut organisierte Sonderinteressen zum Zuge kämen, das Wohl der schlecht organisierten Allgemeinheit dagegen auf der Strecke bliebe. Aufstiegsorientierte Politiker, Manager und Beamte dagegen sehen darin ganz positiv Netzwerke. Zu bedenken ist allerdings, dass die Kritik an der undurchsichtigen Verquickung von EU-Bürokratie und Sonder-Interessen inzwischen eine zunehmende Transparenz der Vor-Ort-Präsenz erfordert: Im November 2005 hatte EU-Kommissar Kallas eine Transparenzinitiative in Leben gerufen (Überblick: Euractiv.com 1.10.2009; Details: KOM 27.5.2008). Er wollte damit mehr Informationen über die Empfänger von EU-Fondsgeldern erhalten, Betrug bekämpfen, ethische Normen und Rechenschaftspflichten für die europäische Gesetzgebung einführen und die Lobbyarbeit durchsichtiger machen. Seit Juni 2008 führt die Europäische Kommission ein freiwilliges Online-Register, in dem die Brüsseler Interessenvertreter von Firmen und

Verbänden ihr jeweiliges Anliegen veröffentlichen sollen. Der zugrunde liegende Verhaltenskodex sieht auch vor, dass die Lobbyisten ihre Finanzquellen darlegen und die Organisationen, für die sie arbeiten (Euractiv.com 1.10.2009). Die Kommission sieht ihr Register als Erfolg: Inzwischen hätten sich über 2.000 Lobbyisten eingetragen. Trotzdem will sie sich bald mit dem Europäischen Parlament auf ein gemeinsames und verbessertes Register einigen. Denn Nachholbedarf bestehe z.B. noch bei Anwaltskanzleien und „Denkfabriken" (KOM 29.10.2009, S. 1).

Neben den Gemeinschaftsinstitutionen klären inzwischen auch Nichtregierungsorganisationen (NGOs) wie LobbyControl oder Transparency International die interessierte Öffentlichkeit über Lobbyisten, PR-Arbeit und so genannte Denkfabriken in Brüssel auf.

Kritik der NGOs

Worst EU Lobbying Awards 2008

Abbildung 6-2

Seit 2005 vergeben die Nichtregierungsorganisationen Corporate Europe Observatory, Friends of the Earth Europe, LobbyControl und Spinwatch einen Anti-Preis für Lobbyarbeit. Die „Sieger" ergeben sich aus einer Abstimmung im Internet jeweils zum Jahresende. Der Hauptpreis geht an Lobbyisten, Unternehmen oder Interessenverbände, die „manipulative, irreführende oder andere anstößige Lobbytaktiken" angewandt haben, um Entscheidungsverfahren der EU zu beeinflussen. Ein Sonderpreis für den schlimmsten Interessenkonflikt, der 'Worst Conflict of Interest Award', richtet sich an EU-Mitarbeiter und –Politiker, die angesichts ihres Hintergrunds, ihrer Nebentätigkeiten oder enger Beziehungen zu Lobbyisten möglicherweise nicht objektiv und im Sinne des Gemeinwohls handeln. 2008 ging der Hauptpreis an mehrere Agrosprit-Lobbyisten aus Nicht-EU-Ländern und der Sonderpreis an eine finnische Abgeordnete des Europäischen Parlaments. 2007 hatten die deutschen Automobilkonzerne BMW, Daimler und Porsche den unrühmlichen Hauptpreis dafür erhalten, dass sie die ursprünglichen Ziele zur CO_2-Senkung erfolgreich entschärft und verzögert hatten.

Quelle: Worst EU Lobbying Awards 2008

6.2 Direkte Einflussnahme vor Ort

Eine eigene Brüsseler Repräsentanz muss nicht so aufwändig ausfallen wie diejenige einiger deutscher Bundesländer (politik&kommunikation 2005). Oft genügt ein Mitarbeiter, der gut kommunizieren kann und auf denjenigen speziellen EU-Gebieten fachlich kompetent ist, deren Regelung er beeinflussen soll. So muss der Lobbyist eines kleinen Chemie-Unternehmens nicht nur PR-Fachwissen mitbringen, sondern auch über profunde naturwissenschaftliche Kenntnisse verfügen. Andernfalls kann er dem Kommissions-

Eigenes Büro?

Referenten nicht ernsthaft seine Unterstützung bei der Formulierung einer Chemikalien-Verordnung anbieten.

Externer Dienstleister?

Eine Alternative zum eigenen Büro könnte darin liegen, eine PR-Agentur, ein Consulting-Büro oder eine Anwaltskanzlei mit der Interessenvertretung zu betrauen. Diese Institutionen werden oft von ehemaligen europäischen Beamten oder Politikern geleitet, die bereits über erstklassige Verbindungen verfügen. Sie können somit bestimmte Ziele möglicherweise effizienter und daher preiswerter verfolgen. Da Agenturen aber naturgemäß für mehrere Unternehmen arbeiten, werden sie nicht unter allen Umständen so genau und hartnäckig die individuellen Unternehmensziele verfolgen können wie eigene Mitarbeiter.

Brüssel UND Straßburg?

Durch den Lissabon-Vertrag wirkt das Europäische Parlament inzwischen an den meisten europäischen Gesetzesverfahren mit. Seine Abgeordneten können in Brüssel oder in Straßburg beeinflusst werden. Für Brüssel sprechen Synergien mit der Kommissionsarbeit. In Straßburg dagegen herrscht geringerer Konkurrenzdruck unter den verschiedenen Lobbyisten. Die Parlamentarier verbringen aber auch hier eine Sitzungswoche pro Monat fern der Heimat. Es könnte daher in Straßburg leichter fallen, Termi zu erhalten.

6.3 Lobbyismus über Verbände

Branchenspezifische Verbände

Industriebezogene Verbände bündeln die Interessen ihrer Mitgliedsunternehmen gegenüber der EU und können somit schlagkräftig auftreten. Für den einzelnen Betrieb ist diese Form der Interessenvertretung zudem preiswert, weil das Spezialistenwissen nicht dezentral aufgebaut und gepflegt werden muss und weil die hohen Spesen in Brüssel entfallen bzw. sich auf viele Firmen verteilen. Allerdings repräsentieren Verbände immer nur den kleinsten gemeinsamen Nenner, weil sie politisch allen Mitgliedern verpflichtet sind. Auch könnte ein Verbandsreferent mitunter langsamer und weniger nachdrücklich vorgehen als ein eigener Mitarbeiter, den die europäische Gesetzgebung persönlich beträfe. Einen aktuellen Überblick über Ansprechpartner und europapolitische Positionen branchenbezogener Wirtschaftsverbände, die in Brüssel aktiv sind, bietet die Broschüre „Deutsche Wirtschaftsverbände in Brüssel 2009-2014" (DIHK et al. 2009). Sie beschreibt nicht nur die EU-Positionen großer Verbände wie HDE (Hauptverband des Deutschen Einzelhandels), VCI (Verband der Chemischen Industrie), VDA (Verband der Automobilindustrie) oder BdB (Bundesverband deutscher Banken), sondern auch zahlreicher kleiner Interessenvertreter wie BLL (Bund für Lebensmittelrecht und Lebensmittelkunde) oder DVHR (Deutscher Verband der Riechstoff-Hersteller).

Der Deutsche Industrie- und Handelskammertag, Arbeitgeberverbände und Gewerkschaften unterhalten nicht nur in Deutschland Spezialabteilungen zu EU-Themen, sondern sind auch in Brüssel präsent. Für diese Organisationen gelten die oben erwähnten Vor- und Nachteile verstärkt: Sie sind politisch einflussreich und für das einzelne Unternehmen preiswert. Aber sie können kaum Spezialprobleme einzelner Branchen oder Unternehmen bearbeiten.

Branchenübergreifende Verbände mit EU-Expertenwissen

Tabelle 6-1

Name	Ort	Homepage	Kurzbeschreibung
BDA	Berlin Brüssel	www.arbeitgeber.de	Bundesvereinigung der Deutschen Arbeitgeberverbände; Mitglied bei Businesseurope
BDI	Berlin Brüssel	www.bdi.eu	Bundesverband der Deutschen Industrie
Business-europe	Brüssel	www.businesseurope.eu	Europäischer Arbeitgeberverband, bis 1/2007 UNICE
CEEP	Brüssel	www.ceep.eu	The European Centre of Employers and Enterprises providing Public services
DAV	Berlin Brüssel	www.anwaltverein.de www.eu.anwaltverein.de	Deutscher Anwaltverein
DGB	Berlin Brüssel	www.dgb.de	Deutscher Gewerkschaftsbund; ETUC-Mitglied (siehe ETUC)
DIHK	Berlin Brüssel	www.dihk.de	Deutscher Industrie- und Handelskammertag; Siehe auch jeweilige IHK vor Ort
ESBA	Brüssel	www.esba-europe.org	European Small Business Alliance, unabhängige Interessenvertretung auch für Selbständige
ETUC	Brüssel	www.etuc.org	Europäischer Gewerkschaftsbund (EGB)
Euro-chambres	Brüssel	www.eurochambres.eu	The Association of European Chambers of Commerce and Industry
UEAPME	Brüssel	www.ueapme.com	European Association of craft, small and medium-sized enterprises
ZDH	Berlin Brüssel	www.zdh.de	Zentralverband des Deutschen Handwerks

6.4   Kontakt über Internet & Co.

EU im Internet:
www.europa.eu

Die Internet-Startseite www.europa.eu stellt die schnellste Verbindung zur EU dar. Sie enthält Informationen zu sämtlichen Politikbereichen in allen offiziellen Gemeinschaftssprachen. Positiv für Unternehmen: Informationen zu beliebigen Themen lassen sich bis zur untersten Detailebene herunterladen. Wer also einen aktuellen Richtlinienentwurf der EU-Kommission zum Thema Umwelt sucht oder das jüngste EuGH-Urteil zum Kartellrecht, wird hier ebenso fündig wie diejenige, die nur einen ersten Überblick über einen Politikbereich gewinnen möchte. Wo nicht alles in alle Sprachen übersetzt wurde, stehen die Informationen immer auf Englisch zur Verfügung, oft auch auf Französisch und Deutsch. Im Internet scheinen sich diese drei Sprachen also als Verkehrssprachen herausgebildet zu haben. Auch bemühen sich die Autoren der Netzseiten durchgängig um eine einfache und damit verständliche Sprache. Sie heben sich damit wohltuend vom Beamten- und Juristenjargon ab, der die EU-Gesetze und -Gerichtsurteile kennzeichnet. Auch diese Rechtstexte lassen sich in aller Regel direkt einsehen (siehe auch Kapitel 8.2).

Vor- und
Nachteile des
Internets

Leider handelt es sich aber um keine Website aus einem Guss. Sie stellt vielmehr eine Ansammlung der unterschiedlichen EU-Institutionen und – innerhalb der Kommission –verschiedenen Generaldirektionen dar. Von einem strukturierten Gesamtaufbau, der die Orientierung erleichtern würde, kann also keine Rede sein. Wer dagegen schon recht genau weiß, was er sucht, wird schnell fündig. Positiv hervorzuheben ist daneben die Seite der Generaldirektion Wettbewerb, die nach dem Pyramidenprinzip klar gegliedert ist. Selbstverständlich dürfen Unternehmen jenseits der offiziellen Mitteilungen keine objektive oder gar kritische Berichterstattung der EU-Politik erwarten. Denn beim Internet-Auftritt der Europäischen Union handelt es sich auch um ein werbendes Informationsinstrument im Rahmen der Öffentlichkeitsarbeit. Dies gilt insbesondere für die zahlreichen Kurzfilme und Broschüren, die sich an politisch interessierte Einzelpersonen wenden, aber für Unternehmen und Betriebswirte viel zu einfach und unbedeutend sind.

Interaktive
Internetangebote

Die interaktiven Angebote der europäischen Homepage richten sich vornehmlich an Normalbürger. Aber gerade kleinere Unternehmen können natürlich ebenfalls mitdiskutieren, insbesondere unter www.europa.eu/debateeurope/index_de.htm oder unter http://ec.europa.eu/yourvoice/index_de.htm. Zu Spezialfragen, die bestimmte Unternehmen betreffen, ruft insbesondere die Kommission zum Dialog auf. So holte sie vor der Evaluierung der neuen Kartellverordnung die Erfahrungen betroffener Unternehmen ein. Probleme rund um die Anwendung der Binnenmarktvorschriften sollen so genannte Solvit-Stellen in den Mitgliedsländern lösen (http://ec.europa.eu/solvit/site/index_de.htm). Arbeitgeber und Arbeitnehmer mit grenzüberschreitenden Ambitionen schließlich finden unter der gemeinschaftlichen Arbeitsverwaltung Eures Informationen, Beratung und Stellenvermittlung (http://ec.europa.eu/eures/home.jsp?lang=de).

Die allgemeine Hotline „Europe Direct" erreicht man unter der gebührenfreien und einprägsamen Rufnummer 00 800 6 7 8 9 10 11. Diese Stelle soll dem Anrufer einen endgültigen Ansprechpartner vermitteln oder seine Frage direkt beantworten. Spezialfragen lassen sich auch direkt an die zuständige Abteilung richten, soweit diese auf der Internet-Seite angegeben ist. Im erwähnten Beispiel der Kronzeugenregelung (Siehe Kapitel 4.1) ist dies zum Beispiel die +32 2 298.41.90 oder die +32 2 298.41.91. *Hotlines*

Europäische Kommission und EU-Parlament schließlich unterhalten in allen Mitgliedsländern Vertretungen unterschiedlicher Größe. Die wichtigsten deutschen Repräsentanzen befinden sich in Berlin, München und Bonn. Daneben gibt es in vielen Städten Europäische Dokumentationszentren und/oder „Europe Direct"-Informationsstellen. Sie alle bieten EU-Material und sind auch per Telefon, Telefax, E-Mail und Internet erreichbar. Die genauen Kontaktdaten lauten: http://ec.europa.eu/europedirect/visit_us/index_de.htm *Deutsche Informationsstellen*

6.5   Zusammenfassung Kapitel 6

In Brüssel beeinflussen Tausende Lobbyisten die EU-Gesetzgebung. Nichtregierungsorganisationen und die Gemeinschaft selbst beobachten immer stärker, welche Lobbyisten mit wessen Geld welche Initiativen beeinflussen. *Lobbys in Brüssel*

Den größten Einfluss üben Unternehmen auf die europäische Politik aus, wenn sie ein Verbindungsbüro in der belgischen Hauptstadt unterhalten oder sich von einem externen Dienstleister vor Ort vertreten lassen. *Vorort-Präsenz*

Verbände agieren in Brüssel sowohl branchenbezogen, als auch branchenübergreifend. Sie sind für das einzelne Unternehmen billiger als eigene Repräsentanten, verfügen über EU-Spezialwissen und vertreten die allgemeinen Interessen ihrer Mitglieder in Brüssel und Berlin. Sie können aber nicht unternehmensindividuell vorgehen. *Verbände*

Die Europa-Seiten im Internet helfen auch von Deutschland aus weiter, soweit man sie mit guten Englisch-Kenntnissen, kritischem Abstand und einem Grundverständnis der EU durchforstet. In Einzelfällen ermöglichen sie es, EU-Stellen direkt zu kontaktieren. Daneben gibt es eine Europäische Hotline (00 800 6 7 8 9 10 11) und zahlreiche EU-Informations- und Dokumentationsstellen in Deutschland. *Internet & Co.*

7 Die wichtigsten EU-Richtungs-vorgaben der nächsten Jahre

Die Europäische Union hat insbesondere in den letzten 25 Jahren, also seit der Einheitlichen Europäischen Akte von 1986/87, ihre Kompetenzen deutlich erweitert:

Starker EU-Machtausbau seit 1985

- 1985 traf der Ministerrat noch fast alle Entscheidungen einstimmig und ohne das Europäische Parlament. Heute stellt das „ordentliche Gesetzgebungsverfahren" die Regel dar. Hierbei entscheiden nationale Minister und Abgeordnete gemeinsam und nach dem Mehrheitsprinzip.

- 1985 beschränkten sich die Gemeinschaftskompetenzen noch auf eng umrissene Bereiche der Wirtschaftspolitik, etwa die Agrar- und Wettbewerbspolitik. Heute haben die meisten EU-Länder den Euro als gemeinsame Währung und arbeiten in der Außen-, Sicherheits-, Innen und Justizpolitik eng zusammen. Über das Binnenmarktprojekt wirkt sich die europäische Gesetzgebung auf fast jeden nationalen Politikbereich aus.

- 1985 umfasste die damalige EG zehn Mitglieder, die ökonomisch überwiegend ähnlich entwickelt waren. Heute sind es 27 Mitglieder, die enorme wirtschaftliche und politische Unterschiede aufweisen.

Natürlich gab es in diesem zurückliegenden Vierteljahrhundert tiefe Krisen und gescheiterte Reformen. Als Beispiel sei nur die abgelehnte Verfassung genannt. Dennoch nahm die Integration insgesamt dramatisch zu. Es folgt daher ein Blick auf mögliche künftige Entwicklungen in der EU.

7.1 Immer mehr politische Kompetenzen

Das Parlament erhielt zuletzt mit dem Vertrag von Lissabon erheblich mehr Entscheidungsbefugnisse. Es entscheidet nun in aller Regel gemeinsam mit dem Ministerrat und darf ausnahmsweise Gesetze vorschlagen (siehe Kapitel 2.4). Weil die europäischen Parlamentarier ausgesprochen integrationsfreundlich handeln, wird ihr Machtzuwachs nicht weniger, sondern mehr EU-Kompetenzen nach sich ziehen. Deutsche Unternehmen sollten daher die Europa-Abgeordneten künftig stärker in ihre Lobbyarbeit einbeziehen,

EU-Parlament

zumal der Trend zu einem einflussreicheren Europäischen Parlament mit dem Lissabon-Vertrag nicht beendet sein dürfte.

Internationale Abhängigkeiten:

Nach dem Subsidiaritätsprinzip sollte die EU immer nur eingreifen, wenn die darunter liegenden nationalen politischen Stellen aus sachlichen Gründen überfordert sind. Diese Bedingung ist unter Umständen erfüllt, wenn grenzüberschreitende Probleme auftreten. Sie können selbstverständlich auch zwischen den beteiligten Ländern gelöst werden, nur erfordert dies häufig mehr Zeit und Verhandlungsaufwand. Beispiele für internationale Spillovers gibt es immer häufiger:

Wirtschaftskrisen

■ In der weltweiten Finanz- und Wirtschaftskrise verabschiedeten die EU-Mitgliedsländer Konjunkturprogramme in Höhe von insgesamt rund 400 Milliarden Euro für den Zwei-Jahres-Zeitraum 2009/2010 (KOM 5; siehe auch Abbildung 2-6). Die Direkthilfen der Union fielen dagegen mangels eigener finanzieller Ressourcen eher gering aus. Möglich, dass der Ruf nach einer gemeinschaftlichen Fiskalpolitik künftig erhört wird. Ihre Befürworter argumentieren, dass eine gemeinsame Geldpolitik ohne gemeinsame Konjunktursteuerung nicht zum Ziel führe. Allerdings würde dieser Schritt voraussetzen, dass die EU erheblich mehr Steuermittel erhielte und auch Schulden machen dürfte (siehe Abbildung 2-4). Dies müsste der Ministerrat einstimmig beschließen.

Umweltprobleme

■ In der aktuellen Kommission gibt es den neu geschaffenen Posten für Klimaschutz. Dies allein zeigt die zunehmende Bedeutung der EU im Kampf gegen CO_2-Emissionen. Auch die übrige Umweltpolitik wird immer mehr europapolitischen Raum einnehmen. Denn Umweltprobleme machen nicht vor Grenzen halt, und nachhaltiges Wirtschaften wird immer wichtiger.

Kulturkampf

■ Die EU und ihre Mitglieder werden im Konflikt zwischen westlichen und islamistischen Wertvorstellungen zunehmend Profil entwickeln müssen. Dies betrifft Unternehmen zwar nur indirekt, könnte aber mehr Finanzmittel als bisher für kulturelle Projekte und gemeinsame Verteidigungsanstrengungen im Gemeinschaftshaushalt binden. Dies wäre auch von den Betrieben zu bezahlen.

Energieknappheit

■ Die heutige Union leidet unter Rohstoffmangel. Die Abhängigkeit von ausländischen Importen ist groß und naturgemäß mit (politischen) Unsicherheiten belastet. Deshalb hat sich die EU jahrelang für eine energiepolitische Kompetenz stark gemacht, die sie mit dem Lissabon-Vertrag in Artikel 194 erhielt. Sie wird von dieser Ermächtigung umfassenden Gebrauch machen.

Grenzüberschreitender Verkehr

■ Schon heute spielt die EU eine große Rolle in der europäischen Verkehrspolitik. Diese Rolle dürfte zunehmen, weil immer mehr grenzüberschreitend transportiert wird und weil die politische Tendenz dahin geht, Verkehrsleistungen individuell in Rechnung zu stellen, anstatt sie über das Steuersystem zu finanzieren. Mautsysteme müssen aber so ausgestaltet sein, dass sie EU-Ausländer nicht diskriminieren, also nicht ungerechtfertigt benachteiligen.

Die EU wird aber auch auf Gebieten ohne internationale Spillovers zunehmend eingreifen. Dies gilt ganz besonders für das Arbeits- und Sozialrecht. Schon seit Bestehen der Gemeinschaft gibt es Bestrebungen der Europäischen Kommission, hier europaweite Lösungen zu finden und die wirtschaftliche Integration sozial zu flankieren. Das Subsidiaritätsprinzip spielt in der Argumentation eine eher untergeordnete Rolle. Im Januar 2010 z.B. schlug der noch amtierende EU-Kommissar Spidla vor, europäische Mikrokredite an jugendliche Erwerbslose und Langzeitarbeitslose zu vergeben, die sich selbständig machen wollen (Focus 29.1.2010). Eine ähnliche Initiative stammt von Juni 2009 (IP/09/1070). Nach dem Subsidiaritätsprinzip wären für Mikrokredite eigentlich Kreditinstitute vor Ort zuständig. Nach Auffassung der europäischen Kommission verweigern diese jedoch häufig die nötige Finanzierung. In diesem Fall kämen bestenfalls lokale gemeinnützige Träger in Betracht, erst in letzter Linie gemeinschaftliche Fördermittel.

EU-Arbeits- und Sozialrecht

Im Januar 2010 stellten sich die designierten EU-Kommissare den Fragen des Europäischen Parlaments. Bei dieser Gelegenheit erläuterten sie ihre teilweise anspruchsvollen politischen Ziele für die Jahre 2010 bis 2014. Sie wollen unter anderem den Verbraucherschutz weiter stärken, die Finanzmärkte europaweit regulieren, die EU 2020-Strategie umsetzen, den Datenschutz verbessern, sowie Bildung und Forschung auf Gemeinschaftsebene vorantreiben (DIHK 19.1.2010, S. 4-17). Die Griechenland-Krise nutzt die EU-Kommission seit Frühjahr 2010 außerdem intensiv dafür, ihrem Fernziel einer gemeinschaftlichen Konjunkturpolitik näher zu kommen.

Ehrgeizige Kommissionspläne

7.2 Geringe geografische Ausweitung

Wie wahrscheinlich ist eine baldige Erweiterung der Europäischen Union? Offiziell heißt es auf dem Portal der Europäischen Union zum Thema Erweiterung (EU 12):

Theorie: Kopenhagener Kriterien

„Die Europäische Union steht jedem europäischen Land offen, das demokratisch aufgebaut ist, eine Marktwirtschaft hat und über die erforderlichen Verwaltungskapazitäten verfügt, um die aus einer Mitgliedschaft erwachsenden Rechte und Pflichten wahrzunehmen. Dies bedeutet, dass die Erweiterung ein kontinuierlicher Prozess ist."

Erfüllt Bulgarien diese Kriterien? Selbst die Fortschrittsberichte der EU-Kommission klingen hier zurückhaltend (Beispiel: KOM 22.7.2009, v.a. S. 7-9). Dennoch ist das Land seit 2007 EU-Mitglied. Ein Blick in die Beitrittshistorie der Gemeinschaft zeigt denn auch: Trotz zahlreicher offizieller Merkmale wie den Kopenhagener Kriterien – die Annahme oder Ablehnung weiterer Mitglieder ist ein eher undurchsichtiger Prozess.

| *Abbildung 7-1* | *Die Kopenhagener Kriterien* |

1993 legte der Europäische Rat drei Bedingungen fest, die beitrittswillige Länder erfüllen müssen, um der EU beitreten zu dürfen (EU 13):

1. **Politisches Kriterium**: Institutionelle Stabilität, d.h. Demokratie, Rechtsstaatlichkeit, Wahrung der Menschenrechte und Minderheitenschutz

2. **Wirtschaftliches Kriterium**: Funktionsfähige Marktwirtschaft und „Fähigkeit, dem Wettbewerbsdruck und den Marktkräften innerhalb der Union standzuhalten"

3. **Acquis-Kriterium**: Übernahme des „Acquis Communautaire", also des gemeinschaftlichen Regelwerks

Tatsächlich wurden die Kriterien in der Vergangenheit nicht immer streng angewandt, wie die Beispiele Bulgarien und Rumänien zeigen.

Praxis: Reiche und/oder kleine Länder zuerst

Tendenziell kommen nach Ansicht der Verfasserin Länder, die reich und/oder bevölkerungsarm sind, schneller zum Zuge, wie die Beispiele Schweden (reich und klein) oder Baltikum (arm, aber klein) zeigen. Denn wer reich ist, fordert keine Transfers, sondern beteiligt sich finanziell an der Umverteilung. Und wer bevölkerungsarm ist, verschiebt das Machtgefüge innerhalb der Union nur geringfügig und kostet schlimmstenfalls nicht viel. Umgekehrt gilt tendenziell: Länder, die arm und bevölkerungsreich sind, müssen länger warten, wie folgende Beispiele (Stand: Januar 2010) zeigen:

Offizielle Kandidaten

■ Kroatien, Mazedonien und die Türkei sind offizielle Beitrittskandidaten, d.h. die EU verhandelt mit diesen Ländern. Kroatien und Mazedonien dürften bald erfolgreich sein, denn sie erfüllen insbesondere das Kriterium „bevölkerungsarm". Ganz anders die Türkei: Sie ist zwar militärstrategisch außerordentlich wichtig, weshalb die USA ihren EU-Beitritt traditionell nachhaltig unterstützen. Kein anderes Land aber versucht bereits so lange, Gemeinschaftsmitglied zu werden: Bereits 1963 (!) schlossen die Türken ein Assoziierungsabkommen mit der damaligen EG, schon 1987 stellten sie ein erstes offizielles Beitrittsgesuch. Aber erst seit 2005 verhandelt die Gemeinschaft offiziell mit Ankara. Es wäre erstaunlich, wenn dieser Prozess plötzlich dramatisch an Fahrt gewönne, zumal die politische Diskussion um die Beitrittsfähigkeit der Türkei auch in Deutschland unvermindert anhält.

- Anders Island, Albanien, Montenegro und Serbien, die eine Mitgliedschaft beantragt haben, zuletzt Serbien im Dezember 2009 (Details: HB 22.12.2009; Euractiv.com 4.1.2010). Bis Frühjahr 2010 fanden noch keine offiziellen Verhandlungen mit diesen vier Anwärtern statt. Die besten Beitrittschancen dürfte Island haben. Obwohl es erst im Juli 2009 die Mitgliedschaft beantragt hatte, empfahl die EU-Kommission bereits im Februar 2010, die Verhandlungen aufzunehmen (KOM 24.2.2010, S. 9).

Antragsteller

- In Osteuropa stehen noch GUS-Staaten wie Weißrussland und die Ukraine als potenzielle EU-Kandidaten bereit. Da sie arm und bevölkerungsreich sind, erscheint ihr Beitritt mittelfristig mindestens so unrealistisch wie derjenige der Türkei. Schon etwas wahrscheinlicher dürfte eine Mitgliedschaft weiterer Südosteuropäer wie Bosnien/Herzegowinas oder des Kosovos sein.

Potenzielle Kandidaten

- Auch in Afrika und Asien gibt es Länder, die gerne der EU beiträten. Asiatische GUS-Staaten wie Georgien würden insbesondere von der Arbeitskräfte-Freizügigkeit innerhalb der EU profitieren. Zahlreiche Mittelmeeranrainer könnten darüber hinaus ihre Exporte über den gemeinschaftlichen Freihandel deutlich steigern. Marokko wurde aber bereits mit dem Argument abgewiesen, kein europäisches Land zu sein (siehe Abbildung 7-2).

Nichteuropäer

- Staaten wie Norwegen oder die Schweiz würde die EU lieber heute als morgen aufnehmen, denn sie sind nicht nur eindeutig europäisch und demokratisch, sondern auch reich und bevölkerungsarm. Die Bürger beider Länder haben sich aber bislang in Referenden gegen einen Beitritt ausgesprochen. Auch die Finanzkrise führte bisher offenbar nicht zu einem Umdenken.

Unwillige Wunschländer

Marokko in die EU?

Abbildung 7-2

Seitdem Spanien und Portugal 1986 EG-Mitglieder wurden, können vor allem die Orangen des nordafrikanischen Marokkos mit der iberischen Konkurrenz nicht mehr mithalten. Zuvor waren die marokkanischen Produkte günstiger und daher in Ländern wie Deutschland verbreiteter gewesen. Den Beitrittsantrag Marokkos wies die Gemeinschaft jedoch schon 1987 zurück: Nur europäische Länder könnten der EU beitreten. Dieses Kriterium wird aber seit Jahrzehnten immer wieder in Frage gestellt und dürfte spätestens nach einem tatsächlichen Türkei-Beitritt weiteren Diskussionsstoff bieten (news.de 5.6.2009).

7.3 Zerfall der EU?

Historie großer Imperien

Die Europäische Union hat inzwischen inhaltlich und geografisch gigantische Ausmaße erreicht. Kann sie überhaupt noch weiter wachsen? Tatsächlich bietet die Geschichte viele Beispiele vom Aufstieg und Zerfall wichtiger und am Ende riesiger Herrschaftsräume. Manche hielten nur kurz wie das Weltreich Alexanders des Großen oder der kommunistische Ostblock. Andere überdauerten viele Generationen, etwa das römische Reich, gingen aber letztlich ebenfalls unter. Es wäre also naiv zu glauben, die EU wäre grundsätzlich unsterblich. Es sollten aber auch die großen Errungenschaften der Gemeinschaft nicht übersehen werden.

Pro Zerfall:

Anhaltspunkte für Zerfallserscheinungen bieten die mäßige Akzeptanz der EU bei den Bürgern, die überbordende EU-Bürokratie, die eher zu- als abnehmende Dominanz nationaler Egoismen, die heterogene Mitgliederstruktur und die Überbelastung der europäischen Solidaritätsbereitschaft:

Mäßige Zustimmungswerte

■ Gemäß Abbildung 7-3 befürworteten zu Beginn des Jahres 2009 nur durchschnittlich 52 Prozent der EU-Bürger die Mitgliedschaft ihres Landes in der Gemeinschaft. Dieser Wert ist auch für die davorliegenden rund 15 Jahre durchaus repräsentativ, denn seit 1995 schwankte er zwischen 46 und 58 Prozent (Eurobarometer 308, S. 86). Zwischen den Einzelstaaten variierte die Zustimmung Anfang 2009 deutlich, mit unter 30 Prozent im Vereinigten Königreich oder Lettland bis zu fast 80 Prozent in den Niederlanden. Deutschland liegt mit 60 Prozent im oberen Mittelfeld. Tabelle 7-1 zeigt: Je jünger und gebildeter die Befragten, desto positiver sehen sie die EU. Die höchsten Zustimmungsraten erhält sie von Studierenden und Managern, die niedrigsten von Menschen, die ihre Ausbildung mit 15 Jahren oder früher beendeten, und von Arbeitslosen.

Überbordende Bürokratie

■ Die EU ist undurchsichtiger und komplexer als jedes andere Staatswesen. Es wird immer schwieriger, einen Gesamtüberblick über ihre Aktivitäten zu behalten. Diese Form von Bürgerferne könnte sich letztlich als Achillesferse erweisen. Man denke nur an die negativen Referenden in den Niederlanden, Frankreich und Irland, die unter anderem eine EU-Müdigkeit der Wähler widerspiegelten.

Zustimmung zur EU-Mitgliedschaft nach Ländern

Abbildung 7-3

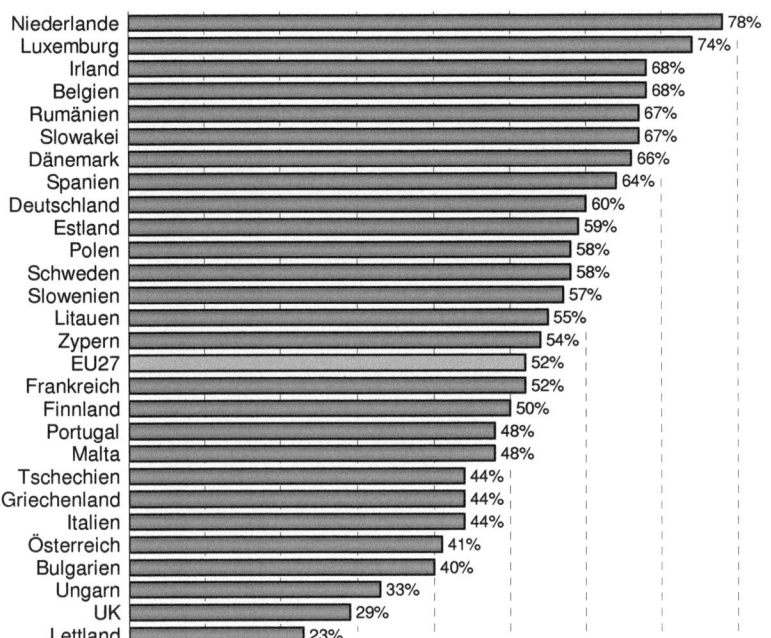

Quelle: Eigene Darstellung auf Basis Eurobarometer (308), S. 88 (Jan./Feb. 2009)

Zustimmung zur EU-Mitgliedschaft nach Bevölkerungsgruppen (Jan./Feb. 2009)

Tabelle 7-1

Geschlecht	
Männlich	57%
Weiblich	48%

Alter	
15-24	61%
25-39	56%
40-54	50%
55 +	47%

Bildung (Alter bei Abschluss)	
15-	38%
16-19	48%
20+	67%
noch nicht beendet	71%

Berufsgruppe	
Manager	67%
Sonstige Angestellte	56%
Freiberufler	53%
Handwerker	49%
Hausfrauen/-männer	47%
Rentner	46%
Arbeitslose	43%

Quelle: Eurobarometer (308), S. 87; Übersetzung durch die Autorin

Nationale Egoismen

■ Bei 27 Mitgliedern ist es langfristig unmöglich, nur auf die eigenen Vorteile zu achten. Ohne wesentlich mehr Kompromissbereitschaft dürfte der Streit eines Tages eskalieren. Denn nicht jeder Regierungschef wird weiterhin in der Lage sein, seinen Wählern jahrelange und zähe Verhandlungen wie um den Lissabon-Vertrag zu vermitteln. Der Austritt auch nur eines ersten kleineren Landes aus der EU könnte einem Dammbruch gleichkommen.

Heterogene Mitglieder

■ Die Gründungsmitglieder der EWG waren noch recht homogen im Vergleich zur Vielfalt, die heute die EU repräsentiert. Zu große Unterschiede führen aber nicht immer zu gegenseitiger Bereicherung, sondern oftmals auch zu großen Spannungen bis hin zu Trennungen.

Überlastete Solidarität

■ Die finanzielle Solidaritätsbereitschaft zwischen den EU-Bürgern könnte überstrapaziert werden, denn viele Menschen denken immer noch national: So transferierten die Westdeutschen ohne größere politische Diskussion seit 1989/1990 hunderte Milliarden in die neuen Bundesländer. Die Bereitschaft, im Frühjahr 2010 für Griechenland zu bezahlen, erscheint wesentlich geringer. Integrationsfreudige Europa-Politiker streben aber langfristig mehr oder weniger offen eine gemeinschaftliche Konjunkturpolitik an. Die EU könnte sich insofern an einer Weggabelung befinden: Will sie weiterhin wie eine traditionell funktionierende und akzeptierte Mietergemeinschaft Gemeinschaftsaufgaben wie Schneeräumdienst und Treppenhausreinigung gemeinsam organisieren? Oder will Sie schrittweise für alle Mietparteien eine gemeinsame Haushaltskasse einführen und dabei riskieren, dass die reicheren Mietparteien ausziehen, weil sie nur innerhalb ihrer Familie umverteilen wollen?

Abbildung 7-4 | *Wie viel Solidarität mit Griechenland?*

In der Griechenland-Krise im Frühjahr 2010 wollten vor allem integrationsfreudige Politiker Griechenland mehr oder weniger direkt finanziell unterstützen (Details z.B. FAZ.NET 11.2.2010). Problem dabei: Der EU-Vertrag verbietet es in Artikel 125 Abs. 1 grundsätzlich, dass die Union insgesamt oder einzelne Mitgliedsstaaten Griechenland finanziell unter die Arme greifen. Allerdings lässt Absatz 2 eine Hintertür offen: *„Der Rat kann erforderlichenfalls (...) die Definitionen für die Anwendung der (...) vorgesehenen Verbote näher bestimmen.“* Vielfältige Ansätze wurden öffentlich diskutiert. Eine längerfristige Hilfsmöglichkeit, die z.B. der deutsche Europaparlamentarier Martin Schulz befürwortete, läge etwa in **Euro-Anleihen** (FAZ.NET 29.1.2009b). Dabei handelt es sich um Schulden, die nicht mehr ein einzelnes EU-Land wie Deutschland oder Griechenland aufnähme, sondern alle Mitgliedsstaaten der Währungsunion insgesamt. Den Befürwortern gilt die Euro-Anleihe als Wundermittel, denn Griechenland oder andere schwächelnde Euromitglieder wären mit einem Schlag wieder kreditwür-

dig, da ja auch Länder wie Deutschland für das Gesamtvolumen dieser Gemein-
schaftsanleihe haften würden. Ökonomen wie Otmar Issing, bis 2006 Chefvolkswirt
der EZB, bemängelten dagegen Eurobonds: Erstens müssten Länder wie Deutschland für diese Anleihe höhere Zinsen zahlen, eben weil der Kapitalmarkt (zumindest
Anfang 2010) die Bonität der Währungsunion insgesamt für geringer hält als die deutsche. Als selbst hochverschuldetes Land käme Deutschland diese Form der Solidarität teuer zu stehen und wäre den Steuerzahlern nur schwer zu vermitteln. Zweitens
würde diese Form der Solidarität zu einem vollständigen Dammbruch der öffentlichen
Finanzen führen, da ja die nationalen Versäumnisse künftig auf alle EU-Länder verteilt
würden. Dies wiederum würde den Euro nicht stärken, sondern schwächen (FAZ.NET
29.1.2010a). Neben Eurobonds diskutierten Europas Politiker auch die Einführung
eines **Europäischen Währungsfonds**. Issing schlug dagegen für die Rolle des Sün-
denbocks den Internationalen Währungsfonds vor (ebenda). Dieser muss sich insbesondere nicht in Wahlen legitimieren, könnte also wesentlich härtere Auflagen gegenüber Griechenland durchsetzen als ein EU-geführter Hilfsfonds.

Gegen Zerfallserscheinungen sprechen die offensichtlichen Wohlfahrtseffekte von Freihandel und Freizügigkeit, die zahlreichen weltweiten Probleme
und machtpolitische Erwägungen:

Contra Zerfall:

- Orangen gedeihen in Deutschland nicht, sieht man von der Insel Mainau
ab. Dennoch gehören sie bei uns zum Standard, stellen also keine teure
Delikatesse dar. Diese Wohlstandssteigerung verdanken die EU-Bürger
auch der europäischen Vereinigung. Deutschland profitiert von dieser
Marktöffnung ganz besonders: Sie bietet unserer hoch spezialisierten In-
dustrieproduktion riesige Absatzmärkte und den Konsumenten gleichzeitig eine einzigartige Vielfalt preisgünstiger Verbrauchsgüter. Ohne die
EU wäre also der materielle Wohlstand niedriger.

*Mehr Wohlstand
durch Freihandel*

- Die DDR war ein großes Gefängnis. Nach dem Fall der Mauer holten
daher viele Bürger nach, was ihnen vorher untersagt war: Sie reisten ins
Ausland oder zogen sogar dorthin. Die Freiheit, mal eben nach Paris zu
fahren, ist also nicht selbstverständlich. Ohne die EU gäbe es zumindest
noch Grenzkontrollen, wenn nicht sogar strenge Einreisebeschränkungen
wie in die USA nach dem 11. September 2001. Diese Vorteile der EU sind
leicht verständlich und – im Gegensatz zum freien Dienstleistungs- und
Kapitalverkehr – über alle Parteien und Ideologien hinweg unstrittig.

Freizügigkeit

- Nationale Politiker müssen sich immer stärker international abstimmen.
Erst jüngst zeigte die Finanzkrise, dass sich in einer globalen Krise kein
Land abschotten kann, das marktwirtschaftlich arbeitet. Die EU ist Para-
debeispiel und Übungsplatz par excellence, wenn es um die koordinierte
Lösung gemeinsamer Probleme geht.

*Weltweite
Probleme*

- Es gibt in der Welt drei herausragende machtpolitische Blöcke: Die USA,
China und die EU. Eventuell stoßen bald auch der Iran und Indien dazu.

Machtpolitik

Umso wichtiger wird es auch für große EU-Mitglieder wie Deutschland, Großbritannien und Frankreich sein, mit einer Stimme zu sprechen, um gehört zu werden. Auch wird das herausragende Verdienst der Europäischen Union, bereits über 60 Jahre Frieden zwischen den Mitgliedsstaaten gebracht zu haben, seine große integrative Kraft bewahren.

7.4   Zusammenfassung Kapitel 7

Mehr EU-Macht

Die Europäische Union hat vor allem in den letzten 25 Jahren ihre Kompetenzen deutlich erweitert. Dieser Trend dürfte sich fortsetzen, weil das EU-Parlament einflussreicher geworden ist und Mehrheitsentscheidungen seit dem Lissabon-Vertrag die Regel darstellen. Insbesondere in der Umwelt- und der Arbeits- und Sozialpolitik werden europäische Regelungen zunehmen.

Geringe geografische Ausweitung

Eine erhebliche geografische Ausweitung der EU ist auf absehbare Zeit nicht zu erwarten, weil die meisten potenziellen oder tatsächlichen Beitrittskandidaten nicht die Voraussetzungen einer Mitgliedschaft erfüllen. Insbesondere die Türkei dürfte noch viele Jahre mit der EU verhandeln.

Pro und contra EU-Zerfall

Die Akzeptanz der EU bei den europäischen Bürgern wird einerseits auf eine harte Probe gestellt: Durch zu viel Bürokratie, nationale Egoismen, immer heterogenere Mitglieder und eine starke Beanspruchung der finanziellen Solidaritätsbereitschaft. Die Vorzüge von Freihandel und Freizügigkeit sind andererseits leicht vermittelbar. Weltweite Probleme fordern zudem eine starke EU, die mit einer Stimme spricht und handelt.

8 Zusammenfassung und weiterführende Informationen

8.1 Zusammenfassung

Die Europäische Union bestimmt den unternehmerischen Alltag nachhaltig: Durch ihre Gesetzgebung, Rechtsprechung und unmittelbare Durchgriffsrechte, aber auch durch indirekte Vorgaben, denen die deutsche Gesetzgebung und Verwaltung folgen müssen. Es lohnt sich daher für Betriebswirte und Unternehmer, Grundkenntnisse darüber zu erwerben, wie gemeinschaftliche Entscheidungsprozesse ablaufen und welche Politikbereiche von besonderer Bedeutung sind.

EU-Kenntnisse für Unternehmen wichtig

Die wesentlichen Entscheidungen innerhalb der EU treffen die Europäische Kommission (Exekutive), der Ministerrat und das Europäisches Parlament (Legislative) sowie der Europäische Gerichtshof (Jurisdiktion). Sie erlassen verbindliche europäische Vorschriften, insbesondere in Form von Verordnungen, Richtlinien und Präzedenzurteilen.

Entscheidungsträger der EU

Für Unternehmen sind die Binnenmarkt- und die Wettbewerbspolitik der Union besonders wichtig, denn sie betreffen die betriebswirtschaftlichen Handlungsmöglichkeiten unmittelbar. Der grenzenlose EU-Binnenmarkt für Waren, Dienstleistungen, Personen und Kapital ist allerdings im Detail unterschiedlich stark entwickelt, so dass Firmen hier spezielle Kenntnisse des Einzelfalls benötigen. In Wettbewerbsfragen verfügt die Brüsseler Kommission über umfangreiche und unmittelbar wirksame Rechte, indem sie Kartelle, die missbräuchliche Ausübung von Marktmacht, Fusionen und Akquisitionen, nationale Beihilfen und staatliche Monopole verbieten darf.

V.a. Binnenmarkt und Wettbewerb relevant

Die Europäische Union beeinflusst aber auch in vielen anderen Politikbereichen die unternehmerischen Spielräume unmittelbar. Dies gilt ganz besonders bei Umweltvorschriften, industriepolitischen Initiativen, Forschungs- und Strukturhilfen sowie sozial- und arbeitsrechtlichen Regulierungen.

Weitere wesentliche Politikfelder

Kleine und mittlere Unternehmen sollten unbedingt versuchen, ihre Interessen gegenüber der EU zu artikulieren – sei es durch direkte Vertretung vor allem in Brüssel, oder über Verbände. Da mit einer vertieften und erweiterten Gemeinschaftskompetenz zu rechnen ist, sollten sie sich umfassend und laufend über diejenigen europäischen Politikbereiche informieren, die für ihr Geschäft am wichtigsten sind.

KMU: Information und Einfluss

8.2 Weiterführende Informationen

(Internet-Zugriff, soweit nicht anders angegeben, 2.2.2010)

Grundsätzlich können sich Unternehmer und Betriebswirte direkt bei der EU informieren, aber auch Sekundärquellen aus Wissenschaft, Verbänden oder den Massenmedien nutzen. Was am besten passt, hängt von den individuellen Bedürfnissen und Vorkenntnissen ab.

Tabelle 8-1

Primärquellen der Europäische Union

Nutzerprofil	▨ Kennt EU insgesamt oder speziellen Politikbereich gut
	▨ Versteht sehr gut Englisch
	▨ Arbeitet extrem geradlinig, also ohne sich zu verzetteln
Vorzüge	▨ Bietet Primärquellen in allen denkbaren Detailstufen
	▨ Gefundene Dokumente lassen sich sofort herunterladen
	▨ Internet-Informationen sind in der Regel kostenlos verfügbar
Nachteile	▨ Informations-Dschungel verlängert die Suche
	▨ Viele Dokumente gibt es nur in Englisch
	▨ Einseitig positive Darstellung der EU-Aktivitäten
Einstieg	▨ Die EU im Überblick: www.europa.eu/abc/index_de.htm
	▨ Europa-Glossar A-Z: www.europa.eu/scadplus/glossary/index_de.htm
	▨ Europa-Politikbereiche: http://europa.eu/pol/index_de.htm
	▨ Das Portal der Europäischen Union: www.europa.eu/index_de.htm
	▨ Einstiegsinformationen für KMU mit weiteren nützlichen Links: KOM (2.7.2009b), v.a. S. 18f. u. 24
Weiteres (Auswahl)	▨ Broschüren: http://bookshop.europa.eu/eubookshop/index.action?request_locale=DE
	▨ Europäische Kommission, Vertretung in Deutschland: www.eu-kommlsion.de
	▨ Suche nach Pressemitteilungen: www.europa.eu/rapid
	▨ Suche nach Personen und Diensten: http://europa.eu/whoiswho/public/index.cfm?lang=de
	▨ Gesamtberichte über die Tätigkeit der Europäischen Union: www.europa.eu/generalreport/de/rgset.htm
	▨ Kostenloser „Juristischer Wegweiserdienst der EU" in Deutschland:
	1. Bürger-Sprechstunde: Berliner Vertretung der EU-Kommission, Unter den Linden 78, dienstags 9-17 Uhr

	2. Anmeldung zur Beratung (auch telefonische Beratung): 030-2280-2000 oder eu-de-kommission@ec.europa.eu
	3. Wegweiserdienst im Internet: http://ec.europa.eu/citizensrights/front_end/index_de.htm
Tipps	▨ Newsletter „EU-Nachrichten" der Europäischen Kommission, Vertretung in Deutschland: Wöchentliche, leicht lesbare Information mit nützlichen Links. Kostenloses Abonnement über user@service-eu-kommission.de
	▨ Stellenausschreibungen der EU: www.europa.eu/epso/-index_de.htm

Europarechtliche Sekundärliteratur

Tabelle 8-2

Nutzerprofil	▨ Interessiert sich für konkrete juristische EU-Fragen oder -Entscheidungen
	▨ Versteht Juristendeutsch
Vorzug	Bereitet die Frage oder Entscheidung in der Regel exakt auf
Nachteil	Erklärt nicht immer die ökonomische Bedeutung der Ausführungen
Einstieg	Lehrbücher zum Europarecht, z.B.: Streinz (2008); Schweitzer et al. (2007)
Weiteres (Auswahl)	▨ Spezielle Rechtsliteratur zum Europäischen Wettbewerbs-, Sozial-, Umweltrecht usw.
	▨ Portal zum Recht der EU: http://eur-lex.europa.eu/de/index.htm
	▨ EuGH-Urteile: http://curia.europa.eu/jcms/jcms/j_6/
Tipp	Als Nichtjurist über Pressemitteilungen der EU in die Materie einsteigen, da diese allgemeinverständlich formuliert sind. Siehe www.europa.eu/rapid

Politikwissenschaftliche Sekundärliteratur

Tabelle 8-3

Nutzerprofil	▨ Hat wenig oder kein EU-Vorwissen
	▨ Will sich einen Überblick über die Union verschaffen
	▨ Interessiert sich für die geschichtliche Entwicklung der EU
Vorzüge	▨ Beschreibt die Entscheidungsträger und ihr Zusammenspiel im Detail
	▨ Vermittelt einen ersten Eindruck der verschiedenen EU-Politikfelder

Nachteile	▪ Konzentriert sich stark auf die Institutionen
	▪ Vertieft ökonomisch relevante Politikfelder häufig nicht
	▪ Eher selten integrationskritisch
Einstieg	Weidenfeld/Wessels (2009); Herz/Jetzlsperger (2008); Dick (2010)
Weiteres (Auswahl)	Weidenfeld/Wessels (2010); Weidenfeld (2006)
Tipps	▪ Sehr gutes Nachschlagewerk: Weidenfeld/Wessels (2009)
	▪ Hilfreiche Internet-Links: Ingo Linsemann/Bernd Hüttemann, Europa im Internet, ebenda, S. 458-465. Online verfügbar unter www.uni-koeln.de/wiso-fak/powi/wessels/DE/LINKS/inter/eu.htm

Tabelle 8-4 | *Volkswirtschaftliche Sekundärliteratur*

Nutzerprofil	▪ Interessiert sich für die bisherige volkswirtschaftliche Integration der EU
	▪ Scheut sich nicht vor volkswirtschaftlichen Modellen
	▪ Studiert Volkswirtschaftslehre
Vorzüge	▪ Viele Fallstudien
	▪ Als Nachschlagewerke zu Spezialfragen geeignet
Nachteile	▪ Teilweise modelltheoretische Vorkenntnisse nötig
	▪ Teilweise in Englisch
Einstieg	Brasche (2008); Wagener/Eger (2009)
Weiteres (Auswahl)	Baldwin/Wyplosz (2009); Molle (2006); Pelkmans (2006)
Tipps	▪ Umfangreiches Nachschlagewerk zu Geschichte, Politik, Wirtschaft und Recht der EU: Wagener/Eger (2009)
	▪ The Economist, Rubrik „Charlemagne", siehe www.economist.com

Tabelle 8-5 | *Europapolitische Informationen der Verbände*

| Nutzerprofil | ▪ Interessiert sich aus deutscher Sicht für branchenspezifische europapolitische Themen |
| | ▪ Bevorzugt eine einfache Sprache |

Vorzüge	■ Gibt verständlich wieder, was für die vertretene Interessengruppe wichtig ist
	■ Informiert frühzeitig über einschlägige Gesetzesvorhaben
Nachteile	■ Informationen kosten manchmal Geld
	■ Nicht immer neutrale Darstellung
Einstieg	Jeweilige Verbandsseite und DIHK et al. (2009)
Tipp	Newsletter „Bericht aus Brüssel" des DIHK: Wöchentliche Information mit nützlichen Links. Kostenloses Abonnement unter www.dihk.de

Europapolitische Informationen der Wirtschaftspresse

Tabelle 8-6

Nutzerprofil	■ Will sich hochaktuell informieren
	■ Interessiert sich nicht für jedes Detail der Gemeinschaftspolitik
Vorzüge	■ Schreckt nicht vor Werturteilen und Gewichtungen zurück, was dem Leser eine erste Relevanzbeurteilung erleichtert
	■ Informiert höchst aktuell
Nachteile	■ Ist oft unter großem Zeitdruck recherchiert und daher nicht unbedingt fehlerfrei
	■ Konzentriert sich etwas auf Modethemen
Einstieg	■ handelsblatt.com
	■ FAZ.NET
Weiteres (Auswahl)	■ Börsenzeitung
	■ Financial Times Deutschland
	■ Wirtschafts- und Finanzteil der überregionalen Tageszeitungen
Tipp	Handelsblatt: Bietet nach Auffassung der Autorin die differenzierteste und umfassendste EU-Berichterstattung

Europapolitische Informationen privater Anbieter im Internet

Tabelle 8-7

Nutzerprofil	■ Unternehmen
	■ EU-interessierte Bürger
Vorzüge	■ Vielfältige Anbieter liefern EU-Informationen
	■ Hervorragende Suchmöglichkeiten
	■ Erste Orientierung über Online-Enzyklopädien möglich
Nachteil	Nutzer muss die Seriosität der Quellen hinterfragen

Einstieg	Homepage des Vereins „Europa Einfach" (Beiträge allerdings häufig nicht aktuell): www.europa-digital.de oder www.europa-einfach.de
Weiteres (Auswahl)	■ Suchmaschinen wie www.google.de oder www.wikipedia.de ■ www.euractiv.com ■ www.euobserver.com
Tipp	Euractiv, deutsche Fassung, http://www.euractiv.de/ : Aktuell, kurz und einfach, hilfreiche Suchfunktion zur ersten Orientierung

Tabelle 8-8 | *Europapolitische Informationen in sonstigen (Massen-)Medien*

Nutzerprofil	■ Interessiert sich nicht für Details der Gemeinschaftspolitik, sondern nur für Großereignisse ■ Hat keinerlei Vorkenntnisse
Vorzüge	■ Leicht verständlich, auch ohne Vorkenntnisse ■ Unterhaltsam
Nachteile	■ Konzentriert sich häufig auf europäische Personal- oder Skandalthemen, die für betriebliche Entscheidungsträger unwichtig sind ■ Berichtet eher oberflächlich als fundiert
Einstieg	■ Boulevard- und Regionalpresse ■ Radio und Fernsehen
Tipp	Für qualifizierte Entscheidungsfindung möglichst meiden

Literaturverzeichnis

- Airbus: Unternehmens-Startseite, www.airbus.com/en/ (Zugriff 9.12.2009)

- Antidiskriminierungsstelle: Antidiskriminierungsstelle des Bundes, Die Gleichbehandlungsrichtlinien der Europäischen Union, www.antidiskriminierungsstelle.de/bmfsfj/generator/ADS/Das-Gesetz/eu-richtlinien,did=102794.html (Zugriff 18.12.2009)

- Baldwin, Richard/Wyplosz, Charles (2009): The Economics of European Integration, 3d edition, Mcgraw-Hill Higher Education

- Bankenverband (2002): Bundesverband deutscher Banken, Banken 2002 – Fakten, Meinungen, Perspektiven, III. Banken im globalen Wettbewerb, S. 55-60 Wettbewerb in der Kreditwirtschaft, www.bankenbericht.de/banken2002/pdf/Fachbeitrag%202.pdf (Zugriff 27.11.2009)

- BBC (15.8.2007): BBC News, Farewell to Concorde, 15 August 2007, http://news.bbc.co.uk/2/hi/in_depth/uk/2003/concorde_retirement/default.stm (Zugriff 9.12.2009)

- Becker (2009), Peter: Sozialpolitik. In: Weidenfeld/Wessels (2009), S. 316-321

- BertelsmannStiftung, Europas neue Machtbalance, www.bertelsmann-stiftung.de/cps/rde/xbcr/SID-9AD7FCD3-902866E9/bst/xcms_bst_dms_30315_30316_2.pdf (Zugriff 19.1.2010)

- Bio-Siegel: www.bio-siegel.de (Zugriff 21.1.2010, Zahlenangaben Stand 31.12.2009)

- BMBF (1): Bundesministerium für Bildung und Forschung, Der Bologna-Prozess, www.bmbf.de/de/3336.php (Zugriff 10.11.2009)

- BMBF (2): Bundesministerium für Bildung und Forschung, 7. FRP im Überblick, www.forschungsrahmenprogramm.de/frp-ueberblick.htm (Zugriff 10.12.2009)

- BMBF (3): Bundesministerium für Bildung und Forschung, Das Deutsche Portal zum 7. EU-Forschungsprogramm, EURATOM, www.forschungsrahmenprogramm.de/euratom.htm (Zugriff 10.12.2009)

- BMF (16.12.2009): Pressemitteilung 58/2009, Bundeskabinett billigt Haushaltsentwurf 2010, www.bundesfinanzministerium.de/nn_53848/DE/Presse/Pressemitteilungen/Finanzpolitik/2009/12/20091612__PM58.html?__nnn=true (Zugriff 18.1.2010)

■ BMJ: Bundesministerium der Justiz, VW-Gesetz, www.bmj.bund.de/enid/0,bc60fb666f6e7473697a65092d09313130/Handels-_und_Wirtschaftsrecht/VW-Gesetz_1j0.html (Zugriff 12.11.2009)

■ BMU (28.10.2003): Bundesministerium für Umwelt, Naturschutz und Reaktorsicherheit, Pressemitteilung vom 28.10.2003, Jürgen Trittin: Durchbruch bei Harmonisierung der Energiesteuern wichtiger Schritt für den Klimaschutz, www.bmu.de/wirtschaft_und_umwelt/oekologische_steuerreform/doc/4917.php (Zugriff 16.11.2009)

■ BMU (7/2009): Bundesministerium für Umwelt, Naturschutz und Reaktorsicherheit, LIFE+ - Das EU-Finanzierungsinstrument für die Umwelt, Kurzübersicht, Stand: Juli 2009, www.bmu.de/naturschutz_biologische_vielfalt/life/doc/40594.php (Zugriff 7.12.2009)

■ BMWi (1): Bundesministerium für Wirtschaft und Technologie, Dienstleisten leicht gemacht, www.dienstleisten-leicht-gemacht.de/ (Zugriff 10.3.2010)

■ BMWi (14.12.2006): Pressemitteilung des Bundeswirtschaftsministeriums vom 14.12.2006, BMWi übermittelt Eckpunkte zur Reform des Schornsteinfegergesetzes an EU Kommission, www.bmwi.de/BMWi/Navigation/Presse/pressemitteilungen,did=177714.html?view=renderPrint (Zugriff 10.11.2009)

■ Bofinger (2001), Peter: Monetary Policy. Goals, Institutions, Strategies, and Instruments, Oxford University Press

■ Brasche (2008), Ulrich: Europäische Integration. Wirtschaft, Erweiterung, Regionale Effekte. 2. Auflage, Oldenbourg

■ BUH (11.12.2003): Berufsverband unabhängiger Handwerkerinnen und Handwerker, Presseerklärung vom 11.12.2003: EuGH verschärft Inländerdiskriminierung durch Meisterzwang, www.buhev.de/2003/12/pm-eugh-c-215-01.html (Zugriff 10.11.2009)

■ Bundeskartellamt (7/2004): Merkblatt zum Anwendungsbereich der EU-Fusionskontrolle, Juli 2004, www.bundeskartellamt.de/wDeutsch/download/pdf/Merkblaetter/Merkblaetter_deutsch/Merkblatt0409EG-FKVO_d.pdf (Zugriff 18.11.2009)

■ Cecchini (1988), Paolo: Europa '92. Der Vorteil des Binnenmarktes. Nomos

■ CEDEFOP: Centre européen pour le dévelopement de la formation professionelle, www.cedefop.gr (Zugriff 17.12.2009)

■ ChannelPartner (16.7.2007): EU muss weniger Schadensersatz an Schneider Electric zahlen, www.channelpartner.de/boersennews/279638/index.html (Zugriff 24.11.2009)

▪ CIP: Europäische Kommission, CIP, Rahmenprogramm für Wettbewerb und Innovation), http://ec.europa.eu/cip/index_de.htm (Zugriff 8.12.2009)

▪ Deutsche Börse (4.7.2007): Aktuelles aus Brüssel und Berlin –Welchen Sinn macht die EU Regulierung? http://deutsche-boerse.com/dbag/dispatch/de/binary/gdb_content_pool/imported_files/public_files/10_downloads/33_going_being_public/20_workshops/794_ssws_040707/Salkic.pdf (Zugriff 13.11.2009)

▪ Deutsche Bundesbank (9/2009): Monatsbericht Sept. 2009, S. 67-83, Änderung der neu gefassten EU-Bankenrichtlinie und der EU-Kapitaladäquanzrichtlinie sowie Anpassung der Mindestanforderungen an das Risikomanagement, www.bundesbank.de/download/volkswirtschaft/mba/2009/200909mba_bankenrichtlinie.pdf (Zugriff 13.11.2009)

▪ Diedrichs (2009), Udo: Europäische Kommission. In: Weidenfeld/Wessels (2009), S. 149-159

▪ DIHK (7.12.2009): Bericht aus Brüssel Nr. 40, S. 3-5 „Rat zur Schaffung von EU-Aufsichtsbehörden für Finanzdienstleistungen"; S. 7 „EuGH verwirft deutsches Telekommunikationsgesetz"; S. 12-13 Eurochambres fordert neuen Anlauf im „Small Business Act"

▪ DIHK (14.12.2009): Bericht aus Brüssel Nr. 41, S. 4 „Zukunft der EU-Regionalpolitik"

▪ DIHK (12.1.2010): Bericht aus Brüssel Nr. 1, S. 3-4 „Designierter Binnenmarktkommissar Barnier stellt Agenda vor"; S. 9-10 „Regulierung der Anlageberatung: Europäische Kommission veröffentlicht Arbeitsdokument"; S. 13-14 „EIT entscheidet über die ersten drei ,KICs'"

▪ DIHK (19.1.2010): Bericht aus Brüssel Nr. 2, S. 4-17 „Institutionelles"

▪ DIHK (25.1.2010): Bericht aus Brüssel Nr. 3, S. 2 „Amtsantritt der neuen Kommission ,Barroso II' verzögert sich erneut"

▪ DIHK (15.2.2010): Bericht aus Brüssel Nr. 6, S. 6 „SWIFT-Abkommen scheitert an der Zustimmung im Europäischen Parlament"

▪ DIHK (22.3.2010): Bericht aus Brüssel Nr. 11, S. 9-10 „Justizkommissarin Reding stellt Vollharmonisierung der Verbraucherrechte in Frage"

▪ DIHK et al. (2009): Deutsche Wirtschaftsverbände in Brüssel 2009-2014: Profile/Positionen/Personen, August 2009. Die Broschüre wurde von BDA, BDI, BdB, DIHK, DSGV, GDV, HDE und ZDH initiiert und von allen aufgeführten Verbänden gemeinschaftlich produziert. Download z.B. bei www.dihk.de (Zugriff 3.12.2009)

▪ DocMorris: http://de.wikipedia.org/wiki/DocMorris (Zugriff 10.11.2009)

▪ dpa-Globus (17.7.2009): Ub-2937, Chart „27 Länder – ein Markt" und Kommentar „Erhebliche Wohlfahrtseffekte"

▪ dpa-Globus (25.9.2009): Mb-3074, Chart „Arbeitskosten im Standortwettbewerb"

▪ dpa-Globus (2.10.2009): Ud-3087, Chart „Geben und Nehmen in der EU"

▪ dradio.de (9.1.2008): USA heben Strafzölle für deutsche Stahl-Importe auf, www.dradio.de/nachrichten/200801091000/8 (Zugriff 9.2.2010)

▪ EACEA: Executive Agency Education, Audiovisual and Culture, http://eacea.ec.europa.eu/index.html (Zugriff 18.12.2009)

▪ Economist (12.3.2005): The Economist, March 12th 2005, p. 36 "The Franco-German-led rejection of the services directive"

▪ Economist (21.10.2006): The Economist, October 21st 2006, p. 76 "Chimney sweeps under fire"

▪ Economist (7.11.2009): The Economist November 7th 2009, p. 71-72 "Europe's troubled banks, The muscles from Brussels"

▪ Economist (14.11.2009): The Economist November 14th 2009, p. 44, "Charlemagne, Single market bargaining"

▪ EEA: Europäische Umweltagentur (Startseite), www.eea.europa.eu/de (Zugriff 7.12.2009)

▪ EEX (2007): European Energy Exchange AG, EEX Emissionsmarkt, www.eex.com/en/document/4335 (Zugriff 23.2.2010); Analoge Auflistung aller Tageskurse für 2005 bzw. 2006: siehe Link, statt „5" die Endziffern „3" bzw. „4"

▪ EIB: Europäische Investitionsbank, www.eib.org (Zugriff November 2009)

▪ EIRO 2008: European Industrial Relations Observatory (EIRO), Pay developments 2008, www.eurofound.europa.eu/eiro/studies/tn0904029s/tn0904029s.htm#hd12 (Zugriff Februar 2010)

▪ EIT: Europäisches Innovations- und Technologieinstitut (European Institute of Innovation & Technology), http://eit.europa.eu/ (Zugriff 10.12.2009)

▪ EP (1): Europäisches Parlament, www.europarl.europa.eu/news/public/default_de.htm; (Zugriff 18.1.2010)

▪ EP (2): Europäisches Parlament, Mitglieder je Mitgliedstaat und Fraktion // 7. Wahlperiode, www.europarl.europa.eu/members/expert/groupAndCountry.do?language=DE (Zugriff 19.2.2010)

▪ EP (März 2008): Europa 2008 – Wissen-Verstehen-Mitreden

▪ EP (19.2.2008): Binnenmarktpaket im Plenum: Produktzulassung soll unbürokratischer werden, www.europarl.europa.eu/sides/getDoc.do?language=DE&type=IM-PRESS&reference=20080215STO21486 (Zugriff 20.1.2010)

▓ EPSO: Europa, EPSO, Das Europäische Amt für Personalauswahl, http://europa.eu/epso/index_de.htm (Zugriff 24.3.2010)

▓ ERASMUS: Erasmus for Young Entrepreneurs: www.erasmus-entrepreneurs.eu/ (Zugriff 25.3.2010)

▓ ERC: Europäischer Forschungsrat (European Research Council), http://erc.europa.eu (Zugriff 10.12.2009)

▓ ESA: Europäische Weltraumagentur (European Space Agency): www.esa.int (Zugriff 10.12.2009)

▓ ETF: Europäische Stiftung für Berufsbildung, www.etf.europa.eu/web.nsf/pages/AboutETF_DE?OpenDocument (Zugriff 17.12.2009)

▓ EU (1): Europa, Die EU im Überblick, Die EU – eine Folienpräsentation, http://europa.eu/abc/euslides/index_de.htm (Zugriff 19.1.2010)

▓ EU (2): Europa Glossar, Stichwort „Schengen", http://europa.eu/scadplus/glossary/schengen_agreement_de.htm (Zugriff 21.1.2010)

▓ EU (3): Europa, Die EU im Überblick, Unterwegs in Europa, http://europa.eu/abc/travel/index_de.htm (Zugriff 9.3.2010)

▓ EU (4): Europa-Informationen, Europe Direct, Alkoholsteuer: 2010 wird Bier 1,2 Cent teurer, www.europa-web.de/europa/03euinf/07eukomm/alkoholsteuer.htm (Zugriff 16.11.2009)

▓ EU (5): Europa, Zusammenfassungen der EU-Gesetzgebung, Wettbewerb, Vorschriften für Unternehmen, Anwendung der Artikel 81 und 82 EG-Vertrag, http://europa.eu/legislation_summaries/competition/firms/l26092_de.htm (Zugriff 19.11.2009)

▓ EU (6): Europa, Politikbereiche, Umwelt, http://europa.eu/pol/env/index_de.htm (Zugriff 7.12.2009)

▓ EU (7): Europa, Politikbereiche, Beschäftigung und Sozialpolitik, http://europa.eu/pol/socio/index_de.htm (Zugriff 17.12.2009)

▓ EU (8): Europa, Politikbereich Verkehr, http://europa.eu/pol/trans/index_de.htm (Zugriff 5.2.2010)

▓ EU (9): Europa, Zusammenfassung der EU-Gesetzgebung, Regionalpolitik, Verwaltung der Regionalpolitik, Transeuropäische Netze, Gemeinschaftliche Leitlinien für den Aufbau eines transeuropäischen Verkehrsnetzes, http://europa.eu/legislation_summaries/regional_policy/management/transeuropean_networks/l24094_de.htm (Zugriff 5.2.2010)

▓ EU (10): Europa, Politikbereich Außenhandel, http://europa.eu/pol/comm/index_de.htm (Zugriff 8.2.2010)

▓ EU (11): Europa, Politikbereich Energie, http://europa.eu/pol/ener/index_de.htm (Zugriff 8.2.2010)

▓ EU (12): Europa, Politikbereich, Erweiterung, Offene Türen, http://europa.eu/pol/enlarg/index_de.htm (Zugriff 4.12.2009)

▪ EU (13): Europa, Glossar, Beitrittskriterien (Kopenhagener Kriterien), http://europa.eu/scadplus/glossary/accession_criteria_copenhague_de.htm (Zugriff 1.2.2010)

▪ EU (2007/1): Im Dialog mit der EU – Fragen Sie uns, reden Sie mit!

▪ EU (8.5.2008): Konsolidierte Fassungen des Vertrags über die Europäische Union und des Vertrags über die Arbeitsweise der Europäischen Union. In: ABl. C 115, S. 1 ff., www.europa.eu/lisbon_treaty/full_text/index_de.htm (Zugriff Oktober 2009)

▪ EuGH (1): Gerichtshof der Europäischen Union, http://curia.europa.eu (Zugriff November 2009)

▪ EuGH (2): Mitglieder, Vorstellung der Mitglieder, Endre Juhász, http://curia.europa.eu/jcms/jcms/Jo2_7026/ (Zugriff November 2009)

▪ EuGH (C-85/76): Urteil vom 13.2.1979, Hoffmann-La Roche, Leitsatz Nr. 6, www.jura.uni-augsburg.de/fakultaet/lehrstuehle/moellers/materialien/materialdateien/050_eugh_entscheidungen_en/eugh_1976_85_laroche_de/ (Zugriff 25.1.2010)

▪ EuGH (C-120/78): Urteil vom 20. Februar 1979, Rewe-Zentral AG gegen Bundesmonopolverwaltung für Branntwein, http://eur-lex.europa.eu/LexUriServ/LexUriServ.do?uri=CELEX:61978J0120:DE:HTML (Zugriff November 2009)

▪ EuGH (C-178/84): Urteil vom 12.3.1987, Kommission der Europäischen Gemeinschaften gegen Bundesrepublik Deutschland, www.jura.uni-augburg.de/fakultaet/lehrstuehle/moellers/materialien/materialdateien/050_eugh_entscheidungen_en/eugh_1984_178_reinheitsgebot_fuer_bier/ (Zugriff 20.1.2010)

▪ EuGH (C-202/88): Urteil vom 19.2.1991, French Republic versus Commission of the European Communities, http://eur-lex.europa.eu/LexUriServ/LexUriServ.do?uri=CELEX:61988J0202:EN:HTML (Zugriff 25.1.2010)

▪ EuGH (C-415/93): Urteil vom 15.12.1995, Union royale belge des sociétés de football association ASBL (und weitere, Anm. d. Verf.) gegen Jean-Marc Bosman, http://eur-lex.europa.eu/LexUriServ/LexUriServ.do?uri=CELEX:61993J0415:DE:HTML (Zugriff November 2009)

▪ EuGH (C-3/00): Urteil vom 20.3.2003, Königreich Dänemark gegen Kommission der Europäischen Gemeinschaften, http://eur-lex.europa.eu/LexUriServ/LexUriServ.do?uri=OJ:C:2003:112:0001:0001:DE:PDF (Zugriff 20.1.2010)

▪ EuGH (C-215/01): Urteil vom 11.12.2003, Bruno Schnitzer, http://eur-lex.europa.eu/LexUriServ/LexUriServ.do?uri=OJ:C:2004:047:0003:0004:DE:PDF (Zugriff 10.11.2009)

▪ EuGH (C-322/01): Urteil vom 11.12.2003, Deutscher Apothekerverband e. V. gegen 0800 DocMorris NV und Jacques Waterval, http://eur-

lex.europa.eu/LexUriServ/LexUriServ.do?uri=
OJ:C:2004:047:0005:0006:DE:PDF (Zugriff 10.11.2009)

▪ EuGH (C-265/03): Urteil vom 12. 4.2005, Igor Simutenkov gegen Ministe-
rio de Educación y Cultura, Real Federación Española de Fútbol, http://
eur-lex.europa.eu/LexUriServ/LexUriServ.do?uri=
OJ:C:2005:132:0009:0009:DE:PDF (Zugriff 21.1.2010)

▪ EuGH (C-144/04): Urteil vom 22.11.2005, Vorabentscheidungsersuchen
Werner Mangold gegen Rüdiger Helm, http://eur-lex.europa.eu/
LexUriServ/LexUriServ.do?uri=OJ:C:2006:036:0010:0011:DE:PDF (Zugriff
26.3.2010)

▪ EuGH (C-269/07): Urteil vom 10.9.2009, Kommission der EG gegen Bundesrepublik Deutschland, http://eur-lex.europa.eu/LexUriServ/
LexUriServ.do?uri=OJ:C:2009:267:0009:0010:DE:PDF (Zugriff 18.12.2009)

▪ EuGH (C-424/07): Urteil vom 3.12.2009, Vertragsverletzung eines Mitgliedstaats – Elektronische Kommunikation – Richtlinie 2002/19/EG –
Richtlinie 2002/21/EG – Richtlinie 2002/22/EG – Netze und Dienste – Nationale Regulierung – Neue Märkte", http://curia.europa.eu/jurisp/cgi-
bin/gettext.pl?lang=de&num=79908796C19070424&doc=T&ouvert=
T&seance=ARRET (Zugriff 25.3.2010)

▪ EuGH (C-555/07): Urteil vom 19.1.2010, Seda Kücükdeveci gegen Swedex
GmbH & Co. KG, http://eur-lex.europa.eu/LexUriServ/LexUriServ.do?
uri=OJ:C:2010:063:0004:0004:DE:PDF (Zugriff 24.3.2010)

▪ EuGH (C-345/08): Urteil vom 10.12.2009, Krzysztof Peśla gegen Justizmi-
nisterium Mecklenburg-Vorpommern, http://eur-lex.europa.eu/
LexUriServ/LexUriServ.do?uri=CELEX:62008J0345:DE:HTML (Zugriff
10.11.2009)

▪ EU-Info Deutschland: Autopreise vor Steuern in Deutschland am höchsten, www.eu-info.de/auto-fuehrerschein-eu-europa/5893/8244/ (Zugriff
22.1.2010)

▪ EU-OSHA: Europäische Agentur für Sicherheit und Gesundheitsschutz
am Arbeitsplatz, http://osha.europa.eu/de/about (Zugriff 18.12.2009)

▪ Euractiv.com (20.12.2004): Aktionsplan für Finanzdienstleistungen
(FSAP), aktualisiert am 27.6.2005, www.euractiv.com/de/innovation/
aktionsplan-finanzdienstleistungen-fsap/article-133625 (Zugriff
13.11.2009)

▪ Euractiv.com (27.9.2007): EU: US-Subventionen für Boeing kosten Airbus
27 Milliarden US-Dollar, www.euractiv.com/de/handel/eu-us-
subventionen-boeing-kosten-airbus-27-milliarden-us-dollar/article-
167128 (Zugriff 9.12.2009)

▪ Euractiv.com (1.10.2009): Die EU-Transparenzinitiative,
www.euractiv.com/de/pa/eu-transparenzinitiative/article-140896#
(Zugriff 29.1.2010)

▓ Euractiv.com (4.1.2010): EU-Beitritt: Serbien will neuen ‚Geschwindig-keitsrekord' aufstellen, www.euractiv.com/de/erweiterung/eu-beitritt-serbien-will-neuen-geschwindigkeitsrekord-aufstellen/article-188522 (Zugriff 23.2.2010)

▓ Euractiv.de (10.9.2009): REACH - Wirbel um Tierversuche, www.euractiv.de/energie-klima-und-umwelt/artikel/reach-kosten-ungewiss-002060 (Zugriff 15.3.2010)

▓ Euractiv.de (8.1.2010): EU-Wirtschaftspolitik mit Strafdrohung, www.euractiv.de/zukunft-und-reformen/artikel/zapatero-eu-wirtschaftspolitik-mit-strafdrohung-002579 (Zugriff 19.1.2010)

▓ EUREKA: Willkommen bei EUREKA in Deutschland, www.eureka.dlr.de/ (Zugriff 10.12.2009)

▓ Eurobarometer (308): European Commission, Special Eurobarometer 308, The Europeans in 2009, July 2009, http://ec.europa.eu/public_opinion/archives/ebs/ebs_308_en.pdf (Zugriff 24.3.2010)

▓ EUROFOUND: European Foundation for the Improvement of Living and Working Conditions, www.eurofound.europa.eu/about/index.htm (Zugriff 18.12.2009)

▓ Europäischer Rat: http://europa.eu/european-council/index_de.htm oder www.european-council.europa.eu/home-page.aspx?lang=de (Zugriff 19.1.2010)

▓ Europarat: http://www.coe.int/ (Zugriff 30.3.2010)

▓ Eurostat (1): Gesamtbevölkerung am 1. Januar, http://epp.eurostat.ec.europa.eu/tgm/table.do?tab=table&language=de&pcode=tps00001&tableSelection=1&footnotes=yes&labeling=labels&plugin=1 (Zugriff 19.2.2010)

▓ Eurostat (2): Harmonisierte Arbeitslosenquote - Insgesamt, http://epp.eurostat.ec.europa.eu/tgm/table.do?tab=table&language=de&pcode=teilm020&tableSelection=1&plugin=1, 2009m12 (Zugriff 29.3.2010)

▓ EZB (11/2008): Europäische Zentralbank, Durchführung der Geldpolitik im Euro-Währungsgebiet, November 2008, www.ecb.int/pub/pdf/other/gendoc2008de.pdf (Zugriff 8.2.2010)

▓ EZB (4/2009): Europäische Zentralbank, Die Europäische Zentralbank – Das Eurosystem – Das Europäische System der Zentralbanken, 3. Auflage, April 2009, www.ecb.int/pub/html/index.en.html (Zugriff 8.2.2010)

▓ FAZ.NET (17.12.2008): Ryanair: Streit um Flughafengebühren – Rabatte für Ryanair zulässig. www.faz.net/s/RubD16E1F55D21144C4AE3F9DDF52B6E1D9/Doc~E86A2EFF8B49548F5B13FA5FF1BEAABCE~ATpl~Ecommon~Scontent.html (Zugriff 27.11.2009)

▪ FAZ.NET (23.12.2008): Christoph H. Seibt, Richter bremsen die europa-
weite Mobilität, www.faz.net/s/
RubA5A53ED802AB47C6AFC5F33A9E1AA71F/Doc~
E540B1F78A3A24A1AB639F74E38CDA686~ATpl~Ecommon~
Scontent.html (Zugriff November 2009)

▪ FAZ.NET (14.9.2009): Finanzkrise: Staatsbanken machen mehr Verlust als
Privatbanken, www.faz.net/s/
Rub58241E4DF1B149538ABC24D0E82A6266/Doc~
E497A0F1200454F0EA97EAB1C16C5F22F~ATpl~Ecommon~
Scontent.html?nwl_wirtschaft (Zugriff 25.1.2010)

▪ FAZ.NET (19.10.2009): EU-Kommission: Die vielen Stimmen im Fall
Opel, www.faz.net/s/RubCE844206AD5543959580E21EDC440854/Doc~
E6F46B8CDC9BA41F2BF769D952843992E~ATpl~Ecommon~
Scontent.html?nwl_wirtschaft (Zugriff 27.11.2009)

▪ FAZ.NET (17.11.2009): Europa diskutiert über Autobahngebühren,
www.faz.net/s/RubEC1ACFE1EE274C81BCD3621EF555C83C/Doc~
E3E7061EA18D04A5B992594B85A6E1C17~ATpl~Ecommon~
Scontent.html?nwl_wirtschaft (Zugriff 5.2.2010)

▪ FAZ.NET (27.11.2009): Die neue EU-Kommission steht. Oettinger wird
Energiekommissar, www.faz.net/s/
Rub99C3EECA60D84C08AD6B3E60C4EA807F/Doc~
E13B52838365F44068C1A5FC66C9309FA~ATpl~Ecommon~
Scontent.html?nwl_wirtschaft (Zugriff 18.1.2010)

▪ FAZ.NET (11.12.2009): Mehr als sieben Milliarden Euro – EU-Klimahilfe
für arme Länder, www.faz.net/s/
RubC5406E1142284FB6BB79CE581A20766E/Doc~
E1A4E473A4CBA43859DD4C852ED796101~ATpl~Ecommon~
Scontent.html?nwl_wirtschaft (Zugriff 17.12.2009)

▪ FAZ.NET (15.12.2009): EU verordnet der LBBW eine Schrumpfkur,
www.faz.net/s/RubD16E1F55D21144C4AE3F9DDF52B6E1D9/Doc~
EC3A786525ABA453C8EEE6427D266D889~ATpl~Ecommon~
Scontent.html?nwl_wirtschaft (Zugriff 25.1.2010)

▪ FAZ.NET (16.12.2009): Microsoft wendet EU-Kartellklage ab,
www.faz.net/s/RubE2C6E0BCC2F04DD787CDC274993E94C1/Doc~
EFD48E9CFCC12439B96F737EE8CB40E3B~ATpl~Ecommon~
Scontent.html?nwl_wirtschaft (Zugriff 25.1.2010)

▪ FAZ.NET (7.1.2010): Galileo-Navigationssystem – Die ersten Satelliten
werden in Bremen gebaut, www.faz.net/s/
RubEC1ACFE1EE274C81BCD3621EF555C83C/Doc~
E875218950A4F41AE8F5FE3F31C1920E7~ATpl~Ecommon~
Scontent.html?nwl_wirtschaft (Zugriff 3.2.2010)

▪ FAZ.NET (15.1.2010): Roman Herzog, Frits Boltkestein und Lüder Ger-
ken, Die EU schadet der Europa-Idee, www.faz.net/s/

RubDDBDABB9457A437BAA85A49C26FB23A0/Doc~
EC34E29B107D74E889CDBF2E9E184CED0~ATpl~Ecommon~
Scontent.html?nwl_wirtschaft (Zugriff 25.3.2010)

FAZ.NET (29.1.2010a): Otmar Issing, Die Europäische Währungsunion
am Scheideweg, www.faz.net/s/
Rub0E9EEF84AC1E4A389A8DC6C23161FE44/Doc~
EAB4863170BDC45E3BB25D40938FDB3B7~ATpl~Ecommon~
Sspezial.html?nwl_wirtschaft (Zugriff 29.1.2010)

FAZ.NET (29.1.2010b): Stefan Ruhkamp und Werner Mussler, Südeuro-
päische Schuldenkrise spitzt sich zu, www.faz.net/s/
Rub09A305833E12405A808EF01024D15375/Doc~
EAF17AF1BA6554CDEA5B41A71EE1B2118~ATpl~Ecommon~
Sspezial.html (Zugriff 29.1.2010)

FAZ.NET (11.2.2010): Werner Mussler und Michael Stabenow, Griechen-
land: EU hilft erst, wenn es anders nicht geht, www.faz.net/s/
Rub99C3EECA60D84C08AD6B3E60C4EA807F/Doc~
E0B586557F6DD4750B4235A7A7140E670~ATpl~Ecommon~
Scontent.html?nwl_wirtschaft (Zugriff 12.2.2010)

FAZ.NET (2.3.2010): Nach 13 Jahren - EU erlaubt Anbau der Genkartoffel
Amflora, www.faz.net/s/Rub0E9EEF84AC1E4A389A8DC6C23161FE44/
Doc~E8C8E6B0857754A6984C22B42419B29AD~ATpl~Ecommon~
Scontent.html?nwl_wirtschaft (Zugriff 2.3.2010)

FAZ.NET (19.3.2010): Kerstin Schwenn, Haushalt 2010 - Bundestag be-
schließt Rekordverschuldung, www.faz.net/s/
RubEC1ACFE1EE274C81BCD3621EF555C83C/Doc~
E74C5BBA71A554B6B8479FFB6CB0ABEFF~ATpl~Ecommon~
Scontent.html?nwl_wirtschaft (Zugriff 19.3.2010)

Focus (15.9.2009): Focus Money Online, Studie: CO_2-Ausstoß bei deutschen Autos hoch, www.focus.de/finanzen/news/auto-studie-co2-
ausstoss-bei-deutschen-autos-hoch_aid_436071.html (Zugriff 2.2.2010)

Focus (29.1.2010): Focus.Online, Existenzgründung - EU bietet Arbeitslosen Mikrokredite an, www.focus.de/karriere/perspektiven/
existenzgruendung-eu-bietet-arbeitslosen-mikrokredite-an_aid_
475423.html (Zugriff 1.2.2010)

FRA: European Union Agency for Fundamental Rights, http://
fra.europa.eu/fraWebsite/home/home_en.htm (Zugriff 18.12.2009)

Frey (1981), Bruno S.: Theorie demokratischer Wirtschaftspolitik. Vahlen

FTD (4.9.2009): Gerhard Hegmann, Streit vor der WTO - Airbus und
Boeing zittern um Subventionen, www.ftd.de/unternehmen/industrie/
:streit-vor-der-wto-airbus-und-boeing-zittern-um-subventionen/
50003083.html (Zugriff 9.12.2009)

▪ Gabler (1): Gabler Verlag (Herausgeber), Gabler Wirtschaftslexikon, Stichwort: Steuerharmonisierung in der EU, http:// wirtschaftslexikon.gabler.de/Archiv/14253/steuerharmonisierung-in-der-eu-v5.html (Zugriff 16.11.2009)

▪ Gabler (2): Gabler Verlag (Herausgeber), Gabler Wirtschaftslexikon, Stichwort: Mindeststeuersatz, http://wirtschaftslexikon.gabler.de/ Archiv/80654/mindeststeuersatz-v4.htm (Zugriff 16.11.2009)

▪ Gabler (2005): Gabler-Verlag (Herausgeber), Gabler Wirtschaftslexikon. 16. Auflage, S. 2677 f., Stichwort Societas Europea (SE)

▪ GFS: Gemeinsame Forschungsstelle (Joint Research Centre): http:// ec.europa.eu/dgs/jrc/index.cfm?id=1940 (Zugriff 11.12.2009)

▪ Hartwig (2009), Ines: Struktur- und Regionalpolitik. In: Weidenfeld/ Wessels (2009), S. 321-330

▪ HB (27.7.2000): Presseerklärung der FBE, www.handelsblatt.com/archiv/ presseerklaerung-der-fbe;313979 (Zugriff 27.11.2009)

▪ HB (19.9.2000): EU will Bußgeld gegen Opel verhängen, www.handelsblatt.com/archiv/eu-will-bussgeld-gegen-opel-verhaengen;329686 (Zugriff 25.1.2010)

▪ HB (9.10.2001): EU verhängt Bußgeld gegen Daimler-Chrysler, www.handelsblatt.com/archiv/eu-verhaengt-bussgeld-gegen-daimler-chrysler;466815 (Zugriff 25.1.2010)

▪ HB (2.5.2003): Monti baut seine Behörde um, http://www.handelsblatt.com/archiv/monti-baut-seine-behoerde-um;625943 (Zugriff 24.11.2009)

▪ HB (11.8.2003): US-Einspruch gegen WTO-Entscheidung, www.handelsblatt.com/politik/international/us-einspruch-gegen-wto-entscheidung;652364 (Zugriff 9.2.2010)

▪ HB (13.10.2003): S. 1, Jochen Hoenig, EU lässt Schutzwälle gegen Firmen-Übernahmen stehen

▪ HB (29.10.2003): S. 6, Nagelprobe für die EU-Industriepolitik

▪ HB (3.11.2003): Brüsseler Entscheidung zu Flugplatz Charleroi erwartet: EU rügt Millionenhilfen für Ryanair als illegal, www.handelsblatt.com/ politik/international/eu-ruegt-millionenhilfen-fuer-ryanair-als-illegal;685605 (Zugriff 27.11.2009)

▪ HB (23.3.2004): S. 1, Monti verhängt Rekordstrafe von 500 Millionen Euro gegen Microsoft

▪ HB (16.4.2004): Handelsblatt vom 16.-18.4.2004, S. 14, Peter Thelen, Mehr Transparenz bei Gentech-Produkten

▪ HB (12.1.2005): Jan Keuchel, Ausländerregel im Profisport vor dem Aus, http://www.handelsblatt.com/magazin/sonstiges/auslaenderregel-im-profisport-vor-dem-aus;845538 (Zugriff 21.1.2010)

▓ HB (25.1.2006): Microsoft öffnet Windows-System weiter, http://www.handelsblatt.com/unternehmen/it-medien/microsoft-oeffnet-windows-system-weiter;1023939 (Zugriff 25.1.2010)

▓ HB (30.1.2006): Brüssels wichtigstes Reformprojekt, http://www.handelsblatt.com/politik/deutschland/b-kommentar-b-bruessels-wichtigstes-reformprojekt;1026093 (Zugriff November 2009)

▓ HB (20.6.2006): S. 3, Helmut Hauschild/Klaus Stratmann, EU erhöht Druck bei CO_2-Handel

▓ HB (23.1.2007): S. 6, Gericht kippt deutsches Apothekenrecht

▓ HB (23.3.2007): S. 1, EU liberalisiert Luftverkehr

▓ HB (4.3.2008): Stichwort: Die EU-Zinssteuer-Richtlinie, www.handelsblatt.com/finanzen/steuerrecht/stichwort-die-eu-zinssteuer-richtlinie;1399139 (Zugriff 13.11.2009)

▓ HB (15.11.2008): Mitbestimmung macht Societas Europaea interessant, www.handelsblatt.com/mitbestimmung-macht-societas-europaea-interessant;2061759 (Zugriff 12.11.2009)

▓ HB (21.8.2009): S. 6, EU streitet über Produkthaftung

▓ HB (4.9.2009): Handelsblatt vom 4.-6.9.2009, S. 12, EU-Kommission will Open Source stärken

▓ HB (11.9.2009): S. 4, „Mallorca-Rentner" siegen gegen Finanzminister Steinbrück

▓ HB (28.9.2009): S. 7, Andreas Hoffbauer, Eric Bonse, Zwischen Europäischer Union und China droht harter Handelskrieg

▓ HB (30.9.2009): S. 5, Kroes will Sammelklagen durchboxen

▓ HB (7.10.2009): S. 18, EU öffnet Deutscher Bank die Tür in die Niederlande

▓ HB (8.10.2009): S. 12, Microsoft geht im Browserstreit auf die EU zu

▓ HB (15.10.2009): S. 22, Michael Maisch, EU droht britischen Banken

▓ HB (30.10.2009a): Handelsblatt vom 30./31.10./1.11.2009, S. 28-29, Yasmin Osman, M. Kurm-Engels, Einzelhändler boykottieren Europa-Lastschrift

▓ HB (30.10.2009b): ebenda, S. 28-29, Fachleute bleiben skeptisch: Zahlungssystem könnte ein Rohrkrepierer werden

▓ HB (30.10.2009c): ebenda, S. 29, Jens Hagen, Christian Schnell, Was Bankkunden wissen sollten

▓ HB (30.10.2009d): ebenda, S. 8, Ruth Berschens, EU will erste Zahlen zur Klimafinanzierung nennen

▓ HB (2.11.2009): Florian Sievers, Ökonomen als Dienstleister, www.handelsblatt.com/politik/nachrichten/wettbewerbsgutachten-oekonomen-als-dienstleister;2474754 (Zugriff 24.11.2009)

HB (22.12.2009): Serbien will in die EU, www.handelsblatt.com/politik/ international/aufnahmeantrag-serbien-will-in-die-eu;2503712 (Zugriff 1.2.2010)

HB (7.1.2010): S. 11, Eric Bonse, Streit über Gehälter für EU-Beamte eskaliert

HB (20.1.2010a): S. 10-11, EuGH-Urteil belastet die Betriebe

HB (20.1.2010b): S. 3, EuGH stärkt Kündigungsschutz der Arbeitnehmer

HB (9.2.2010): S. 2, Ruth Berschens, Wirtschaftspolitik wird europäischer

HB (11.2.2010): S. 39, Ruth Berschens, Europaparlament verlangt stärkere EU-Finanzaufsicht

Heinemann (2009), Friedrich: Haushalt und Finanzen. In: Weidenfeld/ Wessels (2009), S. 263-272

Heise.de (31.10.2009): EU-Kommission will Datenschutz in Großbritannien durchsetzen, www.heise.de/newsticker/meldung/EU-Kommission-will-Datenschutz-in-Grossbritannien-durchsetzen-847192.html (Zugriff 24.2.2010)

Herz, Dietmar/Jetzlsperger, Christian (2008): Die Europäische Union. Beck

Hillenbrand (2009), Olaf: Europa-ABC. In: Weidenfeld/Wessels (2009), S. 413 „CEDEFOP", S. 422 „Europäischer Ausrichtungs- und Garantiefonds für die Landwirtschaft (EAGFL)", S. 422-423 „Europäischer Fonds für Regionale Entwicklung (EFRE)", S. 423 „Europäischer Garantiefonds für die Landwirtschaft (EGFL)", S. 424 „Europäischer Landwirtschaftsfonds (ELER)", S. 424 „Europäischer Sozialfonds", S. 427 „Finanzinstrument zur Ausrichtung der Fischerei (FIAF)", S. 433 „Kohäsionsfonds", S. 435 „Kyoto-Protokoll", S. 442 „Phare" (und IPA), S. 445 „Schengener Abkommen" (Mitgliederangaben: Stand Ende 2008), S. 446-447 „Sozialcharta und Sozialprotokoll", S. 448-449 „Strukturfonds"

HRK: Hochschulrektorenkonferenz, Bologna-Zentrum, www.hrk.de/ bologna/de/home/index.php (Zugriff 10.11.2009)

IFAM (2/2007): Institut für Aufsichtsrat-Mitbestimmung Nr. 1 von Februar 2007, S. 1-3, Helmut Gahleitner und Eva Schiessl, Die Englische „Limited" in Österreich – Eine Bestandsaufnahme, www.arbeiterkammer.at/ bilder/d51/IFAM_1_2007.pdf (Zugriff November 2009)

IfW (5/2008): Institut für Weltwirtschaft, Alfred Boss und Astrid Rosenschon, Der Kieler Subventionsbericht, eine Aktualisierung, Kieler Diskussionsbeiträge 452/453, Mai 2008, www.ifw-kiel.de/pub/kd/2008/ kd452-453.pdf (Zugriff 26.1.2010)

IP/00/1076: Pressemitteilung vom 28.9.2000, Kommission genehmigt Erwerb von Bestfoods durch Unilever vorbehaltlich umfangreicher Ver-

äußerungen, http://europa.eu/rapid/pressReleasesAction.do?reference=
IP/00/1076 (Zugriff 20.11.2009)

▪ IP/01/939: Pressemitteilung vom 3.7.2001, Kommission untersagt Übernahme von Honeywell durch GE, http://europa.eu/rapid/
pressReleasesAction.do?reference=IP/01/939 (Zugriff 20.11.2009)

▪ IP/03/418: Pressemitteilung vom 20.3.2003, Europäische Kommission:
Empfehlung zur Förderung öffentlicher Breitbanddienste in Europa,
http://europa.eu/rapid/pressReleasesAction.do?reference=IP/03/
418&format=HTML&aged=1&language=DE&guiLanguage=en (Zugriff
24.2.2010)

▪ IP/03/1137: Pressemitteilung vom 30.7.2003, EU-Kommission genehmigt
die Übernahme von Wella durch Procter & Gamble unter Bedingungen,
http://europa.eu/rapid/pressReleasesAction.do?reference=IP/03/1137
(Zugriff 20.11.2009)

▪ IP/04/1468: Pressemitteilung vom 14.12.2004, Deutsche Verpackungsver-
ordnung: Kommission begrüßt EuGH Grundsatzentscheid, http://
europa.eu/rapid/pressReleasesAction.do?reference=IP/04/1468&format=
HTML&aged=0&language=DE&guiLanguage=en (Zugriff 7.12.2009)

▪ IP/07/1442: Pressemitteilung vom 3.10.2007, Fusionskontrolle: Kommission genehmigt unter Auflagen geplante Übernahme von ABN-AMRO-
Vermögenswerten durch Fortis, http://europa.eu/rapid/
pressReleasesAction.do?reference=IP/07/1442&format=HTML&aged=
1&language=DE&guiLanguage=en (Zugriff 20.11.2009)

▪ IP/08/1352: Pressemitteilung vom 18.9.2008, Niederlassungsfreiheit für
Apotheker: Vertragsverletzungsverfahren gegen Deutschland und Portugal, http://europa.eu/rapid/pressReleasesAction.do?reference=IP/08/
1352&language=DE&guiLanguage=de (Zugriff 10.11.2009)

▪ IP/08/1443: Pressemitteilung vom 1.10.2008, Fusionskontrolle: Deutsche
Bank erhält grünes Licht für Kauf von Teilen der ABN AMRO, http://
europa.eu/rapid/pressReleasesAction.do?reference=IP/08/1443 (Zugriff
20.11.2009)

▪ IP/09/683: Pressemitteilung vom 30.4.2009, Kartellrecht: Kommission legt
Bericht über wichtigste Kartell-Verordnung vor, http://europa.eu/rapid/
pressReleasesAction.do?reference=IP/09/683&format=HTML&aged=
0&language=DE&guiLanguage=en (Zugriff 19.11.2009)

▪ IP/09/1070: Pressemitteilung vom 2.7.2009, Mikrofinanzierungsinstru-
ment: 100 Millionen Euro zur Unterstützung von Arbeitslosen bei der
Gründung von Kleinunternehmen, http://europa.eu/rapid/
pressReleasesAction.do?reference=IP/09/1070&format=HTML&aged=
0&language=DE&guiLanguage=en (Zugriff 1.2.2010)

▪ IP/09/1202: Pressemitteilung vom 9.9.2009, Verbraucherschutz: Ermitt-
lungen der EU in Sachen Internet-Handel bei Verbraucherelektronik,

http://europa.eu/rapid/pressReleasesAction.do?reference=IP/09/ 1292&format=HTML&aged=0&language=DE&guiLanguage=en (Zugriff 11.11.2009)

- IP/09/1241: Pressemitteilung vom 19.8.2009, Wettbewerb: Kommission veröffentlicht Jahresbericht über die Wettbewerbspolitik 2008, http:// europa.eu/rapid/pressReleasesAction.do?reference=IP/09/1241&format= HTML&aged=0&language=DE&guiLanguage=en (Zugriff 18.11.2009)

- IP/09/1271: Pressemitteilung vom 3.9.2009, Fusionskontrolle: Kommission leitet eingehende Untersuchung der geplanten Übernahme von Sun Microsystems durch Oracle ein, http://europa.eu/rapid/ pressReleasesAction.do?reference=IP/09/1271 (Zugriff 18.11.2009)

- IP/09/1342: Pressemitteilung vom 22.9.2009, EU-Haushalt 2008 – Stabilität in schwierigen Zeiten, http://europa.eu/rapid/ pressReleasesAction.do?reference=IP/09/1342 (Zugriff 18.1.2010)

- IP/09/1428: Pressemitteilung vom 7.10.2009, Defizitverfahren: Kommission nimmt Berichte für Belgien, Deutschland, Italien, die Niederlande, Österreich, Portugal, die Slowakei, Slowenien und die Tschechische Republik an, http://europa.eu/rapid/pressReleasesAction.do?reference=IP/ 09/1428&format=HTML&aged=0&language=DE&guiLanguage=en (Zugriff 19.1.2010)

- IP/09/1605: Pressemitteilung vom 28.10.2009, Kommission schlägt Vorschriften zur Begrenzung der CO_2-Emissionen von leichten Nutzfahrzeugen vor, http://europa.eu/rapid/pressReleasesAction.do?reference= IP/09/1605&format=HTML&aged=0&language=DE&guiLanguage=en (Zugriff 2.2.2010)

- IP/09/1884: Pressemitteilung vom 7.12.2009, State aid: Scoreboard shows strong increase of aid in response to the financial crisis but Single Market intact, http://europa.eu/rapid/pressReleasesAction.do?reference=IP/09/ 1884&format=HTML&aged=0&language=EN&guiLanguage=en (Zugriff 26.1.2010)

- IP/09/1896: Pressemitteilung vom 9.12.2009, Kommission bewilligt mehr als 1,5 Mrd. EUR für 15 CCS-Projekte und Offshore-Windenergie-Projekte zur Unterstützung der wirtschaftlichen Erholung in Europa, http://europa.eu/rapid/pressReleasesAction.do?reference=IP/09/ 1896&format=HTML&aged=0&language=DE&guiLanguage=fr (Zugriff 26.3.2010)

- IP/10/40: Pressemitteilung vom 21.1.2010, Fusionskontrolle: Kommission gibt geplante Übernahme von Sun Microsystems durch Oracle frei, http://europa.eu/rapid/pressReleasesAction.do?reference=IP/10/ 40&format=HTML&aged=0&language=DE&guiLanguage=de (Zugriff 26.3.2010)

- IP/10/231: Pressemitteilung vom 4.3.2010, Konjunkturerholung: Zweiter Teil des 4-Milliarden-Euro-Pakets geht an 43 Gas- und Stromprojekte,

http://europa.eu/rapid/pressReleasesAction.do?reference=IP/10/
231&format=HTML&aged=0&language=DE&guiLanguage=de (Zugriff
26.3.2010)

- Issing (2006), Otmar: Einführung in die Geldtheorie. 14. Auflage, Vahlen

- Issing (2008), Otmar: Der Euro. Geburt, Erfolg, Zukunft. Beck-Vahlen

- Kaiser (2009), Robert: Verbände und Interessenvertretung. In: Weiden-
  feld/Wessels (2009), S. 347-351

- KOM (1), Lissabon-Strategie für Wachstum und Beschäftigung, Hin zu
  einer grünen und innovativen Wirtschaft, http://ec.europa.eu/
  growthandjobs/index_de.htm (Zugriff 16.11.2009)

- KOM (2): Finanzplanung und Haushalt, http://ec.europa.eu/budget/
  index_de.htm (Zugriff 10.12.2009) oder „Der Haushalt der Europäischen
  Union auf einen Blick", http://ec.europa.eu/budget/budget_glance/
  index_de.htm (Zugriff 18.1.2010) oder „Häufig gestellte Fragen", http://
  ec.europa.eu/budget/faq/faq_eu_budg_de.htm#faq6 (Zugriff 18.1.2010)

- KOM (3): http://ec.europa.eu/index_de.htm (Zugriff 18.1.2010)

- KOM (4): http://ec.europa.eu/dgs_de.htm (Zugriff 18.1.2010)

- KOM (5): Wirtschafts- und Finanzkrise, Wiederbelebung der europäischen Wirtschaft – EU-Strategie zur Bewältigung der Wirtschafts- und
  Finanzkrise, http://ec.europa.eu/financial-crisis/index_de.htm. Details
  ebenda, Menüpunkte: „Reform des Finanzsystems", http://ec.europa.eu/
  financial-crisis/reforming/index_de.htm; „Hilfe für die Realwirtschaft",
  http://ec.europa.eu/financial-crisis/supporting/index_de.htm; „Arbeitsplätze sichern", http://ec.europa.eu/financial-crisis/keeping/index_
  de.htm (Zugriff jeweils 19.1.2010)

- KOM (6): Mitglieder der Kommission unter Kommissionspräsident José
  Manuel Barroso (2010-2014), http://ec.europa.eu/commission_2010-2014/
  index_de.htm (Zugriff 19.2.2010)

- KOM (7), Vollendung des Binnenmarktes, Weißbuch der Kommission an
  den Rat vom 14.6.1985, KOM (1985) 310 endg., http://europa.eu/
  documents/comm/white_papers/pdf/com1985_0310_f_de.pdf (Zugriff
  9.3.2010)

- KOM (8): Der EU Binnenmarkt (Startseite), http://ec.europa.eu/internal_
  market/index_de.htm (Zugriff November 2009)

- KOM (9): 10 Jahre Binnenmarkt, zusammenfassende Bilanz der Binnen-
  marktkommission: http://ec.europa.eu/internal_market/top_layer/
  index_19_de.htm (Zugriff 11.11.2009)

- KOM (10): Der Binnenmarkt für Waren (Startseite), http://ec.europa.eu/
  internal_market/top_layer/index_18_de.htm (Zugriff 11.11.2009)

- KOM (11): Consumer Affairs (Startseite Verbraucherschutz), http://
  ec.europa.eu/consumers/index_en.htm (Zugriff 9.11.2009)

■ KOM (12): Binnenmarkt, Leben und Arbeiten in Europa (Startseite), http://ec.europa.eu/internal_market/top_layer/index_15_de.htm (Zugriff 11.11.2009)

■ KOM (13): Wegweiserdienst für die Bürger, http://ec.europa.eu/ citizensrights/front_end/index_de.htm (Zugriff November 2009)

■ KOM (14): Binnenmarkt, Berufsqualifikationen, http://ec.europa.eu/ internal_market/qualifications/index_de.htm (Zugriff November 2009)

■ KOM (15): Europa für Sie, Bürger, Arbeiten in Europa: Anerkennung der Diplome, http://ec.europa.eu/youreurope/nav/de/citizens/working/ qualification-recognition/index.html (Zugriff November 2009)

■ KOM (16): Reglementierte Berufe Datenbank, http://ec.europa.eu/ internal_market/qualifications/regprof/index.cfm?newlang=de (Zugriff November 2009)

■ KOM (17): Europa für Sie, Bürger, Arbeiten in Europa, Anerkennung der Diplome, Architekten, http://ec.europa.eu/youreurope/nav/de/citizens/ working/qualification-recognition/architects/index_de.html (Zugriff November 2009)

■ KOM (18): Binnenmarkt, Leben und Arbeiten im Binnenmarkt, Niederlassungsfreiheit, Einführung, http://ec.europa.eu/internal_market/ services/principles_de.htm (Zugriff November 2009)

■ KOM (19): Europa für Sie, Bürger, Arbeiten in Europa, Anerkennung der Diplome, Anwälte, http://ec.europa.eu/youreurope/nav/de/citizens/ working/qualification-recognition/lawers/index_de.html (Zugriff 10.11.2009)

■ KOM (20): Binnenmarkt, Der Binnenmarkt für Kapital, http:// ec.europa.eu/internal_market/top_layer/index_42_de.htm (Zugriff November 2009)

■ KOM (21): Binnenmarkt, Freier Kapitalverkehr, http://ec.europa.eu/ internal_market/capital/index_de.htm (Zugriff November 2009)

■ KOM (22): Binnenmarkt, Gesellschaftsrecht, Richtlinien und andere offizielle Verlautbarungen, http://ec.europa.eu/internal_market/company/ official/index_de.htm (Zugriff November 2009)

■ KOM (23): Binnenmarkt, der Binnenmarkt für Dienstleistungen, Finanzdienstleistungen, http://ec.europa.eu/internal_market/top_layer/index_ 24_de.htm (Zugriff November 2009)

■ KOM (24): Binnenmarkt, Versicherungen, Solvabilität II, http:// ec.europa.eu/internal_market/insurance/solvency/index_de.htm (Zugriff 22.1.2010)

■ KOM (25): Binnenmarkt, Finanzdienstleistungen – Allgemeines Konzept, Aufsicht und Ausschussstruktur im Finanzdienstleistungssektor, http:// ec.europa.eu/internal_market/finances/committees/index_ de.htm#package (Zugriff 22.1.2010)

■ KOM (26): Binnenmarkt, Zahlungsdienste, Einheitlicher Euro-Zahlungsverkehrsraum – SEPA, http://ec.europa.eu/internal_market/payments/sepa/index_de.htm (Zugriff 16.11.2009)

■ KOM (27): Steuern und Zollunion, Steuern, MwSt, Grundlegende Papiere, http://ec.europa.eu/taxation_customs/taxation/vat/key_documents/index_de.htm (Zugriff 17.11.2009)

■ KOM (28): Wettbewerb: Besser funktionierende Märkte, http://ec.europa.eu/competition/index_de.html (Zugriff 18.11.2009)

■ KOM (29): Competition, Publications, http://ec.europa.eu/competition/publications/ (Zugriff 18.11.2009)

■ KOM (30): Bericht über die Wettbewerbspolitik 2008 vom 23.7.2009, http://ec.europa.eu/competition/publications/annual_report/index.html (Zugriff 18.11.2009)

■ KOM (31): Competition, Antitrust, http://ec.europa.eu/competition/antitrust/overview_en.html (Zugriff 19.11.2009),

■ KOM (32): Competition, Cartels, http://ec.europa.eu/competition/cartels/overview/index_en.html (Zugriff 19.11.2009)

■ KOM (33): Competition, Cartels, Cartels Statistics, http://ec.europa.eu/competition/cartels/statistics/statistics.pdf (Zugriff 18.11.2009)

■ KOM (34): Competition, Cartels, Leniency, http://ec.europa.eu/competition/cartels/leniency/leniency.html (Zugriff 19.11.2009)

■ KOM (35): European Commission, Competition, Antitrust, Cases, Microsoft case, http://ec.europa.eu/competition/antitrust/cases/microsoft/investigation.html (Zugriff 18.11.2009)

■ KOM (36): European Commission, Competition, Information Communication Technologies (ICT), The Intel antitrust case, http://ec.europa.eu/competition/sectors/ICT/intel.html (Zugriff 18.11.2009)

■ KOM (37): Competition, Mergers, http://ec.europa.eu/competition/mergers/overview_en.html (Zugriff 18.11.2009)

■ KOM (38): Competition, Mergers, Cases, http://ec.europa.eu/competition/mergers/cases/ (Zugriff 20.11.2009)

■ KOM (39): Competition, State Aid control, http://ec.europa.eu/competition/state_aid/overview/index_en.html (Zugriff 25.11.2009)

■ KOM (40): Competition, State Aid, State Aid Complaint form, http://ec.europa.eu/competition/forms/intro_en.html (Zugriff 25.11.2009)

■ KOM (41): Competition, Competition policy and economic recovery, Contacts for Member States, http://ec.europa.eu/competition/recovery/contacts.html (Zugriff 25.1.2010)

■ KOM (42): Competition, Liberalisation, http://ec.europa.eu/competition/liberalisation/overview_en.html (Zugriff 27.11.2009)

■ KOM (43): Umwelt (Startseite), http://ec.europa.eu/environment/index_de.htm (Zugriff 7.12.2009)

■ KOM (44): European Commission, Environment, Climate Change, Emission Trading System (EU ETS), http://ec.europa.eu/environment/climat/emission/index_en.htm (Zugriff 3.2.2010)

■ KOM (45): Generaldirektion Umwelt, Introduction to the 6th Environment Action Programme (6th EAP), http://ec.europa.eu/environment/newprg/intro.htm (Zugriff 7.12.2009)

■ KOM (46): Klimaschutz, Die EU bekämpft den Klimawandel, http://ec.europa.eu/climateaction/index_de.htm (Zugriff 7.12.2009)

■ KOM (47): Unternehmen und Industrie, Politikbereiche, Wettbewerbsfähigkeit der Industrie, http://ec.europa.eu/enterprise/policies/industrial-competitiveness/industrial-policy/index_de.htm (Zugriff 8.12.2009)

■ KOM (48): Unternehmen und Industrie, Häufig gestellte Fragen und Antworten, http://ec.europa.eu/enterprise/faq/index_de.htm (Zugriff 8.12.2009)

■ KOM (49): Unternehmen und Industrie, Politikbereiche, http://ec.europa.eu/enterprise/policies/index_de.htm (Zugriff 8.12.2009)

■ KOM (50): Lissabon-Strategie für Wachstum und Beschäftigung, Hin zu einer grünen und innovativen Wirtschaft, http://ec.europa.eu/growthandjobs/index_de.htm (Zugriff 8.12.2009)

■ KOM (51): Enterprise and Industry, Policies, Space, Galileo – What do we want to achieve? http://ec.europa.eu/enterprise/policies/space/galileo/index_en.htm (Zugriff 8.12.2009)

■ KOM (52): Generaldirektion Forschung, http://ec.europa.eu/dgs/research/index_de.html (Zugriff 10.12.2009)

■ KOM (53): Unternehmen und Industrie, Politikbereiche, Raumfahrt, Häufig gestellte Fragen und Antworten, http://ec.europa.eu/enterprise/policies/space/faq/index_de.htm (Zugriff 8.12.2009)

■ KOM (54): Forschung, RP 7, RP 7 verstehen, RP 7 in Kürze, http://ec.europa.eu/research/fp7/understanding/fp7inbrief/home_de.html (Zugriff 10.12.2009)

■ KOM (55): CORDIS, Startseite, www.cordis.europa.eu/home_de.html (Zugriff 10.12.2009)

■ KOM (56): CORDIS, RP 7, Netzwerk der Nationalen Kontaktstellen (NKS), http://cordis.europa.eu/fp7/get-support_de.html (Zugriff 10.12.2009)

■ KOM (57): Beschäftigung, soziale Angelegenheiten und Chancengleichheit, ESF – Europäischer Sozialfonds, http://ec.europa.eu/social/main.jsp?catId=325&langId=de (Zugriff 14.12.2009)

▪ KOM (58): Regionalpolitik, Highlights, http://ec.europa.eu/regional_policy/index_de.htm (Zugriff 15.12.2009)

▪ KOM (59): Landwirtschaft und ländliche Entwicklung, Finanzierungs-möglichkeiten im Rahmen der gemeinsamen Agrarpolitik, http://ec.europa.eu/agriculture/grants/index_de.htm (Zugriff 15.12.2009)

▪ KOM (60): Fisheries, About the Common Fisheries Policy, http://ec.europa.eu/fisheries/cfp_en.htm (Zugriff 9.12.2009)

▪ KOM (61): Regionalpolitik, Das Instrument für Heranführungshilfe (IPA), http://ec.europa.eu/regional_policy/funds/ipa/index_de.htm (Zugriff 15.12.2009)

▪ KOM (62): Regionalpolitik, Der Solidaritätsfonds der Europäischen Union, http://ec.europa.eu/regional_policy/funds/solidar/solid_de.htm (Zugriff 15.12.2009)

▪ KOM (63): Beschäftigung, soziale Angelegenheiten und Chancengleich-heit, EGF – Europäischer Fonds für die Anpassung an die Globalisie-rung, http://ec.europa.eu/social/main.jsp?catId=326&langId=de oder http://ec.europa.eu/budget/other_main/what_new_de.htm#20091119 (Zugriff 15.12.2009)

▪ KOM (64): Employment, Social Affairs and Equal Opportunities, http://ec.europa.eu/social/home.jsp?langId=de (Zugriff 17.12.2009)

▪ KOM (65): Allgemeine und berufliche Bildung, http://ec.europa.eu/education/index_de.htm (Zugriff 17.12.2009)

▪ KOM (66): Employment, Social Affairs and Equal Opportunities, Gender equality, http://ec.europa.eu/social/main.jsp?langId=en&catId=418 (Zugriff 17.12.2009)

▪ KOM (67): Employment, Social Affairs and Equal Opportunities, Tack-ling discrimination, http://ec.europa.eu/social/main.jsp?langId=en&catId=423 (Zugriff 17.12.2009)

▪ KOM (68): Beschäftigung, soziale Angelegenheiten und Chancengleich-heit, PROGRESS Programm, http://ec.europa.eu/social/main.jsp?catId=327&langId=de (Zugriff 17.12.2009)

▪ KOM (69): Transport, http://ec.europa.eu/transport/index_en.htm (Zugriff 5.2.2010)

▪ KOM (70): Die Europäische Union in der Welt, Handelspolitik, http://ec.europa.eu/world/what/trade_policy/index_de.htm (Zugriff 8.2.2010)

▪ KOM (71): European Commission, Energy, http://ec.europa.eu/energy/index_en.htm (Zugriff 8.2.2010)

▪ KOM (72): Annex 1 – Europe 2020: An Overview, http://ec.europa.eu/eu2020/pdf/annex1.pdf (Zugriff 17.3.2010)

- KOM (73): Europa 2020 – eine neue Wirtschaftsstrategie, http://ec.europa.eu/eu2020/index_de.htm (Zugriff 17.3.2010)

- KOM (74): Enterprise and Industry, Small and medium-sized enterprises, "Small Business Act" for Europe, http://ec.europa.eu/enterprise/policies/sme/small-business-act/ (Zugriff 26.3.2010)

- KOM (75): Competition, Mergers, Statistics, 21 September 1990 to 31 January 2010, http://ec.europa.eu/competition/mergers/statistics.pdf, (Zugriff 22.2.2010)

- KOM (2001): Bekanntmachung der Kommission über Vereinbarungen von geringer Bedeutung, die den Wettbewerb gemäß Artikel 81 Absatz 1 des Vertrags zur Gründung der Europäischen Gemeinschaft nicht spürbar beschränken (de minimis), http://eur-lex.europa.eu/LexUriServ/LexUriServ.do?uri=OJ:C:2001:368:0013:0015:DE:PDF (Zugriff 19.11.2009)

- KOM (27.8.2003): Vertretung in Deutschland, EU-Nachrichten, Themenheft Nr. 5, EU Binnenmarkt. 10 Jahre Bilanz und Ausblick, http://ec.europa.eu/deutschland/pdf/newsroom/eu_news/th5_binnen_fin_de.pdf (Zugriff 27.8.2003)

- KOM (5.12.2005): Weißbuch vom 5.12.2005 zur Finanzdienstleistungspolitik (2005-2010), http://ec.europa.eu/internal_market/finances/policy/index_de.htm (Zugriff 13.11.2009)

- KOM (2006): The European Climate Change Programmme, http://ec.europa.eu/environment/climat/pdf/eu_climate_change_progr.pdf (Zugriff 16.3.2010)

- KOM (2007/1), Europa in Bewegung. Die Geschichte der Europäischen Union (EU), Januar 2007, http://ec.europa.eu/publications/booklets/others/58/timelline2007/debd.pdf (Zugriff 19.1.2010)

- KOM (2007/2): Der Einheitliche Euro-Zahlungsverkehrsraum und seine Bedeutung für die Verbraucher, www.europa.eu/publications (Zugriff 16.11.2009)

- KOM (2007/3): RP7 in Kürze – Wie man sich am 7. Rahmenprogramm der EU beteiligen kann, Luxemburg 2007 (Zugriff 10.12.2009)

- KOM (Juli 2007), Wie funktioniert die Europäische Union? Ihr Wegweiser zu den Organen und Einrichtungen der EU, www.bookshop.europa.eu (Zugriff November 2009)

- KOM (2008): Neue Fonds, bessere Regeln – Übersicht über die neuen Finanzregeln und Fördermittel, Möglichkeiten für den Zeitraum 2007 bis 2013, Luxemburg 2008, http://ec.europa.eu/budget/other_main/funds_rules_de.htm (Zugriff 15.12.2009)

- KOM (27.5.2008): Mitteilung der Kommission vom 27.5.2008, Europäische Transparenzinitiative. Rahmen für die Beziehungen zu Interessenvertretern (Register und Verhaltenskodex), KOM (2008) 323 endg., http://ec.europa.eu/transparency/docs/323_de.pdf (Zugriff 29.1.2009)

▪ KOM (19.6.2008): Vertretung in Deutschland, EU-Nachrichten, Themenheft Nr. 23, 15 Jahre Binnenmarkt – Besser Leben in Europa mit weniger Bürokratie, http://ec.europa.eu/deutschland/pdf/eu_nachrichten/eu-th_23-web.pdf (Zugriff 19.1.2010)

▪ KOM (30.9.2008): Vademecum EG-Behihilferecht, http://ec.europa.eu/competition/state_aid/studies_reports/vademecum_on_rules_09_2008_de.pdf (Zugriff 25.11.2009)

▪ KOM (13.11.2008): Die EU in Deutschland, Presse, EU-Aktuell, Steuerflucht verhindern, http://ec.europa.eu/deutschland/press/pr_releases/8139_de.htm (Zugriff 13.11.2009)

▪ KOM (11.12.2008): Vertretung in Deutschland, EU-Nachrichten, Themenheft Nr. 25, S. 4 „Der Stempel auf dem Hühnerei", http://ec.europa.eu/deutschland/pdf/eu_nachrichten/th25-web.pdf (Zugriff 25.3.2010)

▪ KOM (2009/1): Ihr Wegweiser durch den Lissabon-Vertrag: http://bookshop.europa.eu (Zugriff Oktober 2009)

▪ KOM (2009/2): EU-Haushalt 2010. Impulse für Wirtschaftsaufschwung. Provisorische Version, http://ec.europa.eu/budget/library/publications/budget_in_fig/dep_eu_budg_2010_de.pdf (Zugriff 18.2.2010)

▪ KOM (2009/3): Taxation and customs union/eurostat: Taxation trends in the European Union - Data for the EU Member States and Norway. 2009 edition, http://epp.eurostat.ec.europa.eu/cache/ITY_OFFPUB/KS-DU-09-001/EN/KS-DU-09-001-EN.PDF (Zugriff 16.11.2009)

▪ KOM (25.2.2009): Gemeinschaftsvorschriften für staatliche Beihilfen zu Gunsten von KMU, Ein praktisches Handbuch, http://ec.europa.eu/competition/state_aid/studies_reports/sme_handbook_de.pdf (Zugriff 25.11.2009)

▪ KOM (26.3.2009): Vertretung in Deutschland, EU-Nachrichten Nr. 11, S. 2 „Überarbeitung der EU-Vorschriften für Kosmetika", http://ec.europa.eu/deutschland/pdf/eu_nachrichten/eu-nachr.11_2009_web.pdf (Zugriff 25.3.2010)

▪ KOM (Juli 2009): Die Mehrwertsteuersätze in den Mitgliedstaaten der Europäischen Gemeinschaft, http://ec.europa.eu/taxation_customs/resources/documents/taxation/vat/how_vat_works/rates/vat_rates_de.pdf (Zugriff 17.11.2009)

▪ KOM (2.7.2009a): Vertretung in Deutschland, EU-Nachrichten Nr. 23, S. 1 „Grundgesetz sagt Ja zum Vertrag von Lissabon"; S. 4 „Mobil telefonieren macht wieder Spaß", http://ec.europa.eu/deutschland/pdf/eu_nachrichten/eu_nachr.23_2009web.pdf (Zugriff 25.3.2010)

▪ KOM (2.7.2009b): Vertretung in Deutschland, EU-Nachrichten, Themenheft Nr. 27, KMU – Kleine und mittlere Unternehmen in Europa. Ohne

sie läuft nichts, http://ec.europa.eu/deutschland/pdf/eu_nachrichten/
th27-web.pdf (Zugriff 25.3.2010)

- KOM (9.7.2009): Vertretung in Deutschland, EU-Nachrichten Nr. 24, S. 2
  „EU-Kommission verhängt Milliardenstrafe gegen E.ON und GDF",
  http://ec.europa.eu/deutschland/pdf/eu_nachrichten/eu_nachr.24_
  2009web.pdf (Zugriff 19.11.2009)

- KOM (22.7.2009): Bericht der Kommission über Bulgariens Fortschritte
  im Rahmen des Kooperations- und Kontrollverfahrens, http://eur-
  lex.europa.eu/LexUriServ/LexUriServ.do?uri=
  COM:2009:0402:FIN:DE:PDF (Zugriff 23.2.2010)

- KOM (30.7.2009a): Vorschlag für eine Richtlinie des Rates zur Durchführung der (…) überarbeiteten Rahmenvereinbarung über Elternurlaub
  und zur Aufhebung der Richtlinie 96/34/EG, KOM(2009) 410 endgültig,
  http://eur-lex.europa.eu/LexUriServ/LexUriServ.do?uri=
  COM:2009:0410:FIN:DE:PDF (Zugriff 18.12.2009)

- KOM (30.7.2009b): Vertretung in Deutschland, EU-Nachrichten Nr. 27, S.
  4-5 „Mehr Rechte und Sicherheit für Reisende", http://ec.europa.eu/
  deutschland/pdf/eu_nachrichten/eu-nachr.27_2009web.pdf (Zugriff
  25.3.2010)

- KOM (17.9.2009): ebenda, Nr. 30, S. 3 „Arbeit wird teurer" und „Kommission prüft Opel-Pläne", http://ec.europa.eu/deutschland/pdf/eu_
  nachrichten/eu-nachr.30_2009web.pdf (Zugriff 27.11.2009)

- KOM (8.10.2009): ebenda, Nr. 33, S. 1-2 „Lissabon-Vertrag vor entschei-
  dender Schlussrunde", http://ec.europa.eu/deutschland/pdf/eu_
  nachrichten/eu-nachr.33_2009web.pdf (Zugriff 16.11.2009)

- KOM (22.10.2009): ebenda, Nr. 35, S. 1 „EU-Globalisierungsfonds hilft
  weiter", http://ec.europa.eu/deutschland/pdf/eu_nachrichten/eu-
  nachr.35_2009web.pdf (Zugriff 17.12.2009)

- KOM (29.10.2009): ebenda, Nr. 36, S. 1 „Aktuell: Lobbyisten akzeptieren
  Transparenz", http://ec.europa.eu/deutschland/pdf/eu_nachrichten/eu-
  nachr.36_2009web.pdf (Zugriff 1.12.2009)

- KOM (12.11.2009): ebenda, Nr. 38, S. 3 „Kartellstrafen gegen Kunststoff-
  hersteller", http://ec.europa.eu/deutschland/pdf/eu_nachrichten/eu-
  nachr.38_2009web.pdf (Zugriff 19.11.2009)

- KOM (3.12.2009): ebenda, Nr. 41, S. 3 „Recht auf Erziehungsurlaub erweitert" und „EU-Gelder für ehemalige Karmann-Mitarbeiter", http://
  ec.europa.eu/deutschland/pdf/eu_nachrichten/eu-nachr.41_2009web.pdf
  (Zugriff 18.12.2009)

- KOM (7.12.2009): Commission Staff working document, Facts and fig-
  ures on State aid in the EU Member States, SEC (2009) 1683, 07.12.2009,
  http://ec.europa.eu/competition/state_aid/studies_reports/annex_2009_
  autumn_en.pdf (Zugriff 26.1.2010)

▨ KOM (10.12.2009): Vertretung in Deutschland, EU-Nachrichten Nr. 42, S. 4-5 „Krise vervielfacht Beihilfevolumen", http://ec.europa.eu/ deutschland/pdf/eu_nachrichten/eu-nachr.42_2009web.pdf (Zugriff 26.1.2010)

▨ KOM (28.1.2010): ebenda, Nr. 3, S. 4-5 „Sozialpolitik in Europa: harmoni- sieren oder koordinieren?" http://ec.europa.eu/deutschland/pdf/eu_ nachrichten/eu-nachr.3_2010web.pdf (Zugriff 5.2.2010)

▨ KOM (4.2.2010): ebenda, Nr. 4, S. 8 „Die neuen Auswahlverfahren", http://ec.europa.eu/deutschland/pdf/eu_nachrichten/eu-nachr.4_ 2010web.pdf (Zugriff 24.3.2010)

▨ KOM (11.2.2010): ebenda, Nr. 5, S. 1-2 „Europäisches Parlament bestätigt EU-Kommission", http://ec.europa.eu/deutschland/pdf/eu_nachrichten/ eu-nachr.5_2010web.pdf (Zugriff 24.3.2010)

▨ KOM (24.2.2010): Stellungnahme der Kommission zum Antrag Islands auf Beitritt zur Europäischen Union, SEK(2010) 153, http://ec.europa.eu/ enlargement/pdf/key_documents/2010/is_opinion_de.pdf (Zugriff 26.3.2010)

▨ KOM (25.3.2010): Vertretung in Deutschland, EU-Nachrichten Nr. 11, S. 5 „Wie lange in der EU gearbeitet werden soll", http://ec.europa.eu/ deutschland/pdf/eu_nachrichten/eu-nachr.11_2010web.pdf (Zugriff 26.3.2010)

▨ KOM (31.3.2010): ebenda, Nr. 12, S. 1-2 „EU-Frühjahrsgipfel zeigt Ent- schlossenheit", http://ec.europa.eu/deutschland/pdf/eu_nachrichten/eu- nachr.12_2010web.pdf (Zugriff 31.3.2010)

▨ Krugman, Paul R./Obstfeld, Maurice (2009): International Economics. Theory & Policy. 8th edition, Pearson International Edition

▨ Kuhn (1993), Britta: Sozialraum Europa: Zentralisierung oder Dezentrali- sierung der Sozialpolitik? Schulz-Kirchner Verlag

▨ Künstler: Künstler, Bürger und Politiker, Musikverbände und Verlage setzen sich für eine Quote für deutschsprachige Musik ein. Warum? www.alle-in-eigener-sache.de/ (Zugriff 20.1.2010)

▨ Leonard (2010), Dick: Guide to the European Union. 10th edition, The Economist in association with Profile Books Ltd, London

▨ Linklaters et al. (18.12.2003): Linklaters, Oppenhoff & Rädler, Zustim- mung zur EU-Übernahmerichtlinie, www.linklaters.com/pdfs/ publications/ccg/ccg_nl_4.pdf (Zugriff 12.11.2009)

▨ Linsemann (2009), Ingo: Bildungspolitik. In: Weidenfeld/Wessels (2009), S. 95-98

▨ Lippert (2009a), Christian: Agrarpolitik. In: Weidenfeld/Wessels (2009), S. 57-66

- Lippert (2009b), Christian: Fischereipolitik. In: Weidenfeld/Wessels (2009), S. 239-242

- LLP: EU-Bildungsprogramm für lebenslanges Lernen in Deutschland, www.lebenslanges-lernen.eu/ (Zugriff 18.12.2009)

- Magiera (2009), Siegfried: Europäischer Gerichtshof. In: Weidenfeld/ Wessels (2009), S. 199-204

- Maurer (2009a) Andreas: Europäisches Parlament. In: Weidenfeld/ Wessels (2009), S. 217-225

- Maurer (2009b), Andreas: Beschäftigungspolitik. In: Weidenfeld/Wessels (2009), S. 92-95

- MEMO/04/9: 20.1.2004, Neue Fusionskontrollverordnung häufig gestellte Fragen, http://europa.eu/rapid/pressReleasesAction.do?reference= MEMO/04/9&format=HTML&aged=1&language=DE&guiLanguage=en (Zugriff 18.11.2009)

- MEMO/06/256: 28.6.2006, Competition: revised Commission Guidelines for setting fines in antitrust cases – frequently asked questions, http:// europa.eu/rapid/pressReleasesAction.do?reference=MEMO/06/ 256&format=HTML&aged=0&language=EN&guiLanguage=en (Zugriff 19.11.2009)

- MEMO/09/348: 22.7.2009, Antitrust: Commission proposes future competition law regime for motor vehicle sector – frequently asked questions, http://europa.eu/rapid/pressReleasesAction.do?reference=MEMO/09/ 348&format=HTML&aged=0&language=EN&guiLanguage=en (Zugriff 19.11.2009)

- MEMO/09/446: 13.10.2009, State aid: Overview of national measures adopted as a response to the financial/economic crisis, http://europa.eu/ rapid/pressReleasesAction.do?reference=MEMO/09/446&format= HTML&aged=0&language=EN&guiLanguage=en (Zugriff 25.11.2009)

- MEMO/09/515: 23.11.2009, Informal meeting with EU ministers on the situation of GM on 23 November 2009 reconfirms need for European coordination, http://europa.eu/rapid/pressReleasesAction.do?reference= MEMO/09/515&format=HTML&aged=0&language=EN&guiLanguage= en (Zugriff 27.11.2009)

- Middendorf (2009), Tim: Verkehrspolitik. In: Weidenfeld/Wessels (2009), S. 353-357

- mm (1.6.2007): REACH kostet zwei Milliarden Euro, www.manager-magazin.de/unternehmen/artikel/0,2828,486031,00.html (Zugriff 15.3.2010)

- mm (10.7.2008): Sony BMG darf weiterleben, www.manager-magazin.de/it/artikel/0,2828,565042,00.html (Zugriff 24.11.2009)

■ Molle (2006), Willem: Economics of European Integration. Theory, Practice, Policy. 5th edition, Ashgate Publishing

■ Monar (2009), Jörg: Außenhandelsbeziehungen. In: Weidenfeld/Wessels (2009), S. 87-92

■ netzeitung.de (15.2.2005): EU scheitert endgültig mit Fusionsverbot, www.netzeitung.de/wirtschaft/wirtschaftspolitik/325736.html (Zugriff 24.11.2009)

■ netzeitung.de (14.12.2005): EuGH bestätigt Fusionsverbot für GE-Honeywell, www.netzeitung.de/wirtschaft/wirtschaftspolitik/ 372811.html?EuGH_bestaetigt_Fusionsverbot_fuer_GE-Honeywell (Zugriff 24.11.2009)

■ Netzeitung.de (24.11.2007): Deutschland bei Galileo-Finanzierung überstimmt, www.netzeitung.de/spezial/europa/822870.html (Zugriff 8.12.2009)

■ news.de (5.6.2009): Christoph Heinlein, Die Grenzen Europas - Kein Kommissar aus Marokko, www.news.de/politik/838335508/kein-kommissar-aus-marokko/1/ (Zugriff 4.12.2009)

■ Nuscheler (2009), Ulrike: Energiepolitik. In: Weidenfeld/Wessels (2009), S. 114-118

■ Pelkmans (2006), Jacques: European Integration. Methods and Economic Analysis. 3d edition, Pearson Education

■ PLOTEUS: http://ec.europa.eu/ploteus/home.jsp?language=de (Zugriff November 2009)

■ politik&kommunikation (2005):, Flagge zeigen: Landesvertretungen in Brüssel, Februar 2005, S. 40-45, www.eu-direct.info/downloads/ Landesvertretungen%20in%20Bruessel.pdf (Zugriff 29.1.2010)

■ RAPEX: Rapid Alert System for non-food consumer products, http:// ec.europa.eu/consumers/safety/rapex/index_en.htm; Wöchentliche Internet-Warnlisten: http://ec.europa.eu/consumers/dyna/rapex/rapex_ archives_en.cfm (Zugriff 9.11.2009)

■ Rat (1): Rat der EU, www.consilium.europa.eu/showPage.aspx?id= 242&lang=de (Zugriff 19.1.2010)

■ Rat (20.10.2009): Council conclusions on strengthening EU financial stability arrangements, Luxembourg, 20 October 2009, www.consilium.europa.eu/ueDocs/cms_Data/docs/pressdata/en/ecofin/ 110617.pdf (Zugriff 22.1.2010)

■ Rat (10.11.2009): Agreement on a reform of excise duties on cigarettes and other tobacco products, Brussels, 10 November 2009, 15767/09 (Presse 324), www.consilium.europa.eu/uedocs/cms_data/docs/ pressdata/en/ecofin/111018.pdf (Zugriff 16.11.2009)

Rat (18.11.2009): Press Release 16014/09, 18 November 2009, provisional version, 2975th meeting of the Council Economic and Financial Affairs, Budget, www.consilium.europa.eu/uedocs/cms_data/docs/pressdata/en/ecofin/111307.pdf (Zugriff 18.1.2010)

Rat (27.11.2009): Rat der Europäischen Union, Entwurf des Achtzehnmonatsprogramms des Rates, http://register.consilium.europa.eu/pdf/de/09/st16/st16771.de09.pdf (Zugriff 5.2.2010)

Rat (2.12.2009): Council sets out its approach on the creation of three European supervisory authorities for financial services, Brussels, 2 December 2009, www.consilium.europa.eu/uedocs/cms_data/docs/pressdata/en/ecofin/111668.pdf (Zugriff 22.1.2010)

RL 88/301: Richtlinie vom 16.5.1988 über den Wettbewerb auf dem Markt für Telekommunikations-Endgeräte, Zusammenfassung und weitere Verweise unter http://europa.eu/legislation_summaries/information_society/l24119a_de.htm (Zugriff 25.1.2010)

RL 97/81/EG: Richtlinie vom 15.12.1997 zu der von UNICE, CEEP und EGB beschlossenen Rahmenvereinigung über die Teilzeitarbeit , http://eur-lex.europa.eu/smartapi/cgi/sga_doc?smartapi!celexplus!prod!DocNumber&lg=de&type_doc=Directive&an_doc=1997&nu_doc=81 (Zugriff 17.3.2010)

RL 2000/43/EG: Richtlinie vom 29.6.2000 zur Anwendung des Gleichbehandlungsgrundsatzes ohne Unterschied der Rasse oder der ethnischen Herkunft, http://eur-lex.europa.eu/LexUriServ/LexUriServ.do?uri=OJ:L:2000:180:0022:0026:de:PDF (Zugriff 5.2.2010)

RL 2000/78/EG: Richtlinie vom 27.11.2000 zur Festlegung eines allgemeinen Rahmens für die Verwirklichung der Gleichbehandlung in Beschäftigung und Beruf, http://eur-lex.europa.eu/LexUriServ/LexUriServ.do?uri=OJ:L:2000:303:0016:0022:de:PDF (Zugriff 5.2.2010)

RL 2002/73/EG: Richtlinie vom 23.9.2002 (…) zur Verwirklichung des Grundsatzes der Gleichbehandlung von Männern und Frauen hinsichtlich des Zugangs zur Beschäftigung, zur Berufsbildung und zum beruflichen Aufstieg sowie in Bezug auf die Arbeitsbedingungen, http://eur-lex.europa.eu/LexUriServ/LexUriServ.do?uri=CELEX:32002L0073:DE:HTML (Zugriff 5.2.2010)

RL 2004/113/EG: Richtlinie vom 13.12.2004 zur Verwirklichung des Grundsatzes der Gleichbehandlung von Männern und Frauen beim Zugang zu und bei der Versorgung mit Gütern und Dienstleistungen, http://eur-lex.europa.eu/LexUriServ/LexUriServ.do?uri=OJ:L:2004:373:0037:0043:DE:PDF (Zugriff 5.2.2010)

RL 2004/25/EG: Richtlinie vom 21.4.2004 betreffend Übernahmeangebote, http://eur-lex.europa.eu/LexUriServ/LexUriServ.do?uri=CELEX:32004L0025:DE:NOT (Zugriff 11.3.2010)

◾ RL 2004/38/EG: Richtlinie vom 29. April 2004 über das Recht der Unionsbürger und ihrer Familienangehörigen, sich im Hoheitsgebiet der Mitgliedstaaten frei zu bewegen und aufzuhalten, http://eur-lex.europa.eu/LexUriServ/LexUriServ.do?uri=OJ:L:2004:158:0077:0123:DE:PDF (Zugriff November 2009)

◾ RL 2005/36/EG: Richtlinie vom 7. September 2005 über die Anerkennung von Berufsqualifikationen, http://eur-lex.europa.eu/LexUriServ/LexUriServ.do?uri=OJ:L:2005:255:0022:0142:DE:PDF (Zugriff November 2009)

◾ RL 2006/112/EG: Richtlinie vom 28.11.2006 über das gemeinsame Mehrwertsteuersystem, http://eur-lex.europa.eu/LexUriServ/LexUriServ.do?uri=OJ:L:2006:347:0001:0118:DE:PDF (Zugriff 16.11.2009)

◾ RL 2007/45/EG: Richtlinie vom 5.9.2007, Zusammenfassung unter http://europa.eu/legislation_summaries/consumers/product_labelling_and_packaging/l32049_de.htm (Zugriff 21.1.2010)

◾ RL 2009/138/EG: Richtlinie vom 25.11.2009 betreffend die Aufnahme und Ausübung der Versicherungs- und der Rückversicherungstätigkeit (Solvabilität II), http://eur-lex.europa.eu/LexUriServ/LexUriServ.do?uri=OJ:L:2009:335:0001:0155:DE:PDF (Zugriff 22.1.2010)

◾ rp-online (12.5.2009): Auflagen für Rettungsschirm. EU-Kommission: WestLB muss sich verkleinern, www.rp-online.de/wirtschaft/news/unternehmen/EU-Kommission-WestLB-muss-sich-verkleinern_aid_707455.html (Zugriff 27.11.2009)

◾ RWE (9.6.2008): Compliance Magazin, EU beschließt „Ownership Unbundling"-Lösung, www.compliancemagazin.de/printable/markt/nachrichten/rwe090608.html (Zugriff 8.2.2010)

◾ Schmuck (2003), Otto: Vorreiterrolle beim Klimaschutz. In: Informationen zur politischen Bildung, Heft 279, 2. Quartal 2003, S. 35

◾ Schweitzer et al. (2007): Schweitzer, Michael / Hummer, Waldemar / Obwexer, Walter, Europarecht. Manz'sche Verlags- und Universitätsbuchhandlung

◾ Simhandl Katrin/Tannous, Isabelle (2009): Antidiskriminierungspolitik. In: Weidenfeld/Wessels (2009), S. 66-71

◾ Spiegel (5.12.2001): Spiegel Online Auto, Altauto-Richtlinie - Ein fast versöhnliches Ende, www.spiegel.de/auto/aktuell/0,1518,171338,00.html (Zugriff 7.12.2009)

◾ Spiegel (19.5.2004): Spiegel-Online, EU – Genfood darf wieder importiert werden, www.spiegel.de/politik/ausland/0,1518,300657,00.html (Zugriff 8.2.2010)

◾ Spiegel (29.9.2004): Spiegel Online Kultur, Debatte um Radioquote, www.spiegel.de/kultur/musik/0,1518,320627,00.html (Zugriff 20.1.2010)

▨ Spiegel (12.12.2006): Spiegel Online, EU-Gerichtshof weist deutsche Klage gegen Tabakwerberichtlinie ab, www.spiegel.de/wirtschaft/0,1518, 453919,00.html (Zugriff 9.11.2009)

▨ Spiegel (14.4.2008): Spiegel Online Auto, Umweltzonen - EU beschließt strengere Feinstaub-Grenzwerte, www.spiegel.de/auto/aktuell/0,1518, 547329,00.html (Zugriff 7.12.2009)

▨ Spiegel (1.7.2008): Spiegel Online, Satellitensystem - EU-Kommission schreibt Galileo-Aufträge neu aus, www.spiegel.de/wirtschaft/0,1518, 563288,00.html (Zugriff 8.12.2009)

▨ Stern.de (28.6.2006): EU will Sparkassen ultimativ knacken, www.stern.de/wirtschaft/news/unternehmen/namensstreit-eu-will-sparkassen-ultimativ-knacken-564289.html (Zugriff 13.11.2009)

▨ Stern.de (6.12.2006): Sparkasse bleibt "Sparkasse", www.stern.de/ wirtschaft/news/unternehmen/eu-streit-sparkasse-bleibt-sparkasse-578023.html (Zugriff 13.11.2009)

▨ Stern.de (5.9.2008): Brüssel en bloc: Lobbyisten bleiben undercover, www.stern.de/politik/ausland/bruessel-en-bloc-lobbyisten-bleiben-undercover-626165.html (Zugriff 1.12.2009)

▨ STN (23.10.2009): Schwäbische Maultasche. EU schützt "Hergottsbscheißerle", www.stuttgarter-nachrichten.de/stn/page/2250356_0_9223_-schwaebische-maultasche-eu-schuetzt-hergottsbscheisserle-.html (Zugriff 9.11.2009)

▨ Streinz (2008), Rudolf: Europarecht, 8. Auflage, C.F. Müller

▨ sueddeutsche.de (23.09.2009), C. Gammelin, EU-Emissionshandel in Gefahr - Streit um Verschmutzungsrechte, www.sueddeutsche.de/ wirtschaft/286/488680/text/ (Zugriff 7.12.2009)

▨ SZ (3.11.2009): S. 24, Miriam Olbrisch, Mikroskopisch kleine Preise

▨ SZ (17.12.2009): S. 19, Jeanne Rubner, Galileo droht Milliarden-Blamage

▨ SZ (18.1.2010): S. 17, Cerstin Gammelin, Fußnote zum Klimaschutz

▨ Tagesspiegel (11.7.2007): Fusionsverbot kostet EU Milliarden - Schneider-Konzern bekommt Schadenersatz, www.tagesspiegel.de/wirtschaft/ art271,2337963 (Zugriff 24.11.2009)

▨ Turek (2009), Jürgen, Forschungs- und Technologiepolitik. In: Weidenfeld/Wessels (2009), S. 246-252

▨ Umbach (2009a) Gaby: Rat der EU. In: Weidenfeld/Wessels (2009), S. 306-314

▨ Umbach (2009b) , Gaby: Umweltpolitik. In: Weidenfeld/Wessels (2009), S. 338-342

▨ Umbach (2009c) Gaby: Klimapolitik. In: Weidenfeld/Wessels (2009), S. 282-285

■ Umweltbundesamt: REACH-Informationsportal, www.reach-info.de/ (Zugriff 7.12.2009)

■ Vaubel (2010), Roland: Die Europäische Bankaufsichtsbehörde: „Raising Rivals' Costs"? www.oekonomenstimme.org/artikel/2010/03/die-europaeische-bankaufsichtsbehoerde-raising-rivals-costs/ (Zugriff 22.3.2010)

■ VdK (2007): Sozialverband VdK Deutschland e.V., September 2007, Tade Matthias Spranger, Europäisches Sozialrecht

■ VNR.de (12.1.2004): EuGH ermöglicht Gründung eines Handwerksbe-triebs ohne Meisterbrief, www.vnr.de/b2b/existenzgruendung/handwerksbetrieb-ohne-meisterbrief.html (Zugriff 10.11.2009)

■ VO 1467/97: Verordnung vom 7.7.1997 über die Beschleunigung und Klärung des Verfahrens bei einem übermäßigen Defizit, http://eur-lex.europa.eu/LexUriServ/LexUriServ.do?uri= CELEX:31997R1467:DE:NOT (Zugriff 19.1.2010)

■ VO 2157/2001: Verordnung vom 8.10.2001 über das Statut der Europäi-schen Gesellschaft (SE), http://eur-lex.europa.eu/LexUriServ/LexUriServ.do?uri=OJ:L:2001:294:0001:0021:DE:PDF (Zugriff November 2009)

■ VO 1400/2002: Verordnung vom 31.7.2002 über die Anwendung von Artikel 81 Absatz 3 des Vertrags auf Gruppen von vertikalen Vereinba-rungen und aufeinander abgestimmten Verhaltensweisen im Kraftfahr-zeugsektor, http://eur-lex.europa.eu/LexUriServ/LexUriServ.do?uri= OJ:L:2002:203:0030:0041:DE:PDF (Zugriff 25.1.2010)

■ VO 1/2003: Verordnung vom 16.12.2002 zur Durchführung der in den Artikeln 81 und 82 des Vertrags niedergelegten Wettbewerbsregeln, http://eur-lex.europa.eu/LexUriServ/LexUriServ.do?uri= CONSLEG:2003R0001:20061018:DE:PDF (Zugriff 19.11.2009)

■ VO 139/2004: Verordnung vom 20.1.2004 über die Kontrolle von Unter-nehmenszusammenschlüssen („EG-Fusionskontrollverordnung"), http://eur-lex.europa.eu/LexUriServ/LexUriServ.do?uri= OJ:L:2004:024:0001:0022:DE:PDF (Zugriff 18.11.2009)

■ VO 802/2004: Verordnung vom 7.4.2004 zur Durchführung der Verord-nung (EG) Nr. 139/2004 des Rates über die Kontrolle von Unternehmens-zusammenschlüssen, http://eur-lex.europa.eu/LexUriServ/LexUriServ.do?uri=OJ:L:2004:133:0001:0039:DE:PDF (Zugriff 18.11.2009)

■ VO 1907/2006: Verordnung vom 18.12.2006, reach-clp helpdesk, REACH-Verordnung, www.reach-clp-helpdesk.de/de/Verordnung/Reach-Verordnung.html?__nnn=true (Zugriff 2.2.2010)

■ VO 443/2009: Verordnung vom 23. April 2009 zur Festsetzung von Emis-sionsnormen für neue Personenkraftwagen im Rahmen des Gesamtkon-zepts der Gemeinschaft zur Verringerung der CO_2-Emissionen von Personenkraftwagen und leichten Nutzfahrzeugen, http://eur-lex.europa.eu/LexUriServ/LexUriServ.do?uri= OJ:L:2009:140:0001:0015:DE:PDF (Zugriff 16.3.2010)

- Wagener, Hans-Jürgen/Eger, Thomas (2009): Europäische Integration. Wirtschaft und Recht, Geschichte und Politik. 2. Auflage, Vahlen

- Wagner, Peter M./ Schmahl, Maik (2009): Industriepolitik. In: Weidenfeld/Wessels (2009), S. 272-275

- Weidenfeld (2006), Werner (Hrsg.): Handbuch Europa. Band 1: Die Europäische Union - Politisches System und Politikbereiche. Band 2: Die Staatenwelt Europas. Verlag Bertelsmann-Stiftung

- Weidenfeld (2009), Werner: Europäische Einigung im historischen Überblick. In: Weidenfeld/Wessels (2009), S. 19-53

- Weidenfeld, Werner/Wessels, Wolfgang (2009): Europa von A bis Z. Taschenbuch der europäischen Integration. 11. Auflage, Nomos und iep Institut für Europäische Politik

- Weidenfeld, Werner/Wessels, Wolfgang (2010): Jahrbuch der Europäischen Integration 2009. Nomos

- Wessels (2009), Wolfgang: Europäischer Rat. In: Weidenfeld/Wessels (2009), S. 205-210

- wiwo.de (16.12.2003): EU-Übernahmerichtlinie auf den Weg gebracht, www.wiwo.de/unternehmen-maerkte/eu-uebernahmerichtlinie-auf-den-weg-gebracht-334897/ (Zugriff 12.11.2009)

- wiwo.de (20.10.2004): Ende des zehnjährigen Streits mit der EU – WestLB muss 1,4 Milliarden Euro zurückzahlen, www.wiwo.de/unternehmen-maerkte/westlb-muss-1-4-milliarden-euro-zurueckzahlen-364159/ (Zugriff 27.11.2009)

- Worst EU Lobbying Awards 2008: Homepage der Organisatoren www.worstlobby.eu/2008/home_de (Zugriff 1.12.2009)

- ZDH (2010): Gewerbe der Handwerksordnung, Anlage A, www.zdh.de/ daten-und-fakten/das-handwerk/gewerbe-der-handwerksordnung-anlage-a.html; Gewerbe der Handwerksordnung, Anlage B1, www.zdh.de/daten-und-fakten/das-handwerk/gewerbe-der-handwerksordnung-anlage-b1-und-b2.html (Zugriff jeweils 10.3.2010)

Stichwortverzeichnis

Das Wissen der Experten
↗

Die Fülle verlässlichen Wirtschafts- wissens in 8 handlichen Kompakt- bänden - wie ehedem: aktuell, kompetent, zuverlässig!

Zu Betriebswirtschaft, Volkswirtschaft, Wirtschafts- recht, Recht und Steuern lässt das Gabler Wirt- schaftslexikon keine Fragen offen. Denn mit mehr als 25.000 Stichwörtern offeriert es nicht nur quantitativ die größte Zusammenstellung relevan- ter Wirtschaftsbegriffe, auch in qualitativer Hin- sicht bietet es substanzielles Wissen kompetent und zuverlässig von über 150 Spezialisten auf Ihrem jeweiligen Fachgebiet. Zahlreiche Schwer- punktbeiträge ergänzen die Erläuterungen und geben einen Überblick über die aktuellen, aber auch über Basisthemen in der Wirtschaftswissen- schaft und -praxis.

Gabler Wirtschaftslexikon
Die ganze Welt der Wirtschaft: Betriebswirtschaft, Volkswirt- schaft, Wirtschaftsrecht, Recht und Steuern
17., komplett akt. und erw. Aufl. 2010. 3.662 S. Br. 8 Bände im Schuber.
EUR 69,90
ISBN: 978-3-8349-0152-1

Die Autoren:

Dieses Standardwerk für die Wissenschaft und Praxis vereint das Wissen von mehr als 150 Autoren - ausgewiesenen Experten auf ihrem Fachgebiet.

Zielgruppe:

- Fach- und Führungskräfte in Unternehmen
- Präsenzbibliotheken
- Dozenten der Wirtschaftswissenschaften an Universitäten und Fachhochschulen
- Studenten der Wirtschaftswissenschaften an Universitäten und Fachhochschulen

Änderungen vorbehalten. Stand: Februar 2010.
Erhältlich im Buchhandel oder beim Verlag

Gabler Verlag . Abraham-Lincoln-Str. 46 . 65189 Wiesbaden . www.gabler.de

If you have any concerns about our products,
you can contact us on
ProductSafety@springernature.com

In case Publisher is established outside the EU,
the EU authorized representative is:
Springer Nature Customer Service Center GmbH
Europaplatz 3, 69115 Heidelberg, Germany

Printed by Libri Plureos GmbH
in Hamburg, Germany